Acciones en marcha

Supera al mercado con las estrategias momentum de los hedge funds

Andreas F. Clenow

Título original: Stocks on the Move. Beating the Market with Hedge Fund Momentum Strategies.

Traducción de Andrés Campos Palacios
ancampospa@gmail.com

En memoria de mi hermano, Mathias Clenow.

9 de enero de 1973 - 30 de junio de 2015.

Ha sido muy divertido escribir este libro y hay excelentes personas que me han ayudado mucho. El apoyo, la inspiración, los comentarios y las sugerencias han sido inestimables para completar el libro. Sin un orden particular, me gustaría mostrar mi gratitud a Frederick Barnard, Julian Cohen, Philippe Hänggi, Jon Boorman, Riccardo Ronco, Didier Abbato, Patrick Tan, Tom Rollinger, Erk Subasi, Kathryn Kaminksi, Raphael Rutz, Michael Bennett, Francois Lucas, Yves Balcer, Mebane Faber, Nigol Koulajian, Greg Morris, Nitin Gupta, John Grover, Ales Veselka, Jani Talikka, Nick Radge, Thomas Hackl, Larisa Sascenkova y Cristóbal García.

1   Prefacio

Este libro está dedicado por entero a una sola estrategia de trading que puede resumirse con una sencilla frase: "compra las acciones que suben". La idea es muy simple y está claro que no es nueva. Es un concepto antiguo. Lo que este libro pretende ofrecer es una manera clara y sistemática de gestionar una cartera de acciones momentum, de valores con impulso.

Las ideas que se exponen están basadas en mi propia experiencia como gestor cuantitativo de hedge funds, o fondos de cobertura. En la última década, he gestionado carteras institucionales basadas en este concepto y también en otras estrategias. Las ideas sencillas son las que suelen superar la prueba del tiempo. Esto no quiere decir necesariamente que sea fácil aplicarlas, pero el concepto subyacente debe ser preferiblemente muy simple. En este caso, es simple de verdad. Una acción que ha estado subiendo con fuerza durante un tiempo seguramente continuará haciéndolo un poco más. Esa es la idea central. El resto son detalles.

Hace algún tiempo escribí un libro basado en otro tipo de estrategia de trading que he estado usando durante muchos años. El libro se llamaba *Following the Trend* y estaba dedicado por completo a una sola estrategia muy sencilla de seguimiento de tendencia para el mercado de futuros. Mientras escribía ese libro, estaba bastante seguro de que pocos se darían cuenta de su existencia y esperaba críticas contrapuestas en el mejor de los casos. La principal objeción que esperaba era que esencialmente se trataba de un artículo de investigación de 300 páginas. Una objeción absolutamente válida. Eso era exactamente aquel libro.

Para mi sorpresa, nadie expresó esa objeción. No la escuché ni una sola vez. Pero en cambio, las ventas de mi libro se dispararon de una manera que nos sorprendió tanto a mi editor como a mí. Después de dos años mi editor me comentó que, contra todo pronóstico, estaba entre el 5% de autores de libros de finanzas con más ventas. Fue una experiencia divertida y me permitió aprender mucho.

Invertir en momentum

Este libro trata, desde un enfoque sistemático, sobre acciones que toman impulso, acciones momentum. La inversión en momentum es una forma racional de gestionar tu dinero, siempre que te protejas contra los mercados bajistas. Lo complicado es construir un conjunto sólido de reglas para seleccionar las acciones, cuándo comprarlas, cuántas comprar, cuándo venderlas, etc. Si te gusta construir simulaciones realistas de tus estrategias de trading antes de aplicarlas en el mercado, lo cual desde luego recomiendo, las estrategias momentum son complicadas de modelar.

Se trata de un concepto simple, pero construir una simulación sólida es muy difícil. Los datos de mercado son caros y difíciles de manejar. Necesitas tomar en consideración dividendos en efectivo, pertenencia histórica al índice, valores retirados del índice y otras cuestiones. Además, necesitas una plataforma de simulación suficientemente potente como para manejar la vasta cantidad de datos utilizados. Yo ya he hecho ese trabajo. Te presentaré el resultado y mi análisis.

Por supuesto que daré detalles suficientes para que quienes tienen acceso a las herramientas y a los datos puedan verificar mi trabajo. Si no lo hiciera no tendría mucha credibilidad. Cualquiera puede reclamar lo que quiera si no puede ser verificado.

Lo que voy a hacer es presentar un conjunto completo de reglas para gestionar una cartera de acciones momentum. Ha tenido un desempeño muy bueno en el pasado y es muy probable que continúe teniéndolo. Puedes usarlo libremente.

¿Por qué escribir un libro?

Esta es una pregunta recurrente. ¿Por qué escribir un libro y revelar al mundo mis métodos supersecretos? La pregunta está basada en un malentendido común que se suscita con frecuencia en el mundo del trading. Yo no estoy revelando nada perjudicial ni para mí ni para mi negocio. Un método de trading como este no funciona así.

Hay muchos participantes multimillonarios en el juego de las acciones momentum. Operan siguiendo principios similares a los esbozados en este libro. No son los mismos, pero sí similares. Cuentan con numeroso personal de investigación y tienen presupuestos abultados. No hay nada en este libro que esas compañías no sepan o no puedan averiguar por sí mismas. ¿A quién podría yo ocultar estos secretos entonces?

Si unos pocos miles de personas leen este libro y comienzan a gestionar su propio dinero de acuerdo con estas ideas, perfecto. Eso no va a destruir su rentabilidad ni va a quitarme a mí dinero. No va a suponer ninguna diferencia, teniendo en cuenta todo el dinero que ya se maneja en las estrategias momentum.

Si acaso, lo que espero es que alguien que lea este libro, sin tiempo ni paciencia para aplicar la estrategia, permita en cambio que mi firma de gestión de activos maneje su dinero. Puedo explicar cómo funciona todo, pero aun así mucha gente necesita un gestor profesional de inversiones.

Así pues ¿por qué escribo un libro? En primer lugar, es bastante divertido. Disfruto escribiendo y disfruto mucho del contacto que he tenido con incontables lectores después de mi primer libro. En segundo lugar, realmente no hay nada que perder. No hay secretos que revelar. Ojalá que mis ideas sean ligeramente mejores que las que otros han publicado, pero se trata de detalles. En tercer lugar está la posibilidad de encontrar nuevos clientes interesados en el negocio real, la gestión de activos.

Y si pensabas que escribo por los gloriosos ingresos que consigo de la venta de los libros, está claro que nunca has escrito ninguno.

2

El problema con los fondos de inversión

Prácticamente todo el mundo en los países desarrollados tiene una participación en un fondo de inversión, también llamados fondos mutuos. Incluso si tú no has comprado activamente ningún fondo de inversión, es muy probable que tu fondo de pensiones esté invertido en algunos de estos vehículos. Los fondos de inversión parecen una solución lógica y han sido aclamados por gobiernos, universidades y bancos como la manera perfecta para que los individuos participen en los mercados de valores.

Antes de meter tu dinero en un fondo de inversión, deberías ser plenamente consciente de lo que realmente es y de cómo trabaja. La mayoría de la gente no está familiarizada con lo que un fondo de inversión pretende conseguir y cómo lo hace. Aún más importante, deberías conocer cómo los fondos de inversión han rendido en el pasado. Después de todo, la gestión de activos es un negocio altamente medible y es muy fácil comparar y analizar cómo los productos de inversión se han comportado realmente.

Aunque la idea de inversiones colectivas es bastante antigua, la industria de los fondos de inversión tal y como la conocemos solo funciona desde los años ochenta. La idea general es permitir que cualquiera participe en el mercado de valores incluso con pequeñas cantidades y de la forma más sencilla posible. Por supuesto que podrías participar en los mercados comprando una cesta de acciones, pero pronto encontrarías algunos problemas prácticos. Si observas un índice como el S&P 500, te gusta su rendimiento y quieres replicarlo, tendrás que tener posiciones en 500 acciones. Claro que algunas tienen una ponderación tan pequeña en el índice que probablemente podrías conseguir una réplica suficientemente fiel comprando solamente la mitad de los 500 valores miembros. Aun así, tendrías que hacer un seguimiento de las ponderaciones y de los cambios en los valores integrantes del índice y tendrías que gestionar activamente tu cartera para que siempre coincida con el S&P 500. Si no lo hicieras, no obtendrías el mismo resultado que el índice. Quizás más, quizás menos, pero no el mismo.

¿Y qué pasaría si quisieras invertir cien dólares al mes para ahorrar a largo plazo? No sería posible, ya que no se pueden comprar fracciones de una acción. Incluso si quieres seguir el Dow Jones Industrial Average, que solo cuenta con 30 valores, no puedes comprarlos todos con cantidades tan pequeñas. Aunque pudieras, tendrías que reequilibrar su peso en el índice y todas las demás molestias que la mayoría de la gente sencillamente no quiere ni puede hacer.

Pero están los fondos de inversión, la salvación de los pobres, la democratización de los mercados financieros. Cada fondo aspira a seguir un índice específico y predefinido. Como pequeño inversor puedes limitarte a colocar tus cien dólares, que serán juntados con el dinero de todos los demás partícipes e invertidos para replicar el índice. O casi.

Como los fondos de inversión se miden con respecto a un índice específico, son inversiones relativas. Eso significa que su trabajo no es conseguir dinero para sus inversores. Adelante, lee esta última frase de nuevo. La tarea de un fondo de inversión es intentar superar un determinado índice. Si el índice pierde dinero, el trabajo del gestor del fondo es perder un poco menos que el índice. En un mercado alcista, su trabajo es superar ligeramente al índice. Hasta ahora parece justo, siempre que seas consciente de ello.

Un concepto esencial en el mundo de los fondos de inversión es el presupuesto de error de seguimiento. Un gestor de un fondo de inversión no puede hacer lo que le dé la gana para batir al índice. Ni mucho menos. El error de seguimiento mide cuánto se desvían del índice los retornos de un fondo. Los retornos diarios del fondo se miden frente a los retornos diarios del índice. El error de seguimiento permitido, o presupuesto de error de seguimiento, es normalmente muy pequeño. Simplemente, el fondo no está autorizado a desviarse mucho del índice.

Destrucción mutua asegurada

Lo que en realidad hace un fondo de inversión o fondo mutuo es colocar casi todo el dinero del fondo y distribuirlo en línea con el índice. Si un valor tiene un peso de 5,2% en el índice, se compra entre un 5% y un 5,4%. Hay muy poca libertad de acción para el gestor del fondo mutuo a la hora de imponer su criterio inversor o el del banco. En ocasiones puede realizar desviaciones ligeramente más amplias del índice, pero hay que tener presente que eso puede ser muy peligroso.

Existe un viejo dicho en el negocio que orienta gran parte del comportamiento inversor institucional: "Nadie ha sido nunca despedido por comprar IBM". Lo que eso significa es que si haces lo mismo que los demás, no arriesgas nada personalmente. Si pierdes, todos los demás habrán perdido y no serás culpado. Por otro lado, si tomas tus propias decisiones de forma independiente, compras lo que tú crees que es lo mejor y acabas perdiendo esa misma cantidad, puedes muy bien ser despedido o cuando menos cargar con la culpa. La manera de actuar más segura, en particular si tienes un empleo confortable, es hacer lo que hacen todos los demás.

El resultado es que tenemos un negocio gigante de fondos de inversión en el que todos hacen lo mismo.

Puede que no suene tan mal. Después de todo, si invierten en línea con el índice tú obtienes lo que buscabas ¿no? No, no tan rápido. También hay facturas que pagar. Un gestor competente de un fondo de inversión gana siete cifras en un año. El banco se queda con una comisión de gestión, una comisión de custodia, una comisión de administración, etc. Un fondo mutuo realizará todas las operaciones con el departamento de inversión del mismo banco propietario del fondo, y no hay incentivos para rebajar esas comisiones. Existen muchas maneras diferentes de desviar dinero del fondo de inversión y esa es la razón por la que a los bancos les encantan. Son muy rentables.

Las elevadas comisiones no son necesariamente un problema, siempre que el rendimiento del fondo responda. Para que eso ocurra, el fondo tiene que hacerlo mucho mejor que el índice, de manera que se cubran las comisiones y el inversor reciba aún más que el rendimiento del índice. Dado el enorme éxito de la industria de los fondos de inversión, seguro que consiguen fuertes retornos a largo plazo y proporcionan un claro valor a sus clientes, ¿verdad?

Afortunadamente hay gente que trabaja en hacer seguimientos de estas cosas. Consultemos el SPIVA (S&P Indices Versus Active Funds Scorecard). Se puede encontrar fácilmente y gratis en internet en (https://us.spindices.com/resource-center/thought-leadership/spiva/).

Echa un vistazo a la Tabla 2-1. Después te voy a explicar los números en las columnas. Puede que no sean lo que tú piensas.

Tabla 2-1 - Fondos de inversión EE.UU. frente a los índices de referencia 2013[1]

Categoría del fondo	Índice de referencia	Un año (%)	Tres años (%)	Cinco años (%)
Todos fondos acciones	S&P Composite 1500	46,05	77,53	60,93
Fondos alta capitalización	S&P 500	55,80	79,95	72,72
Fondos media capitalización	S&P MidCap 400	38,97	74,00	77,71
Fondos pequeña capitalización	S&P SmallCap 600	68,09	87,32	66,77
Todos fondos multicap.	S&P Composite 1500	52,84	80,38	71,74
Crecimiento alta capitalización	S&P 500 Growth	42,63	79,78	66,67
Core alta capitalización	S&P 500	57,74	80,56	79,39
Value alta capitalización	S&P 500 Value	66,56	76,75	70,26
Crecimiento media capitalización	S&P MidCap 400 Growth	36,72	79,37	86,19
Core media capitalización	S&P MidCap 400	43,48	67,27	83,94
Value media capitalización	S&P MidCap 400 Value	45,33	73,97	67,14
Crecimiento pequeña cap.	S&P SmallCap 600 Growth	55,61	86,10	69,60
Core pequeña capitalización	S&P SmallCap 600	77,70	91,10	74,73
Value pequeña capitalización	S&P SmallCap 600 Value	78,99	88,00	60,74
Crecimiento multicapitalización	S&P Composite 1500 Growth	38,14	86,54	68,56
Core multicapitalización	S&P Composite 1500	62,74	84,51	77,15

---

[1] Fuente: S&P Dow Jones Indices, CRSP. Para periodos terminados el 31 de diciembre de 2013. La superior rentabilidad se basa en fondos con igual ponderación. Todos los retornos de índices son retornos totales.

Value multicapitalización	S&P Composite 1500 Value	49,21	70,68	67,98
Fondos inmobiliarios	S&P U.S. Real Estate Investment Trust	50,00	86,71	80,28

Los números de las columnas muestran el porcentaje de fondos que no han conseguido batir a sus referencias, es decir, la cantidad de ellos que han fallado en la tarea que tienen encomendada. En los últimos tres años el 77,53% de todos los fondos de inversión de Estados Unidos fallaron en su trabajo. Echa un vistazo a la tabla y podrás comprobar que un abrumador porcentaje de fondos falla en el horizonte de tres y cinco años, en algunos casos más del 90%. Hay unos cuantos números por debajo del 50% en el cómputo anual, lo que indica que puede haber algo de suerte en un año concreto, pero ninguno se mantiene en el largo plazo.

Podrías pensar que esto es un periodo particular en el que los fondos, por alguna razón, estaban pasándolo mal. Tristemente no. Todos los años el informe es más o menos así. Los tienes todos disponibles en el sitio web de SPIVA, puedes retroceder en la historia y comparar. Lo que vas a encontrar es que la industria de los fondos de inversión fracasa sistemáticamente. Eso desde el punto de vista del inversor. Los bancos siguen haciendo caja.

Es importante entender que el fallo en el rendimiento no es necesariamente culpa del gestor del fondo de inversión. Él está obligado a distribuir casi todo el capital en línea con el índice. Puede sobreponderar valores que le gustan e infraponderar los que no le gustan. Puede mantener algo de liquidez alguna que otra vez si se siente bajista. Dispone de algunas herramientas para influir en el rendimiento, pero no las suficientes como para superar el obstáculo de las comisiones. Recuerda que el gestor comienza cada año en rojo, luchando para recuperar las comisiones. No envidio su trabajo. Debe de ser muy frustrante. Hasta que llega el día de la paga.

ETFs, los fondos cotizados

La idea de los ETFs (Exchange Traded Funds o fondos cotizados) es brillante. En su forma original eran simplemente la extensión lógica del concepto que había detrás de los fondos de inversión. Con los fondos mutuos, el público accedió a los grandes mercados. De repente los particulares podían conseguir una amplia diversificación y participar en los índices de valores sin necesidad de contar con grandes sumas para invertir. Tampoco necesitaban preocuparse por las decisiones de inversión individuales, pues de eso se ocupaba el gestor del fondo de inversión. Pero como hemos visto, los gestores de los fondos mutuos no obtienen el rendimiento anunciado.

Los ETFs ofrecen una solución sencilla. La idea es que sea una computadora la que gestione el fondo con la misión de replicar exactamente el índice. El dinero del ETF se distribuye entre todos los valores del índice con la ponderación exacta de cada uno en ese índice. Sin desviaciones, sin retrasos, con comisiones muy bajas y con costes mínimos en general. El resultado es un vehículo que sigue al índice muy de cerca.

Si lo que quieres es comprar el índice, compra un ETF pasivo. Así es como obtienes el índice. Sin embargo, una cuestión clave que quiero poner de manifiesto en este libro es que comprar el índice puede no ser muy atractivo. Desde luego que es más atractivo comprar un ETF pasivo sobre el S&P 500 que comprar un fondo de inversión activo con ese índice como referencia.

Todos los ETFs originales eran seguidores pasivos de índices. Es un gran concepto. Pero tienes que tener cuidado con el creciente número de productos estructurados que se empaquetan como ETFs.

Hay una gran cantidad de derivados estructurados altamente peligrosos y engañosos comercializados como los ETFs normales de siempre. Antes de operar con un ETF, mira a ver qué es realmente. Nunca confíes en el nombre de un ETF.

Evita cualquier clase de ETF apalancado. Evita cualquier ETF inverso. De hecho, evita cualquier ETF que no siga explícitamente un índice específico.

Solo como un sencillo ejemplo, examinemos un ETF inverso. Si compras un ETF inverso sobre el S&P 500, lo que esperas es obtener el rendimiento inverso. Si compras un ETF inverso doble sobre el mismo índice, lo que esperas es el doble del rendimiento inverso.

Eso es verdad, pero solamente por un día. Esto es así porque para que esos fondos puedan ofrecer el rendimiento inverso exacto en un solo día necesitan un reequilibrio diariamente. Si tienes experiencia con opciones ya sabes de qué va todo esto.

Compara la evolución del precio a largo plazo de un ETF normal sobre el S&P 500, el de un ETF inverso y el de un ETF inverso doble sobre el mismo índice. La Figura 2-1 muestra cómo los ETFs inversos tienden a caer siempre, excepto en momentos de movimientos de corto plazo muy extremos en el índice.

Debes entender que con los ETFs inversos estás operando gamma, no delta. Los que operan con opciones saben de qué hablo. Lo que significa es que el ETF inverso y el inverso doble son mucho más sensibles a los cambios en volatilidad que a los cambios direccionales en el precio. Cuando compras estos ETFs inversos en realidad estás asumiendo una posición corta en volatilidad.

Para ser justos, eso tiene que funcionar así. Si quieres conseguir el rendimiento inverso en un solo día, ese será el efecto. El problema es que esto no se le explica con exactitud a la gente que opera con estas cosas, que piensa que puede obtener el rendimiento inverso a lo largo de una semana, un mes o un año.

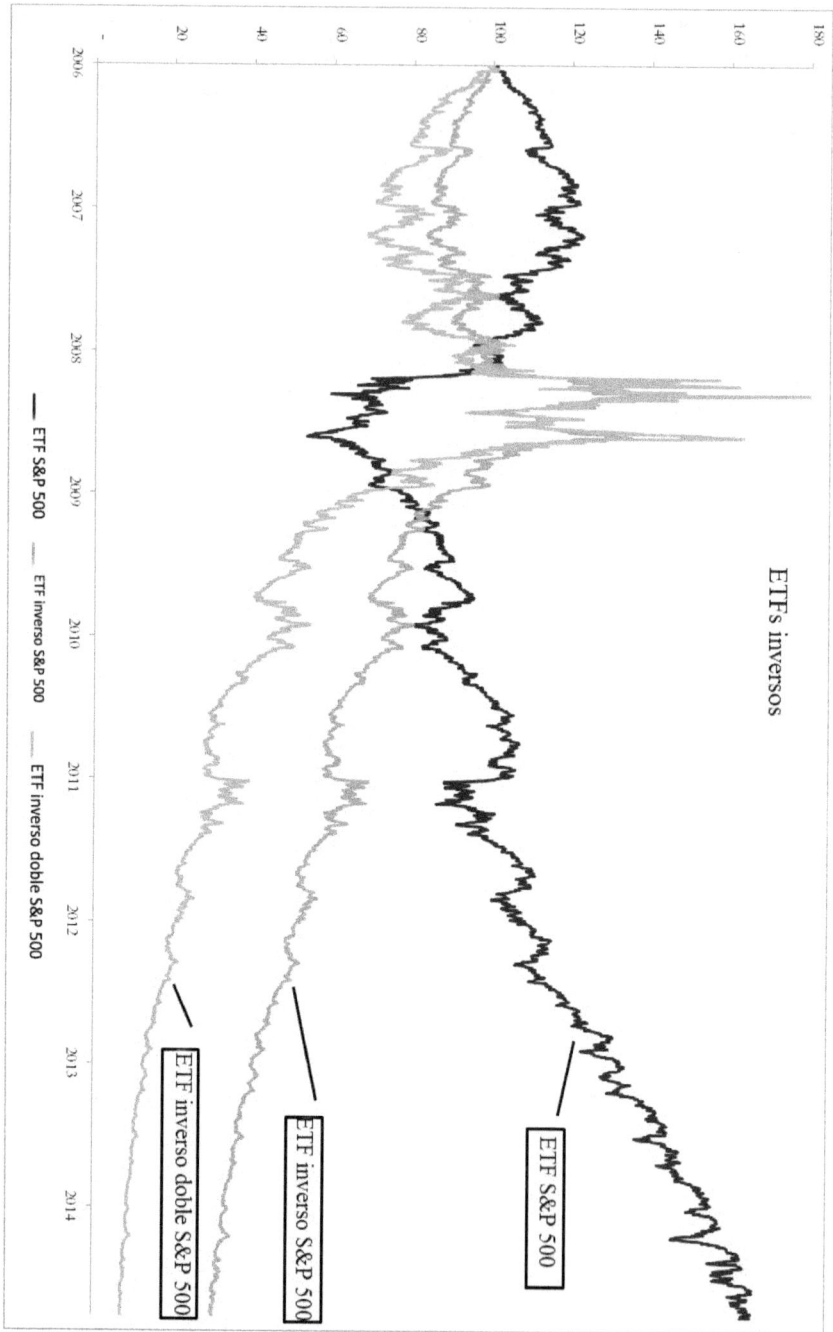

Figura 2-1 ETFs inversos

Aquí va una explicación sencilla. Empezamos con el índice en 100. El primer día, el índice cae un 10%. Ahora el índice está en 90, el ETF inverso está en 110 y el ETF inverso doble en 120. Genial para los ETFs inversos. Al día siguiente, el índice regresa a 100, ganando un 11%. ¿Esperas que los ETFs inversos vuelvan a donde empezaron? El ETF inverso, al perder un 11% de 110, baja a 97,8. El ETF inverso doble pierde un 22% de 120, bajando hasta 93,3.

Si se repite este juego por un tiempo, se parece a la Figura 2-2. El índice en este ejemplo continúa lateral, un poco arriba, un poco abajo, pero al final lateral. El ETF inverso en estas circunstancias continúa bajando. El inverso doble baja más rápido.

Los ETFs inversos son un ejemplo muy evidente de malos ETFs. Son engañosos y pueden causar pérdidas fácilmente si no estás familiarizado con los derivados estructurados. En el mundo de los ETFs existen muchos más derivados disfrazados como estos.

Los fondos cotizados son una gran idea, siempre que sean seguidores estándar de índices. Ten cuidado con cualquier otro tipo de ETF.

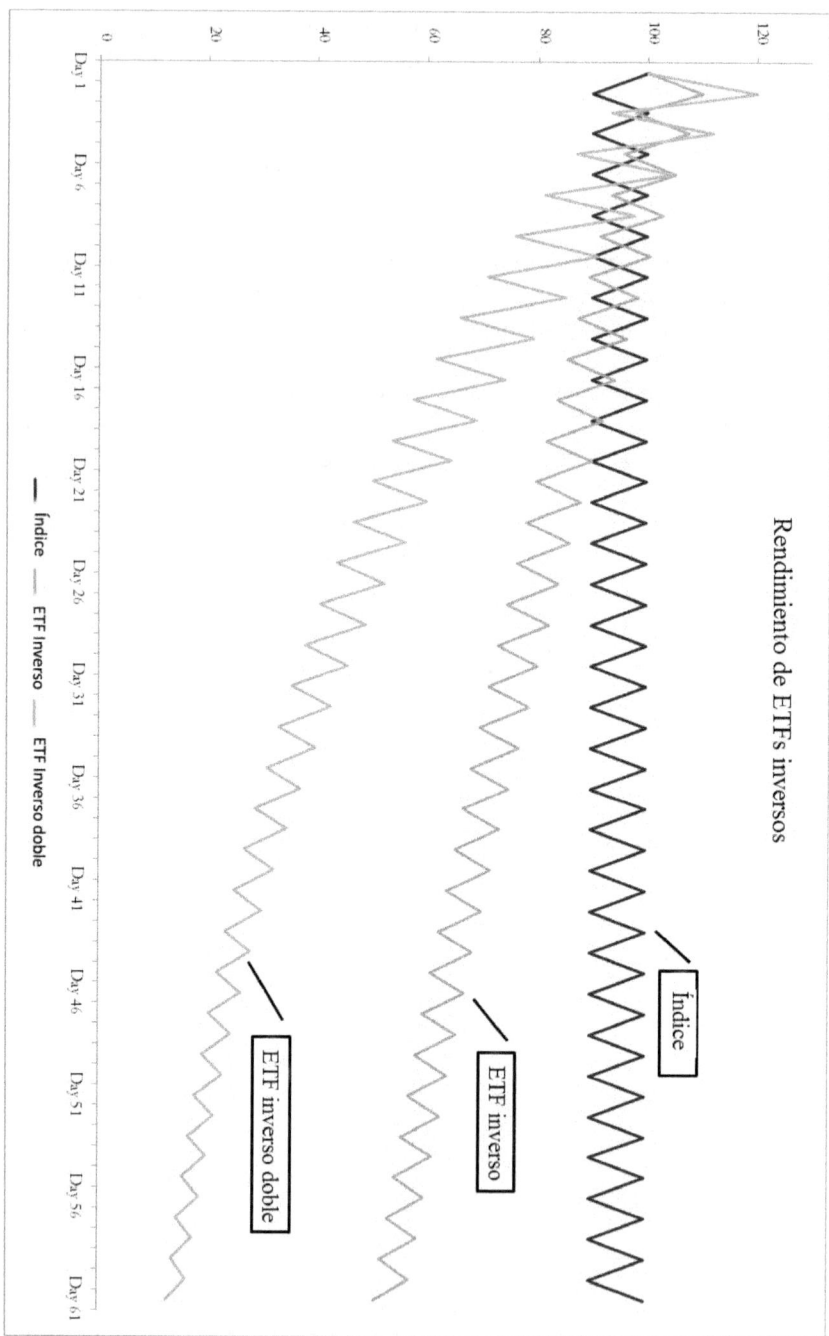

Figura 2-2 Rendimiento de ETFs inversos

3
Las acciones, el activo más difícil

Muchos inversores se sienten atraídos por las acciones porque parecen la clase de activo más fácil. Todos sabemos más o menos lo que es una compañía y lo que significan sus acciones. Son más fáciles de asimilar que los precios de las materias primas, el rendimiento de los bonos o las divisas extranjeras.

La mayoría de la gente opera con compañías que comprende. Vas por la mañana a Starbucks a tomarte un café y entiendes cómo funciona su negocio. Te gusta tu iPhone último modelo y compras acciones de Apple. Por supuesto que todo eso es una ilusión. En realidad, tus experiencias con el café de Starbucks o con el iPhone de Apple no son muy útiles para predecir el precio futuro de las acciones. Solamente lo parecen a posteriori.

Esta es una ilusión engañosa. Cuando miras los nombres de las compañías cotizadas y las asocias con tu propia experiencia es fácil sentirte influenciado. Si te gustan sus productos, sientes que el precio de la acción debería subir. Si piensas que están desfasados, pasados de moda o que son defectuosos, sientes que el precio debería caer pronto. Lo más probable es que estas ideas no sean útiles para operar con ese valor.

Es muy fácil ver los grandes movimientos de precio del pasado y pensar que era obvio que eso iba a suceder. Puede que observes la espectacular subida de precio de Microsoft en los noventa y pienses que estaba clarísimo que iba a dominar no solo el negocio del software, sino todo el mercado de acciones. Después de todo, era el fabricante del maravilloso sistema operativo DOS y de la nueva y flamante interfaz de Windows. Incluso aunque por alguna razón no pasaras tus tardes en los noventa reoptimizando el uso de la memoria extendida mediante config.sys y autoexec.bat, te habrías dado cuenta de que no había contendientes viables alrededor. Retrospectivamente eso está claro como el agua. Y sin embargo, para nada estaba claro en su día. Es verdad que en la locura general que prevalecía entonces todo el mundo echaba dinero a cualquier valor tecnológico como si no hubiera mañana. Pero la gente que compraba Microsoft era generalmente la misma que compraba

Worldcom, Global Crossing, AOL y muchas otras compañías que se fueron a pique de manera espectacular. Todo parece obvio cuando es demasiado tarde para actuar.

Con bastante frecuencia, compañías con grandes productos y aparentemente grandes estrategias tienen malos resultados en el mercado de valores. También es común lo contrario, conceptos que suenan demenciales se ponen por las nubes. Siempre es lo mismo, cuando el valor se ha movido lo suficiente como para aparecer en los titulares todo el mundo piensa que es obvio por qué ha ocurrido. Hay una vieja expresión referida al fútbol americano que dice que todo el mundo es un quarterback los lunes por la mañana. Como europeo, realmente no sé qué hace un quarterback, pero no parece que sea algo que se supone que tienes que hacer los lunes por la mañana.

Es cierto que hay gente muy buena en el análisis fundamental de compañías e industrias. Son expertos en descifrar lo que va a ocurrir en el largo plazo y habitualmente llegan a minuciosos detalles en sus análisis. Ese es un juego muy difícil y va mucho más allá de si te gustan o no los productos. Estos analistas frecuentemente se especializan en un solo sector o incluso en unos pocos valores. Se fijan en cada detalle y analizan cada apunte de los ingresos y cada fila de las hojas de balance. Es un enfoque perfectamente válido para abordar los mercados financieros, siempre con una dedicación muy intensa, pero es una profesión a tiempo completo por sí misma y no es de lo que trata este libro.

Una ilusión muy similar es la creencia de que tienes ventaja al operar con las acciones de la compañía para la que trabajas. Mucha gente puede pensar que su conocimiento interno de la compañía ayuda a entender el mercado y a conseguir una ventaja operando. A no ser que seas parte de la alta administración o del equipo directivo, ese no es el caso. Incluso si eres un alto directivo o un director no ejecutivo, es dudoso que tengas ventaja alguna más allá de situaciones especiales, como justo antes de un anuncio importante. Claro que en esas situaciones especiales es ilegal operar con carácter general.

En realidad, comprar las acciones de la compañía para la que trabajas es irracional. Primero, porque no tienes ningún tipo de ventaja en comparación con cualquier otro valor escogido al azar. Si fuera así, los empleados de cualquier compañía cotizada conseguirían más dinero en los mercados que con su salario. Es solo una ilusión. Pero aún peor, incrementarías el riesgo sobre una única compañía, puesto que ya tienes una exposición al riesgo en la compañía para la que trabajas. Si la compañía va mal te pueden despedir. Si va bien, podrías tener un aumento y una promoción. Al comprar las acciones, estás simplemente aumentando tu riesgo frente a la misma compañía sin ningún motivo racional para hacerlo.

La presión del grupo

Da la impresión de que en el mundo de las acciones tienes posibilidades infinitas. Hay miles y miles de valores con los que operar. Representan a compañías que hacen negocios en cualquier sector imaginable. Hay conglomerados industriales, operadores de telecomunicaciones, compañías farmacéuticas, operadores de minas de oro, firmas de internet, exploradores de petróleo... de todo. Las áreas de negocio son tan extremadamente diferentes que sería lógico asumir que los precios de las acciones se mueven independientemente unos de otros.

El problema es que no lo hacen. Tienes miles y miles de valores para elegir, pero a la hora de la verdad todos se comportan como renos. ¿Qué? Es que la metáfora de las ovejas está muy gastada. Soy escandinavo, confía en mí respecto a los renos.

En condiciones normales de mercado, los valores pueden mostrarse razonablemente independientes. Si estamos en un mercado alcista, la mayoría de los valores suben, pero los buenos valores suben mucho más. La mayoría de los valores mantienen una alta correlación con el conjunto de índices de acciones en los mercados alcistas, e incluso si tienes muchos valores en tu cartera eres muy dependiente del conjunto del mercado. Cuando el índice avanza, también lo harán la mayoría de tus valores. Y viceversa, claro.

En un mercado bajista, la ya alta correlación entre los valores de repente se aproxima a uno a velocidad de crucero. Cuando los mercados son vapuleados bruscamente no hay sitio donde esconderse, todos los golpes caen al mismo tiempo. Entonces, cuando el mercado en conjunto rebota y se produce un fuerte repunte en el mercado bajista, todos los valores suben el mismo día. Esto destruye cualquier concepto de diversificación. Lo que tienes entonces son cantidades variables de beta.

Esta es la parte más delicada con las estrategias en el mercado de valores. Si operas con toda clase de activos al mismo tiempo puedes diseñar un mecanismo para diversificar con bastante facilidad. Después de todo, el maíz, el petróleo, el yen y las acciones tienen muy poco en común y normalmente se mueven bastante independientes unos de otros. Pero si operas solo con valores no cuentas con ese lujo.

Es de una importancia crucial ser consciente de la falta de diversificación en los valores. En las estrategias con acciones siempre vas a tener una posición beta sustancial. Cuantos más valores tengas en cartera más se parecerá tu estrategia al índice. Esto es importante, pero no necesariamente un problema siempre que seas muy consciente de ello y diseñes tus estrategias con ese factor presente. Asumir riesgo beta de forma deliberada no tiene por qué ser algo malo. Pero tienes que ser consciente de ello y asegurarte de que no mantienes beta cuando el mercado se pone feo.

Supervivientes

El índice S&P 500 es un índice momentum. También lo son el Nasdaq 100, el Dow Jones Industrial, el Russell y la mayoría de los demás índices de valores. Si lo piensas un poco te darás cuenta de que los índices de valores son esencialmente estrategias momentum de muy largo plazo.

Por supuesto que la palabra 'momentum' no forma parte de la metodología oficial del índice Standard and Poor's. Pero la capitalización de mercado sí.

Para que un valor pueda ser considerado para su inclusión en el índice S&P 500 tiene que ser muy líquido, estar en la lista del NYSE o del Nasdaq y tener una capitalización de mercado superior a los 5.300 millones de dólares. La capitalización de mercado es simplemente el valor teórico de la compañía. Se obtiene multiplicando el número de acciones en circulación por el precio actual de la acción. La implicación de esto debería ser obvia. La razón por la que un valor es parte del índice es que su precio ha tenido un fuerte desarrollo en el pasado. Cuando un valor deja el índice es normalmente porque ha tenido un mal comportamiento en el precio y ha caído por debajo de la capitalización de mercado requerida. Esto hace del índice S&P 500, y de la mayoría de los demás índices, una estrategia momentum en cierto modo.

Cuando miras un gráfico de largo plazo de un índice así, lo que estás viendo es una estrategia momentum. Los valores fuertes están incluidos, los débiles no. A una compañía puede irle mal por un tiempo, pero si sigue perdiendo será excluida del índice. Si después de eso sigue bajando, el índice ya no se verá afectado. Así que lo que ves en el índice es muy similar a una estrategia momentum para seleccionar valores.

Esto significa que los índices hacen que los mercados de valores parezcan mejor de lo que en realidad han sido.

También se crea la ilusión de que se pueden conseguir los llamados ten-baggers. Esa expresión se refiere a las acciones que incrementan su valor diez veces después de que las has comprado. Eso es un 1.000%. Si te fijas en un valor del índice S&P 500 y retrocedes en el tiempo lo suficiente, puedes arrepentirte de no haberlo comprado hace diez años. El problema es, claro está, que ese valor no estaba en el índice entonces. Está ahora en el índice porque ha tenido diez años estupendos. Probablemente ni siquiera hubieras oído hablar de ese valor hace diez años. Incluso aunque hubiera sido así, seguramente era un valor de alto riesgo y baja capitalización entre un montón de ellos similares.

A la hora de desarrollar y simular estrategias de trading, es de una importancia absoluta que tengas esto en cuenta.

Pongamos que estás desarrollando un modelo de trading que compra valores cuando se dan ciertas circunstancias. Quizás compras cuando los valores rompen un rango de precios o quizás cuando están sobrevendidos, en realidad eso no importa ahora. Si programas este enfoque en una plataforma de simulación y lo pruebas sobre los actuales miembros del S&P 500 a lo largo de los últimos veinte años, con toda seguridad parecerá genial. Al fin y al cabo, la estrategia compra valores de una cesta que sabemos que tuvo grandes avances.

Lo que ocurre es que necesitas utilizar un universo de valores realista. Una buena manera de hacerlo es probar la estrategia en todos los valores de un índice, como el S&P 500, pero teniendo en cuenta los componentes históricos de ese índice. Tienes que conseguir que tu plataforma de simulación reconozca la composición histórica del índice en cualquier día dado. De esa manera, en cada uno de los días, la simulación solo considerará los valores que ese mismo día formaban realmente parte del índice. Esa es una manera de eliminar, o al menos de reducir drásticamente, el sesgo de supervivencia.

Una clave de este enfoque es que debes incluir también los valores retirados del índice. Muchos valores que se negociaban hace diez años ya no están en la lista. Puede que quebraran o puede que se fusionaran en otras compañías. La razón no importa, lo que importa es que tu simulación debe incluir tantos parámetros realistas como sea posible.

La mayoría de los valores retirados de la lista han tenido una evolución pésima. Si no los incluyes en las simulaciones, tus resultados serán demasiado optimistas. Luego, al empezar a operar, es cuando te das cuenta, de la manera más dolorosa, de que la realidad puede ser muy diferente a las simulaciones.

Divide y conquista

Hay toda clase de actuaciones corporativas que pueden afectar a las acciones de una compañía. Muchas de ellas son bastante sencillas de ajustar en la simulación. Normalmente se ajustan de forma automática en casi todas las fuentes de datos. Por ejemplo, los splits, o fraccionamiento de acciones, son automáticamente ajustados de modo que no se producen huecos o gaps artificiales en la cotización. Eso está muy bien. El problema se produce con los dividendos en efectivo.

La mayoría de las fuentes de datos históricas accesibles para el público general ignoran los dividendos. Lo más probable es que muchos de los gráficos de acciones que has visto siempre, y puede que todos ellos, hagan caso omiso de los dividendos.

Incluso los gráficos que por defecto incluyen las costosas plataformas de datos de mercado destinadas a profesionales de las finanzas pasan por alto los dividendos.

Normalmente todos los gráficos están ajustados para splits y para actuaciones corporativas similares. Si no lo estuvieran lo verías fácilmente. Fíjate en el split de 2014 en Apple, un ejemplo obvio. En junio de ese año, Apple realizó un split 7:1. Eso quiere decir que el precio era de repente una séptima parte o un 14,285% de lo que era el día previo, pero a cambio tienes de golpe siete veces más acciones en tu cartera. El precio de la acción cerró el 6 de junio de 2014 a 645,87 dólares. El lunes siguiente, la acción abrió a 92,72. Es un cambio drástico en los números, pero en realidad no ha pasado nada.

Los splits, de hecho, no tienen efecto en nada, pero pueden servir como un estudiado truco de marketing. La compañía lanza el mensaje de que el precio de la acción ha subido demasiado, que se ha puesto tan cara que la gente no puede comprarla. Por supuesto eso no es del todo cierto, puesto que el nivel del precio de la acción por sí mismo no mide si la compañía está cara o barata. Si comparas dos compañías idénticas con igual número de acciones en circulación, con idénticos valores fundamentales y con idénticas perspectivas, entonces el precio de la acción sí puede tener alguna relevancia.

Aunque un split no tiene valor analítico, sí cambia la serie temporal de un valor. En el caso de Apple, si no haces ningún ajuste acabas con un gráfico que se movía en la zona de 650 y de repente se hunde y pierde un 85% en un día. Parece una gran pérdida para los accionistas y obviamente ese no fue el caso.

La manera de ajustar esto es recalcular toda la serie en el pasado. En el caso de un split de 7:1, hay que multiplicar todos los precios anteriores de ese valor por 0,142857. Como puedes ver en la Figura 3-1, la serie sin ajustar carece de sentido. No hubo una pérdida del 85% en el verano de 2014 y la serie temporal no debería tener un hueco. No te preocupes, prácticamente todos los proveedores de datos de mercado hacen ese ajuste automáticamente, incluso los gratuitos de internet.

Cuando se trata de dividendos, la lógica es muy parecida. Para conseguir un cuadro correcto de la evolución financiera real del precio de una acción tienes que ajustar todas las series en el pasado. Mientras que es habitual que un split se realice al menos por un factor de 0,5, los ajustes por dividendos son mucho más pequeños. La práctica habitual para ajustar por dividendos es asumir que el efectivo recibido fue reinvertido inmediatamente en el mismo valor. Este método permite calcular fácilmente un factor de ajuste y adaptar la serie de precios del pasado.

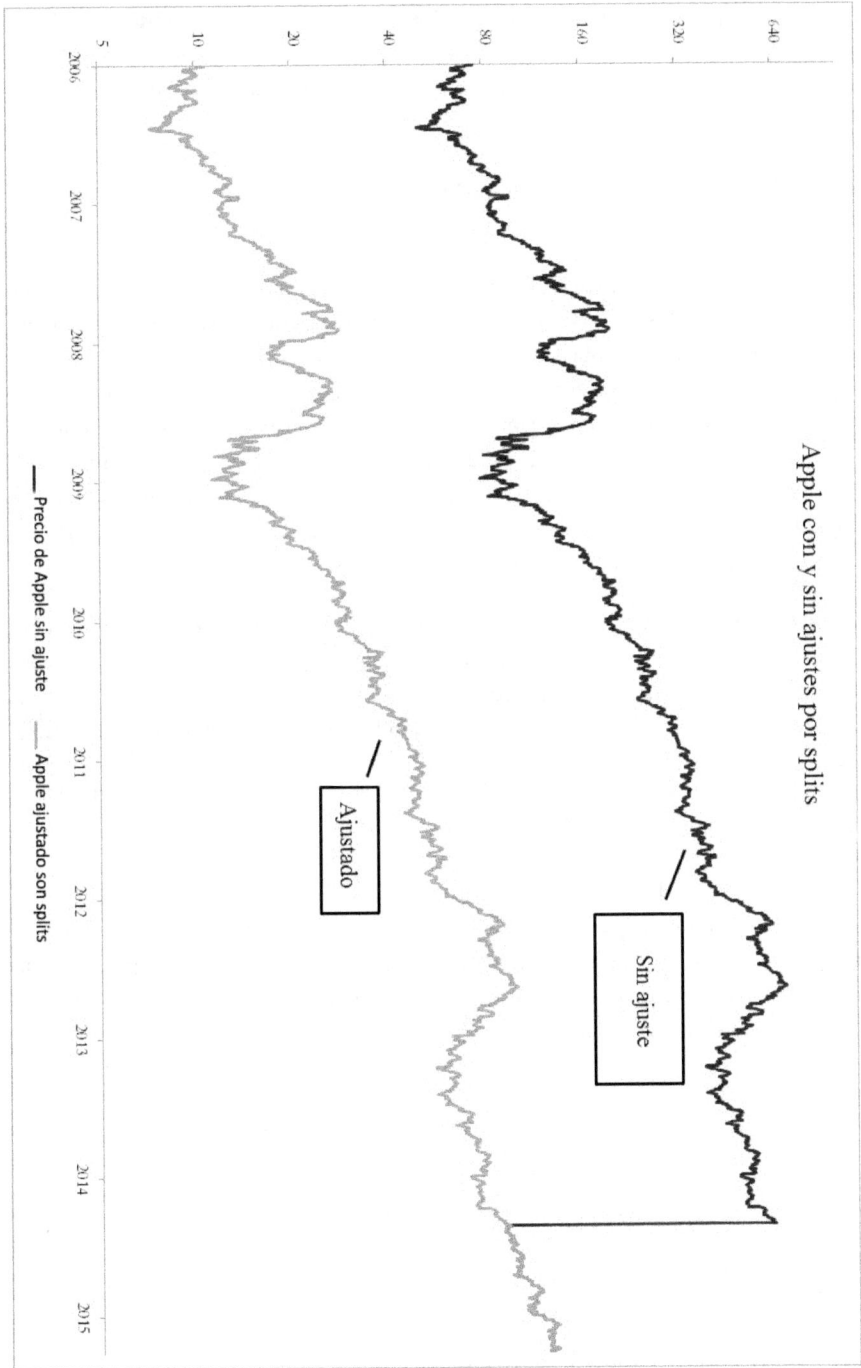

Figura 3-1 El precio de la acción de Apple con y sin ajuste por split

Insisto, no te preocupes demasiado por los detalles prácticos. Es útil entender la lógica general y los beneficios de estos ajustes, pero no es realista intentar hacer este trabajo uno mismo. Si planeas ejecutar simulaciones o realizar otros análisis de series temporales de largo plazo, sería recomendable comprar datos con retorno total. Esta expresión se refiere a datos que han sido ajustados por todo, desde splits y dividendos hasta cualquier otra cosa que pueda haber afectado a los inversores a lo largo del tiempo.

La Figura 3-2 muestra AT&T desde 1998. Una de las líneas es la serie temporal ajustada solo por splits y otras actuaciones corporativas, como aparecería por defecto en la mayoría de los sistemas de datos de mercado. La otra es la evolución real, incluyendo ajustes por dividendos. La primera serie, que para la mayoría de la gente sería el gráfico normal del precio, indicaría que un inversor perdió un 7% si compró acciones en 1998 y las mantuvo hasta 2015. El problema es que eso está muy lejos de la verdad. Se trata de un valor de alto rendimiento que reparte grandes dividendos. El resultado real de comprar en 1998 es que para 2015 has doblado tu dinero, asumiendo que has reinvertido los dividendos.

Quizás te preguntes por qué asumimos que los dividendos se reinvierten. Bueno, porque lo mires como lo mires tienes que hacer alguna presunción sobre lo que pasa con el dinero en efectivo, y esa presunción será inevitablemente errónea. Asumir la reinversión es el método estándar, tiene sentido lógico y es útil para ajustar las cifras.

Podrías asumir que el dinero no se utiliza, pero eso tampoco es probable. Implicaría que consigues dividendos y pones el dinero debajo del colchón. Quizás podríamos asumir que ese dinero se mete en los llamados depósitos sin riesgo, o que se invierte en el índice. De cualquiera de las maneras, como ves, tenemos que hacer alguna presunción sobre lo que pasa con el dinero. Reinvertirlo significa que todo el dinero inicial de la compra se mantiene en el precio de la acción, lo mismo que pasaría si no hubiera dividendos después de todo. Por lo tanto refleja una serie temporal más válida de la evolución del valor de la compañía.

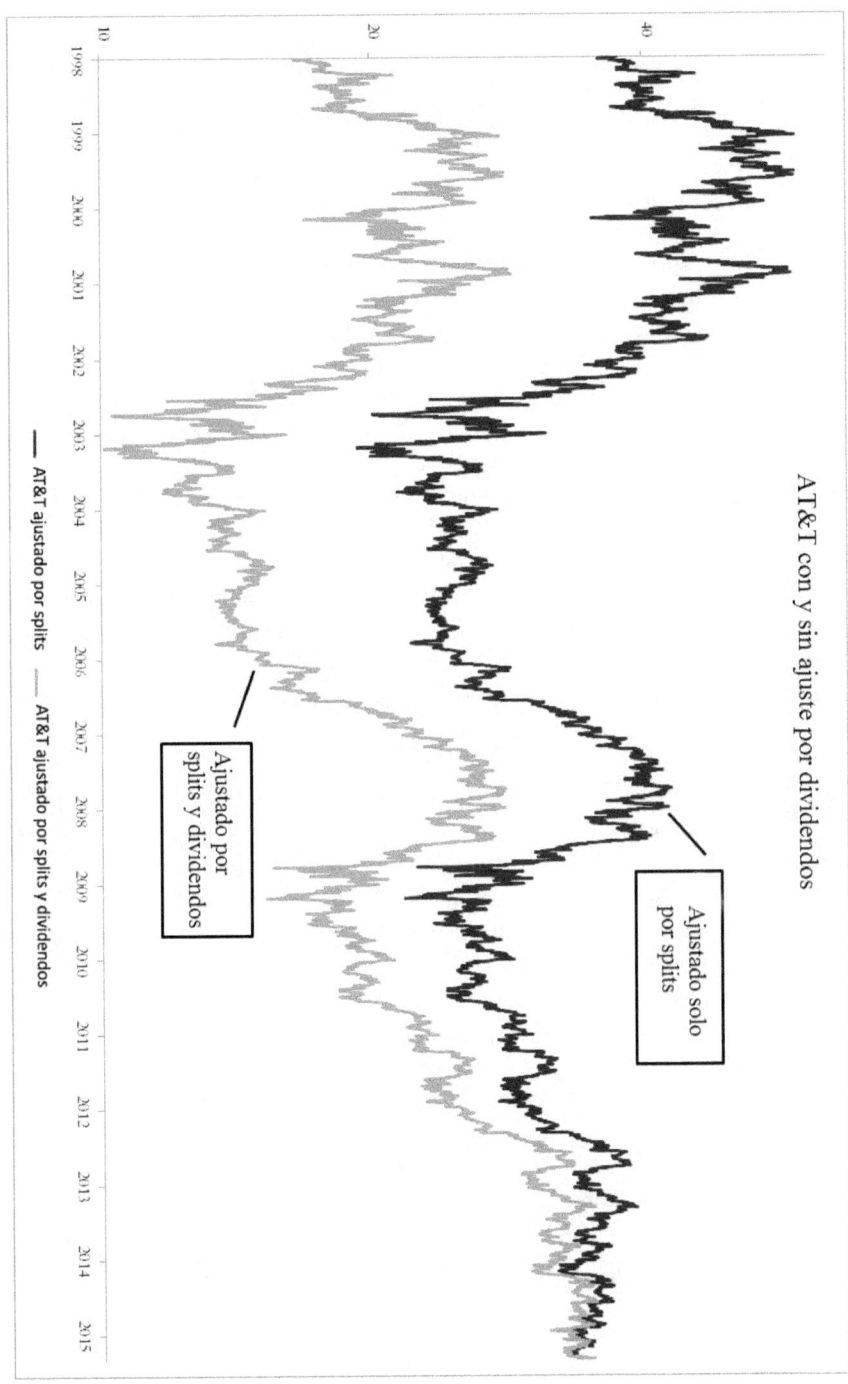

Figura 3-2 AT&T con y sin ajuste por dividendo

Estos ejemplos reflejan casos extremos y han sido elegidos deliberadamente para subrayar su importancia. Los lectores observadores se preguntarán probablemente si realmente esto importa mucho en el día a día para las decisiones de trading e inversión. Para algunos tipos de estrategias y métodos seguramente no importa tanto, mientras te sitúes en un plazo suficientemente corto y siempre que no operes durante la ejecución de un split o el reparto de un dividendo, claro.

Pero sí que importa para el tipo de enfoque momentum de largo plazo del que este libro se ocupa. Surgen dos problemas por ignorar estos ajustes. El primero es sobre las simulaciones y el segundo sobre la selección de los valores.

Cuando se desarrolla una metodología de trading lo normal es construir un modelo matemático y realizar una simulación realista. Si no lo haces así, vas a ciegas. Puedes tener una teoría muy lógica sobre el mercado, pero si no has probado su validez histórica no sabes realmente qué esperar cuando pases a ejecutarla en vivo.

Si la simulación se realiza sobre datos de precios sin ajustar, o más comúnmente sobre datos ajustados solamente por splits pero no por dividendos, los retornos a lo largo del tiempo estarán muy lejos de la realidad. Cada vez que se reparte un dividendo parece que te han atizado una pérdida, y está claro que no es el caso. Puede que tengas una gran metodología y acabes desechándola porque la simulación muestra peores resultados de lo que debería.

El mayor problema es con la clasificación de las acciones y su selección. Si haces una clasificación de los valores que mejor se comportaron el pasado año, los valores que hayan repartido dividendos serán empujados hacia abajo de la lista. Una compañía puede estar en una buena racha, incrementando constantemente sus beneficios y expandiéndose rápidamente, pero como está repartiendo dividendos no aparecerá en tu clasificación.

Sin tomar en cuenta los dividendos, puedes acabar seleccionando valores inferiores. Si te tomas en serio la selección de tu cartera y si aún estás leyendo, como supongo, entonces deberías considerar hacerte con una fuente de datos de retorno total.

Elegir el índice

Para el propósito de este libro, el mercado de valores va a estar representado por el índice Standard and Poor's 500. Es un índice amplio compuesto por grandes valores estadounidenses y sirve bien como referencia general de la salud de los mercados norteamericanos.

Seleccionar un índice es más importante de lo que pueda parecer. El índice es tu referencia. No quiere decir que tengas que seguirlo, pero es la vara de medir con la que comparar tu rendimiento. Si no ganas al índice no estás haciendo un buen trabajo. La elección del índice también te ayuda a definir tu campo de acción. Hay miles de valores entre los que elegir solamente en los Estados Unidos. Tener tantos valores disponibles puede estar muy bien hasta cierto punto. Sin embargo, te será útil limitarte a los componentes de uno o potencialmente de varios índices. Así defines un ámbito de actuación sobre el que trabajar y es particularmente útil a la hora de simular tu estrategia. Si no actúas sobre un ámbito claramente definido es difícil hacer presunciones realistas sobre qué valores habrías considerado hace diez años. Es un error clásico fijarse en algún valor que ha conseguido un retorno del mil por ciento en los últimos diez años y asumir que habrías oído hablar de él antes de que empezara su recorrido.

Hay una buena razón por la que no he elegido el Dow Jones Industrial Average como el índice de referencia. En realidad, hay varias razones para no elegir este índice. El Dow es un índice bastante tonto, a falta de mejor palabra, y hay muy pocas razones para usarlo. Es un índice que sobre todo se menciona en los programas de economía de la televisión porque los presentadores piensan que el público está más familiarizado con su nombre.

El Dow está compuesto solamente por treinta valores. Por sí mismo, eso es una grave limitación para el índice. Los treinta principales valores no son representativos de los miles de valores de las bolsas de Estados Unidos. Es un índice extremadamente restringido.

El mayor problema está en cómo se calcula el Dow Jones. Es un índice ponderado con los precios. Esto significa que simplemente se suma el precio de las acciones de los treinta valores integrantes y se divide entre treinta. Para ser precisos, también se divide entre el divisor del índice, pero eso es solo un tecnicismo para conseguir números consistentes.

Si te paras a pensar en esto por un momento, debería estar muy claro que esta metodología es una locura. La compañía que tenga el precio de la acción más alto tendrá más efecto en el índice. Esto está enraizado en una manera muy antigua de pensar, según la cual el precio de la acción por sí mismo tiene alguna clase de implicación analítica. O sea, que una compañía es más importante si el precio de sus acciones es de 100 que si es de 10.

Recuerda que no estamos hablando de capitalización de mercado. El precio de la acción no está de ninguna manera relacionado con lo valiosa que es una compañía. Una compañía cuyas acciones valen 10 podría tener 100.000.000 acciones en circulación, mientras que otra compañía con acciones a 100 podría tener 10.000 acciones emitidas. El precio de las acciones por sí mismo no significa absolutamente nada.

El índice Dow Jones y su metodología es un producto heredado. Hay bastantes alternativas mejores para usar. En el campo profesional es muy popular el conjunto de los índices MSCI. El beneficio básico de usar este grupo es que se consigue una metodología consistente a escala global, al abarcar todo lo que se quiera. Hay cientos de índices MSCI, clasificados por geografía, estilos y sectores. Para los gestores de activos, este es el grupo de índices de referencia, pero tiene el inconveniente de que es bastante caro comprar información sobre los integrantes del índice. El beneficio de comprar acceso a un grupo de índices especiales para los traders particulares es cuestionable. Tiene más sentido para la mayoría buscar índices amplios en los que la información sobre sus componentes sea accesible de manera gratuita. Para el mercado de Estados Unidos, los índices Standard & Poor son una buena elección.

El más conocido de esos índices es por supuesto el índice S&P 500, integrado por los 500 mayores valores de las bolsas estadounidenses. También puede ser interesante el índice S&P 400 mid cap (media capitalización) y el índice S&P 600 small cap (pequeña capitalización). Estos tres índices juntos forman a su vez el índice S&P 1500.

El índice en concreto que acabes usando no importa tanto como las razones por las que lo haces. No elijas un índice al azar. Decide qué es lo que estás buscando y selecciona el índice adecuado para ello.

En este libro se usa el S&P 500 casi todo el tiempo. Pero las ideas que se exponen funcionan bien con cualquier índice suficientemente amplio. Los resultados pueden variar con índices más restringidos.

Capitalización de mercado

La capitalización de mercado se refiere a lo que vale una compañía. Sí, parece un término que suena innecesariamente complejo para algo tan simple.

Para comprender lo que realmente es la capitalización de mercado hay que fijarse simplemente en cómo se calcula. Primero se comprueba el total de acciones en circulación. Es el número total de acciones emitidas por una compañía. Incluye todas las acciones, sean o no capital flotante. Después simplemente se multiplica el número de acciones por el precio actual. El número que se obtiene es el valor teórico total de la compañía. Es teórico, porque si quisieras comprar la compañía entera el precio sería bastante diferente, como se ve en cualquier fusión u oferta pública de adquisición.

A menudo tiene sentido agrupar valores basándose en su capitalización de mercado. La mayoría de los índices tienen reglas estrictas sobre capitalización de mercado y cada uno se centra en una categoría. El índice S&P 500 es un índice de alta capitalización, lo cual, de acuerdo con sus normas, significa que una compañía necesita una capitalización mínima de 5.300 millones de dólares. Esto no supone incluir en el índice a cualquier compañía que lo supere, solo que la compañía tiene que cumplir como mínimo esa capitalización de mercado para ser tomada en consideración.

El índice S&P 400, menos conocido, es el equivalente de media capitalización. Para ser candidata para este índice, una compañía necesita tener una capitalización de mercado de entre 750 y 3.300 millones de dólares. El índice de pequeña capitalización S&P 600 incluye compañías con un valor de entre 400 y 1.800 millones.

Todos estos índices mantienen una ponderación basada en la capitalización de mercado. Cuanto más valor tiene una compañía mayor peso tendrá en el índice. Si eso tiene o no sentido depende sobre todo del punto de vista. Probablemente tiene mucho sentido si el propósito del índice es calibrar la salud del mercado en su conjunto y su evolución a largo plazo. Probablemente tiene menos sentido si el objetivo es invertir de acuerdo con esos principios.

En general, los valores de alta capitalización tienden a tener menos volatilidad que los de pequeña capitalización. También tienden a tener menos potencial. Esto no significa que sea una mala idea operar con valores de alta capitalización, pero es una diferencia de la que debes ser consciente.

Míralo de este modo. Apple empezó como una compañía de pequeña capitalización, como todas las demás. Bueno, técnicamente era una compañía de nanocapitalización, o cualquier término que prefieras para una compañía dirigida por dos hippies barbudos en un garaje. Recorrió todos los ciclos, desde ser un valor de pequeña capitalización hasta alta capitalización, pasando por media capitalización. Ni siquiera me planteo calcular cuántas veces ha doblado su valor desde 1976. Actualmente la compañía vale unos 500.000 millones de dólares. Eso es la mitad de un billón de dólares. Unos 100.000 millones más que la segunda compañía más grandes del mundo. ¿Qué posibilidades hay de que vuelva a duplicarse?

No es imposible, de ninguna manera. Pero es mucho más difícil que se duplique el precio de la acción cuando el valor de mercado es medio billón de dólares que cuando es medio millón.

El riesgo tiende a ser mayor con las compañías pequeñas, pero también lo son las potenciales recompensas.

Sectores

Clasificar los valores por sectores es una manera de hacer un seguimiento de lo que las compañías hacen realmente. Es una buena idea estar al tanto de los sectores, incluso aunque no realices análisis fundamental. Normalmente hay sectores a los que les va muy bien y otros que lo están haciendo mal. Por supuesto que esto se puede identificar con métodos cuantitativos si lo prefieres. Es importante estar pendiente de lo que está dirigiendo el mercado. Si no reparas en los sectores, podrías exponerte demasiado hacia un solo sector sin saberlo. Asumir riesgo es necesario, pero debe hacerse deliberadamente.

Mientras escribo este texto a principios de 2015, el sector energético lleva más de medio año bajo fuego de artillería. Se podría haber superado fácilmente al S&P 500 en este periodo simplemente no comprando valores energéticos.

Hay varios métodos para clasificar valores y la terminología puede variar ligeramente. Al final, son bastante similares y no importa mucho por cuál te decidas. Yo suelo usar el sistema GICS, porque es un estándar global coherente y fácilmente accesible en la mayoría de las plataformas de datos de mercado. Además tiene la ventaja de que cuenta con cuatro niveles de profundidad, lo que en ocasiones puede ser útil.

En el primer nivel, el sistema GICS tiene diez sectores, que son los que uso para describir los valores en este libro. Estos sectores son consumo discrecional, consumo básico, energía, finanzas, industria, tecnología de la información, materiales, servicios de telecomunicaciones, servicios públicos y salud. Se puede ahondar en cada sector, que se divide en grupos industriales, industrias y subindustrias, pero para la mayoría de nosotros el nivel de sector es más que suficiente.

4

¿Funciona el seguimiento de tendencia con acciones?

Originalmente, el concepto de seguimiento de tendencia se desarrolló para operar con futuros. Son un mundo diferente a los mercados de valores. Lo cierto es que el seguimiento de tendencia tradicional simplemente no funciona con las acciones.

El seguimiento de tendencia es un concepto muy sencillo. Cuando los precios empiezan a moverse en una dirección, hacia arriba o hacia abajo, te subes al carro. Si los precios suben te pones largo. Si bajan, te pones corto. A partir de ahí mantienes la posición mientras continúe la tendencia. Normalmente se opera con un stop de protección dinámico, o trailing stop, que va siguiendo al precio. Eso significa que solamente abandonas la posición después de haber perdido una cierta cantidad en la operación desde la mejor lectura. Nunca compras en lo más bajo y nunca vendes en lo más alto, pero siempre participas en el medio.

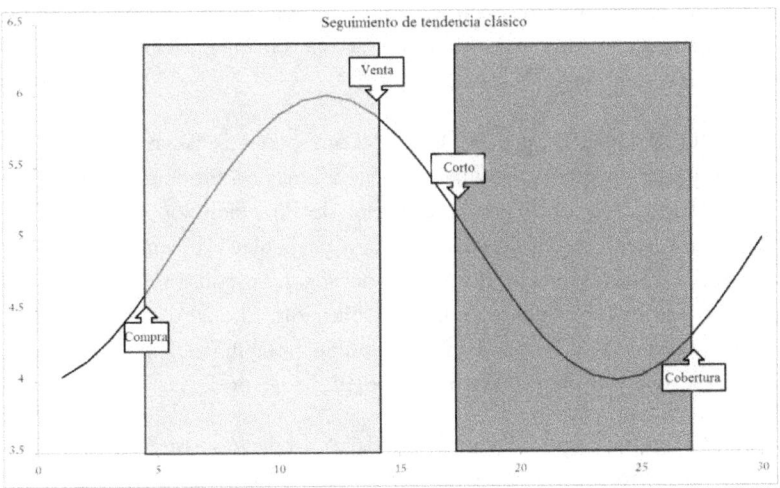

Figura 4-1 Seguimiento de tendencia básico

Como estrategia de trading, el seguimiento de tendencia es bastante tonta. No quiero decir que sea tonto operar con ella, solo que se basa en muy poca información. Comparada con estrategias complejas que tienen en cuenta un gran número de factores es una estrategia tonta. Sin embargo, esta tonta estrategia ha demostrado resultados muy sólidos en los últimos treinta años y, según alguna investigación, incluso ha tenido un gran desempeño durante cientos de años (Kaminski & Greyserman, 2014). Se han dado subidas y bajadas, y ha habido varios años seguidos en los que la industria del seguimiento de tendencia ha perdido dinero. Pero al final, el rendimiento en las décadas pasadas ha sido muy sólido.

El negocio de los hedge funds que utilizan el seguimiento de tendencia ha crecido rápido y su valor supera ahora los 300.000 millones de dólares. Muchos de los gestores de estos fondos llevan en ello décadas y cuentan con algunos de los mejores resultados en rendimiento compuesto de la industria. Quest Partners, Fort Investment Management, Chesapeake, Campbell, ISAM, Mulvaney, Transtrend y Winton, por nombrar solo algunos.

Es muy difícil que alguien argumente que el seguimiento de tendencia sistemático en futuros no funciona. La evidencia empírica es demasiado abrumadora.

El seguimiento de tendencia clásico se realiza con futuros. La manera normal de ejecutar esta estrategia es seguir tendencias en un conjunto amplio de mercados de futuros para cubrir todos los grandes tipos de activos. Los seguidores de tendencia profesionales operan con materias primas, tasas de interés, divisas y por supuesto índices de valores. La razón para este enfoque es muy sencilla. Si se aplica un modelo de seguimiento de tendencia a un solo mercado, simplemente se está apostando. Incluso si se emplea en una sola clase de activo en muchos mercados, las posibilidades de éxito son bajas.

Cualquier mercado e incluso cualquier clase de activo puede pasar por largos y frecuentes periodos en los que el seguimiento de tendencia no funciona. Cuando los mercados están laterales o cambian rápidamente de dirección los seguidores de tendencia pierden dinero. En un mercado o sector particular esto puede continuar así durante años, en casos extremos incluso una década. La premisa fundamental del seguimiento de tendencia es por lo tanto la diversificación. Al operar con todas estas clases de activos diferentes al mismo tiempo, hay altas posibilidades de que algunos den suficiente dinero como para compensar las pérdidas de otros.

Si los activos con los que operas tienen una baja correlación entre ellos, podrás generar más rendimiento con un riesgo menor. Se trata de adoptar la perspectiva de cartera, en lugar de la perspectiva de cada posición. Esta manera de pensar es el punto clave que separa a los profesionales de los traders aficionados. Solo importa el nivel de cartera. Cuando se opera con múltiples activos con correlación baja o negativa puedes conseguir mayores rendimientos con menos riesgo. Si el momento en el que se producen las ganancias y las pérdidas de los distintos activos es muy diferente, puedes aumentar el nivel de las operaciones para conseguir rendimientos más altos con el mismo riesgo, o bien mantener el rendimiento con un nivel de riesgo más bajo.

En el seguimiento de tendencia, el dinero de verdad se consigue en las tendencias extremas. Un pequeño número de tendencias que se mantienen un mes detrás de otro, y algunas veces un año tras año, generan rendimientos enormes. Como solo se continúa en las operaciones exitosas, se permanece siguiendo esas tendencias. Las operaciones que fallan suponen una pequeña pérdida y se sale de ellas rápidamente. Así te puedes permitir muchas pérdidas siempre que consigas esas grandes operaciones ganadoras de vez en cuando.

Al final, el seguimiento de tendencia se reduce a estadísticas. Se trata de asegurar probabilidades favorables de ganancias a largo plazo con una volatilidad aceptable.

Lo más importante de entender sobre el seguimiento de tendencia es lo dependiente que es de la diversificación. Tiene que quedar muy claro que para que el seguimiento de tendencia tenga un funcionamiento confiable se necesita operar en mercados diversos. Operar en muy pocos mercados o en mercados muy similares es confiarse a la suerte. Puedes tener resultados geniales u horribles, pero eso dependerá de la suerte. Si escoges los mercados adecuados en el año adecuado te irá bien. Pero los que no queremos dejar nuestro destino en manos de la suerte necesitamos un conjunto amplio de mercados para poder contar con una base estadística suficiente en el seguimiento de tendencia.

Si aplicas un modelo de seguimiento de tendencia estándar en acciones, lo más probable es que pierdas dinero. Estos modelos no fueron desarrollados para utilizarlos con valores individuales y no funcionan con ellos. Hay varias razones por las que es una mala idea aplicar a las acciones una estrategia que está pensada para futuros diversificados.

Tanto las acciones como los futuros tienen series de precios que pueden ser analizadas. Puede parecer que entonces la diferencia no debe de ser tan grande. Después de todo, solo es una serie temporal más en la que operar. Aun así hay un par de diferencias significativas. La primera es de naturaleza práctica.

Operar con futuros permite apalancamientos muy elevados. Incluso más que eso, permite ignorar el apalancamiento por completo. No es un factor limitador. Tener acceso a grandes exposiciones nominales es una parte tradicional del seguimiento de tendencia. Cuando se opera con futuros, la manera normal de decidir es considerar solamente el lado del riesgo. Se estudia la volatilidad del instrumento, la correlación con las posiciones abiertas y factores así. La disposición de efectivo simplemente no es uno de esos factores. Los traders de futuros siempre cuentan con grandes cantidades de liquidez disponible. La mayoría de los profesionales solo utilizan entre el 10 y el 20 por ciento de su efectivo como garantía. El resto puede colocarse en los mercados monetarios o en instrumentos de renta fija, tanto por seguridad como para generar intereses. Esto tiene algunas ventajas. En primer lugar, puedes conseguir rendimientos relativamente libres de riesgo de tu capital excedente. Puede que no sea muy importante en estos momentos, cuando los tipos de interés están en mínimos históricos. Ahora no se consigue mucho rendimiento sobre el capital, pero en el pasado se podían obtener aportaciones sustanciales a la cuenta de resultados simplemente colocando el capital excedente en instrumentos de corto plazo del mercado monetario y del tesoro.

En segundo lugar, te puedes centrar en buscar un nivel específico de riesgo sin preocuparte de cuánto dinero en efectivo dispones. Te puedes permitir asumir grandes posiciones en mercados que se mueven lentamente, como los mercados monetarios y de renta fija. En fin, que el apalancamiento es absolutamente irrelevante cuando operas con futuros.

Hay que aclarar que no debe confundirse apalancamiento con riesgo. Son cosas absolutamente diferentes y un elevado apalancamiento no significa necesariamente un alto riesgo, igual que una exposición baja no supone necesariamente un riesgo bajo. El riesgo nunca es irrelevante. El apalancamiento, en cambio, no es por sí mismo una medida muy útil.

Esto es así a no ser que estés operando con instrumentos al contado, como las acciones. Con las acciones, esencialmente tienes que poner el dinero de la compra por delante. Puedes conseguir un poco de apalancamiento pidiendo prestado con tus otras acciones como garantía, pero de forma muy limitada. Cuando se trata de instrumentos al contado siempre hay que pensar en la posibilidad de quedarse sin liquidez. Es una complicación añadida y una limitación. Y sin embargo no es la diferencia más importante entre las acciones y los futuros.

La verdadera amenaza son las correlaciones. Las acciones forman un grupo muy homogéneo. Tienen una correlación interna muy alta. Eso, hablando claro, significa que las acciones tienden a comportarse más o menos igual. Hay, naturalmente, diferencias individuales entre los valores, pero el hecho es que en un mercado alcista casi todos ellos suben. En un mercado bajista, casi todos ellos bajan. La diversificación no ayuda mucho.

Tanto si tienes diez valores en cartera como si tienes cincuenta, estás sobre todo largo en beta. Está bien estar largo en beta, siempre que lo hagas deliberadamente. Se puede ganar dinero estando largo en beta en el momento adecuado, y eso es estupendo. El problema surge si no eres consciente de que estás ganando dinero con beta. Siempre que hay un mercado alcista, los compradores de acciones aparecen por todas partes. Las batallitas sobre ganancias realizadas comprando los valores adecuados se cuentan una y otra vez en los medios y en los blogs. Llega el mercado bajista y esa misma gente, curiosamente, desaparece.

Se puede obtener alguna diversificación en acciones, pero no mucha. Siempre debes diversificar. En las acciones, sin embargo, el efecto de la diversificación se satura mucho más rápido. Tener veinte valores es mejor que tener cinco, pero no hay mucho que ganar teniendo cincuenta.

Debido a la alta correlación y al abrumador componente beta de los valores, es irreal esperar que los rendimientos no sean muy dependientes del índice. No puedes esperar conseguir los mismos retornos anuales independientemente de si los mercados de valores en conjunto suben o bajan. Si operas con valores tendrás una dependencia muy alta del comportamiento conjunto del mercado.

También está la cuestión del lado corto. Incluso operando con múltiples clases de activos, el lado corto es muy difícil. Los profesionales del seguimiento de tendencia en los futuros ganan muy poco dinero operando en corto a lo largo del tiempo. Algunos años ayuda, pero la mayoría no. El lado corto es muy complicado por varias razones. No se trata solo de poner el gráfico boca abajo. Hay dos cosas muy diferentes en las operaciones en corto.

La primera puede ser un poco sorprendente. Tiene que ver con la larga duración de estas estrategias. Si compras un activo y se mueve a tu favor, crece con el éxito. Tu exposición se hará mayor a medida que aumentan las ganancias. Si la posición sube un uno por ciento cada día, ese uno por ciento supone beneficios crecientes en dólares según crece la exposición.

En el lado corto te encuentras con lo contrario. Tu posición se encoge cada día que se mueve a tu favor. Si tu posición corta baja de precio un uno por ciento cada día, ese porcentaje significa cada vez menos para ti, porque tu exposición baja también. A largo plazo, este efecto tiene una influencia perjudicial en las posiciones cortas.

La otra razón por la que las posiciones cortas son dificultosas es más sencilla. No tienen tan buen comportamiento. Los valores son propensos a abruptas expansiones de volatilidad en los mercados bajistas. No son tan ordenados como cuando la travesía está despejada. Puede haber sorpresas de vez en cuando también en un mercado alcista, pero en un mercado bajista solamente hay sorpresas. Acciones que se movían tranquilamente en un canal bajista en los últimos tres meses pueden dispararse de repente y liquidar todas tus ganancias en un día. Las medidas de riesgo que acabas de calcular para determinar el tamaño de tu posición pueden quedar en nada en cualquier momento.

Además, por supuesto, están los costes del préstamo y la limitación en la disponibilidad de acciones para tomar prestadas para ventas en corto.

Mantener acciones durante un mercado bajista, ya sea en largo o en corto, es como mirar las palomitas de maíz en el microondas. No importa cuánto tiempo te quedes mirando y esperando a que paren, es solo cuestión de tiempo antes de que otra palomita de maíz explote aleatoriamente frente a tus ojos.

Operar en el lado corto es difícil en cualquier clase de activo, pero sobre todo en las acciones. Mientras que las materias primas, por ejemplo, pueden tener a veces un fuerte sesgo negativo, impulsado por el coste de almacenamiento, no hay esa ventaja en las acciones. El coste de almacenamiento y otros factores pueden hacer que algunos futuros sobre materias primas bajen durante años de forma aparentemente suave. No es así con las acciones. En un mercado bajista las acciones se comportan de forma muy distinta a como lo hacen en un mercado alcista. En extensos periodos, pocas personas ganan dinero poniéndose cortos.

Luego está la cuestión de a qué valores aplicar tu modelo de seguimiento de tendencia. En los futuros, puedes incluir de todo. Meter un centenar o más de futuros en tu estrategia no es un problema. Pero con las acciones, ¿escoges unos pocos valores manualmente para operar? ¿un índice completo? ¿operas con todos los valores del índice? ¿con qué exposición?

No, las acciones son sencillamente diferentes. Requieren un cuidado especial. Y es una muy mala idea operar con acciones usando modelos de tendencia sencillos.

El seguimiento de tendencia no funciona con acciones. Pero los modelos momentum sí.

El problema del seguimiento de tendencia con acciones

Cuando declaras cosas como que el seguimiento de tendencia no funciona con las acciones es una buena idea agacharse y cubrirse para esquivar los huevos y los tomates podridos. Algunos lectores probablemente ya han soltado el libro para surtirse de objetos contundentes y arrojarlos en mi dirección. Quizás alguna demostración real pueda ayudar. Vamos a ver algunos modelos de seguimiento de tendencia para ver cómo se comportan con los valores.

Los modelos de trading que se muestran en esta sección se basan en conceptos razonablemente válidos. El universo de inversión son los valores del S&P 500 en cualquier día dado. Eso significa que se tiene en cuenta la constitución histórica del índice y un valor solo se compra si forma parte del índice el día en cuestión. Si un valor abandona el índice se vende inmediatamente.

Se consideran todos los miembros históricos del índice, incluidos los que salieron de la lista. Incluso si un valor se ha ido a la bancarrota hace años, ese valor tiene que ser tomado en consideración en una simulación apropiada. Para que una simulación sea válida tiene que replicar la realidad lo más fielmente posible. La simulación no tiene que saber del futuro más que ninguno de nosotros.

De la misma manera, fusiones, splits y actuaciones corporativas similares son tenidas en cuenta. Los dividendos también se cuentan, por supuesto, ya que son una de las mayores fuentes de error si se ignoran. Las simulaciones se construyen cuidadosamente para reproducir la realidad lo mejor posible.

Un modelo estándar de seguimiento de tendencia en acciones

Empecemos con un clásico. Este modelo de trading consiste en un seguimiento de tendencia simple y simétrico pensado para operar con futuros. Es un modelo de medio plazo y cuando se aplica a un conjunto amplio de mercados de futuros ha demostrado que reproduce de cerca los sólidos rendimientos que ha logrado en conjunto la industria de los CTA (Commodity trading advisor, operadores profesionales de futuros) en los últimos treinta o cuarenta años.

Este es por cierto el mismo modelo de seguimiento de tendencia que utilicé en mi primer libro (Clenow, 2013). Las reglas de trading son muy simples. Primero explicaré el concepto y luego los detalles.

Este modelo de trading puede entrar en largo o en corto. Entra en largo durante una tendencia positiva y en corto en una tendencia negativa. Si un valor está en tendencia positiva y llega a su precio más alto en 50 días, lo compramos. Si está en tendencia negativa y llega al mínimo de 50 días, entramos en corto. Usaremos un trailing stop equivalente a tres días de valor del rango de precios normal. El tamaño de la posición se calcula con idea de conseguir aproximadamente el mismo riesgo en cada posición, para lo que utilizamos una sencilla fórmula basada en el ATR y que se explicará con detalle en el capítulo 8.

Las reglas:

- Se usa una media móvil doble de 50 y 100 como filtro. Si la media móvil de 50 días está sobre la de 100 días, se considera que el valor está en tendencia positiva; si no, en negativa.
- La entrada se produce con una ruptura de 50 días en la dirección de la tendencia.
- Tamaño de la posición definido con paridad de riesgo.
- Se sitúa un trailing stop de 3 veces el actual ATR.

- En un determinado día, solamente se puede operar con valores que formaban parte del índice S&P 500 en ese mismo día. Se consideran los componentes históricos del índice y los que fueron excluidos del mismo.
- Se toman en cuentan todas las actuaciones corporativas, incluyendo dividendos en efectivo.

Este simple modelo muestra rendimientos muy potentes si se aplica a una amplia y variada muestra de futuros. A esto es a lo que juega la industria de los CTA. Esta estrategia fue utilizada originalmente por un par de traders en Chicago que no se la tomaron muy en serio hasta que empezaron a ganar grandes cantidades de dinero. Lo que una vez fue un método de trading marginal se ha convertido en una industria global de 300.000 millones de dólares. Sabemos por evidencia empírica que modelos como este funcionan bien, al menos en los futuros.

En una rápida demostración, vamos a empezar viendo lo que un sencillo modelo como este puede hacer cuando se aplica a una amplia gama de mercados de futuros. Después de todo, como estoy defendiendo que estas reglas funcionan bien en esa clase de activos, es justo que lo demuestre. La Figura 4-2 muestra el resultado de aplicar este sencillo modelo de seguimiento de tendencia a un grupo de 70 mercados de futuros que cubren todas las clases de activos. Pese a haber tenido un par de años malos recientemente, los rendimientos en conjunto son muy sólidos. El retorno anual compuesto fue del 17% y el mayor drawdown, o retroceso desde máximos, fue del 27%.

Esto demuestra que el principio es válido. El seguimiento de tendencia funciona, al menos en los futuros.

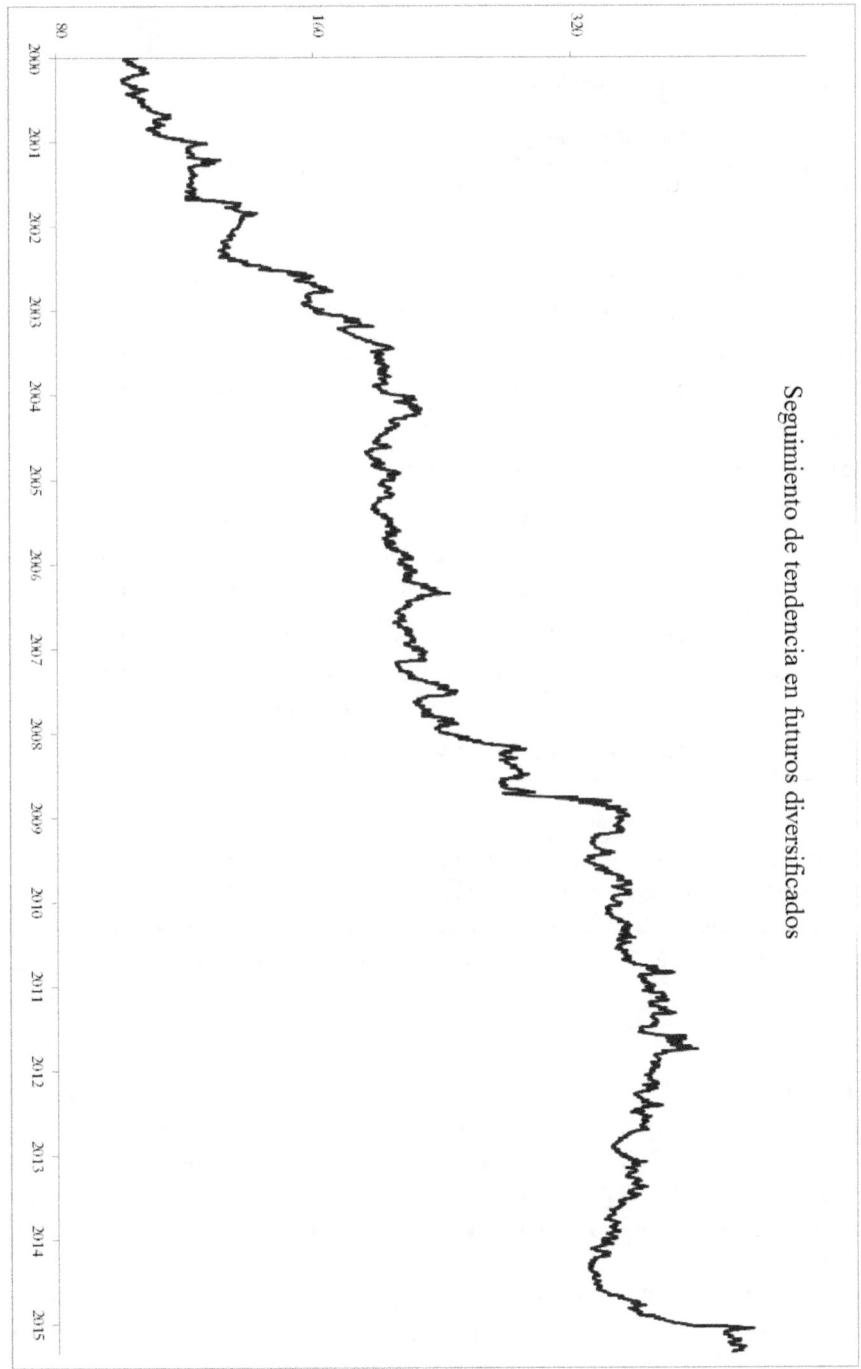

Figura 4-2 Seguimiento de tendencia simple en futuros

Tabla 4-1 Seguimiento de tendencia simple en futuros

	Ene (%)	Feb (%)	Mar (%)	Abr (%)	May (%)	Jun (%)	Jul (%)	Ago (%)	Sep (%)	Oct (%)	Nov (%)	Dic (%)	Año (%)
2000	3,0	0,1	1,1	-4,3	0,8	2,6	3,3	1,0	5,2	-2,1	0,2	1,9	**13,3**
2001	14,3	-3,2	3,8	7,8	-7,2	1,3	1,3	3,0	-2,0	17,9	4,7	-3,0	**42,4**
2002	-2,9	-2,7	-0,8	2,6	-0,5	5,2	9,1	-4,8	4,3	5,7	-6,5	0,3	**8,0**
2003	-0,3	9,1	5,2	-7,0	5,1	5,0	-3,5	2,6	5,2	0,3	6,2	-4,0	**24,8**
2004	4,7	1,9	9,2	-1,6	-6,1	-0,7	-4,1	1,7	-2,5	0,6	0,9	7,7	**11,0**
2005	-0,6	0,2	0,3	-2,1	-1,8	5,5	0,4	1,3	-0,4	-0,2	-0,9	3,6	**5,2**
2006	-3,6	5,5	-4,3	9,7	3,7	-3,4	-3,0	-4,3	3,6	-0,3	3,6	5,4	**11,8**
2007	0,5	-0,1	-7,1	-0,2	3,8	8,3	3,4	-4,3	3,5	2,0	5,3	0,4	**15,6**
2008	3,9	6,8	24,4	-9,5	0,0	4,2	4,7	-9,1	2,1	7,2	26,7	11,5	**91,6**
2009	0,7	-1,2	1,9	-9,5	-0,2	7,8	-7,2	1,0	0,8	3,7	-2,2	7,6	**1,8**
2010	-4,2	-4,2	2,6	3,5	0,7	-0,8	2,8	3,4	0,8	2,1	10,8	-3,7	**13,8**
2011	7,1	4,0	-1,4	-1,6	5,2	-5,1	-6,0	3,9	4,0	10,5	-12,5	-0,2	**5,8**
2012	-1,3	-0,4	3,2	-0,9	-2,3	9,4	-9,0	5,7	-1,3	-3,8	-3,3	-2,3	**-7,3**
2013	2,9	6,0	-3,6	-0,5	2,2	-2,9	0,2	-1,2	-4,9	-1,3	1,5	1,5	**-0,8**
2014	-5,7	-1,3	4,6	-2,8	0,8	3,9	3,3	1,7	4,2	10,4	-2,4	4,9	**22,4**

Con los valores, en cambio, no tanto. La Figura 4-3 muestra el retorno que este modelo de seguimiento de tendencia estándar habría generado a lo largo del tiempo. En el periodo que va desde el año 2000 hasta el final de 2014, habría terminado con una pérdida de casi el 30%. En realidad habría perdido mucho más que eso. Esta simulación ni siquiera toma en consideración las comisiones. Habría sido un desastre de estrategia.

Los parámetros usados en esta simulación no son la causa. Aunque se cambien los filtros de tendencia, el periodo de ruptura de rangos o el stop de pérdidas, el resultado seguiría siendo desastroso. No es una cuestión de algunos detalles, o de algo que pueda ser optimizado. Se pueden probar cientos de variantes y los resultados serían muy similares. Lo que vemos es un problema con el concepto mismo.

La Figura 4-4 y la Figura 4-5 muestran los típicos gráficos de este modelo aplicado a las acciones. Estas figuras muestran algunas operaciones buenas y otras verdaderamente frustrantes.

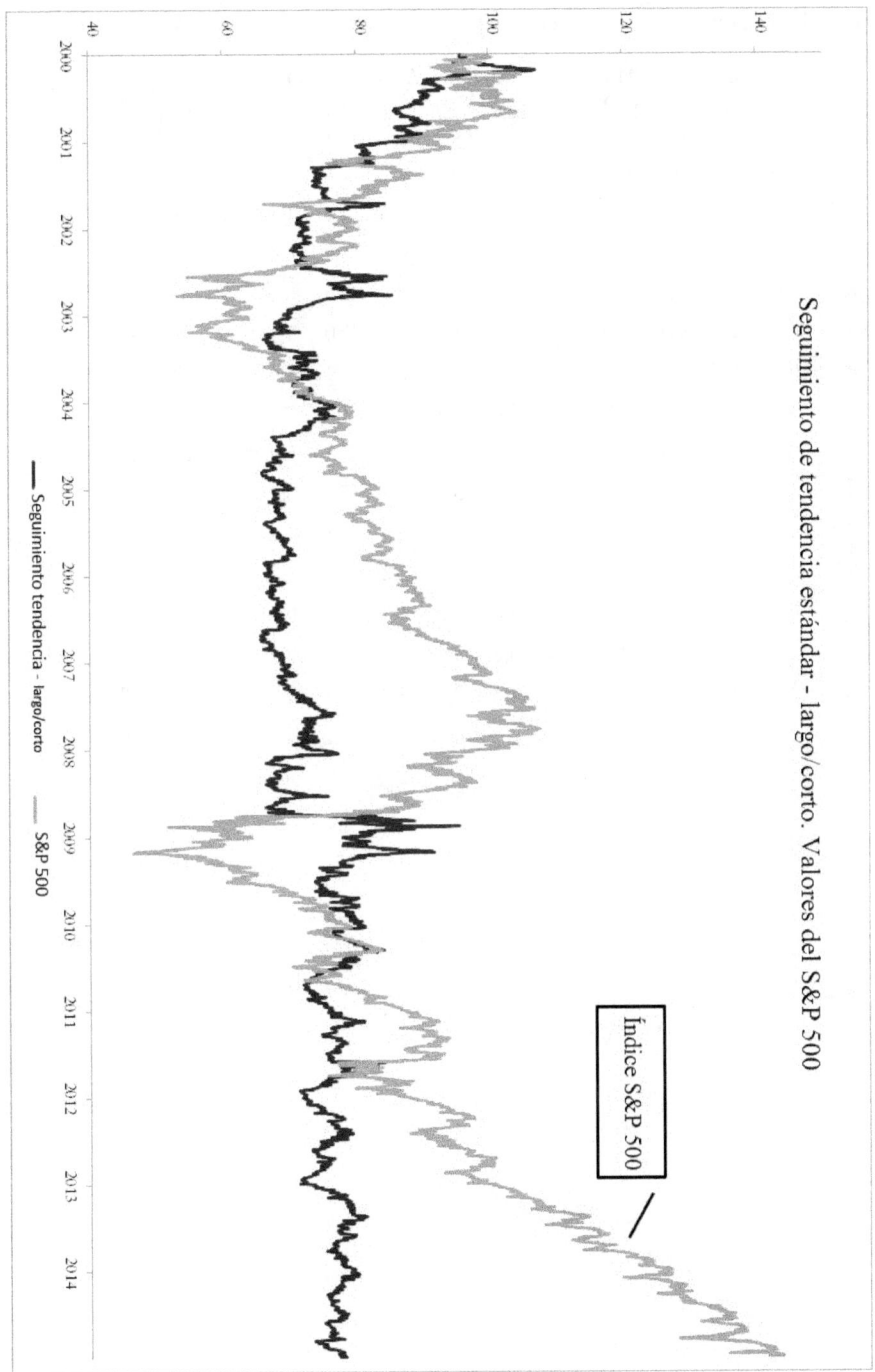

Figura 4-3 Seguimiento de tendencia estándar largo/corto sobre acciones

Tabla 4-2 Seguimiento de tendencia largo/corto sobre acciones

	Ene (%)	Feb (%)	Mar (%)	Abr (%)	May (%)	Jun (%)	Jul (%)	Ago (%)	Sep (%)	Oct (%)	Nov (%)	Dic (%)	Año (%)
2000	3,0	-4,6	8,8	-7,6	-5,0	1,6	-2,4	-2,2	-2,1	3,4	-3,4	3,3	**-7,9**
2001	-0,6	-7,9	-0,6	-0,5	-7,9	-0,4	0,1	1,6	1,3	8,1	-10,5	-3,6	**-20,3**
2002	1,3	0,0	1,5	-3,2	1,9	0,0	5,6	5,6	-2,8	1,5	-5,8	-4,2	**0,7**
2003	-3,0	-2,7	1,4	-2,6	0,0	6,5	0,5	0,1	3,9	-6,0	4,2	0,5	**2,3**
2004	1,4	0,2	2,6	-4,3	-2,4	-5,4	1,2	0,2	-0,6	-0,8	-2,3	4,4	**-6,0**
2005	0,7	-2,2	0,4	0,0	1,0	-3,3	1,8	2,4	0,0	2,1	-4,4	-1,0	**-2,8**
2006	-0,2	3,0	-1,9	-0,2	0,7	-1,3	1,0	2,3	-4,3	-1,0	1,2	2,6	**1,6**
2007	1,0	1,0	-1,3	1,0	0,8	3,6	1,4	2,2	-4,4	2,0	-1,1	-0,7	**5,4**
2008	2,2	-8,0	1,4	-0,9	-1,4	0,5	6,1	-3,2	-3,3	5,9	12,5	11,4	**23,3**
2009	-10,8	3,0	9,4	-9,7	-3,2	0,5	-3,7	-0,7	-0,8	3,0	-0,2	4,0	**-10,5**
2010	1,0	-3,5	0,3	2,6	4,2	-3,4	-1,9	-6,3	-0,8	-1,2	1,2	2,2	**-5,7**
2011	2,0	2,4	-0,2	-1,9	1,2	-0,3	-2,8	1,2	2,3	4,2	-8,0	-3,5	**-3,9**
2012	-0,4	1,7	3,1	3,4	-1,5	3,6	-4,9	-1,4	-0,4	0,6	0,1	-3,1	**0,5**
2013	1,5	4,1	0,8	2,3	0,3	0,5	-2,4	2,1	-2,9	-0,6	1,1	0,9	**7,8**
2014	1,3	0,3	-2,8	-0,1	-1,5	1,2	2,1	-4,0	1,5	-0,6	-1,6	2,7	**-1,5**

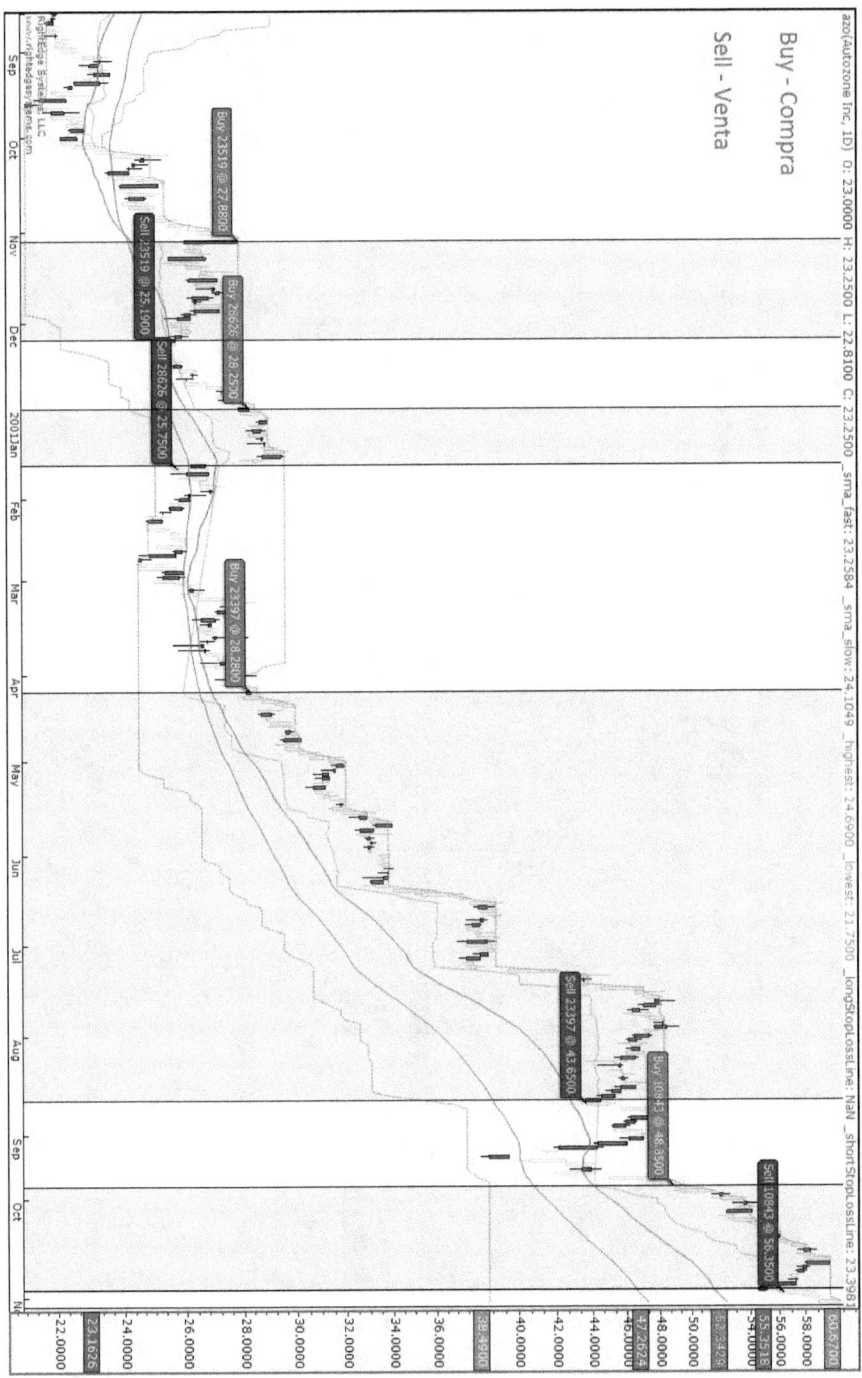

Figura 4-4 Gráfico de operación de seguimiento de tendencia, Autozone

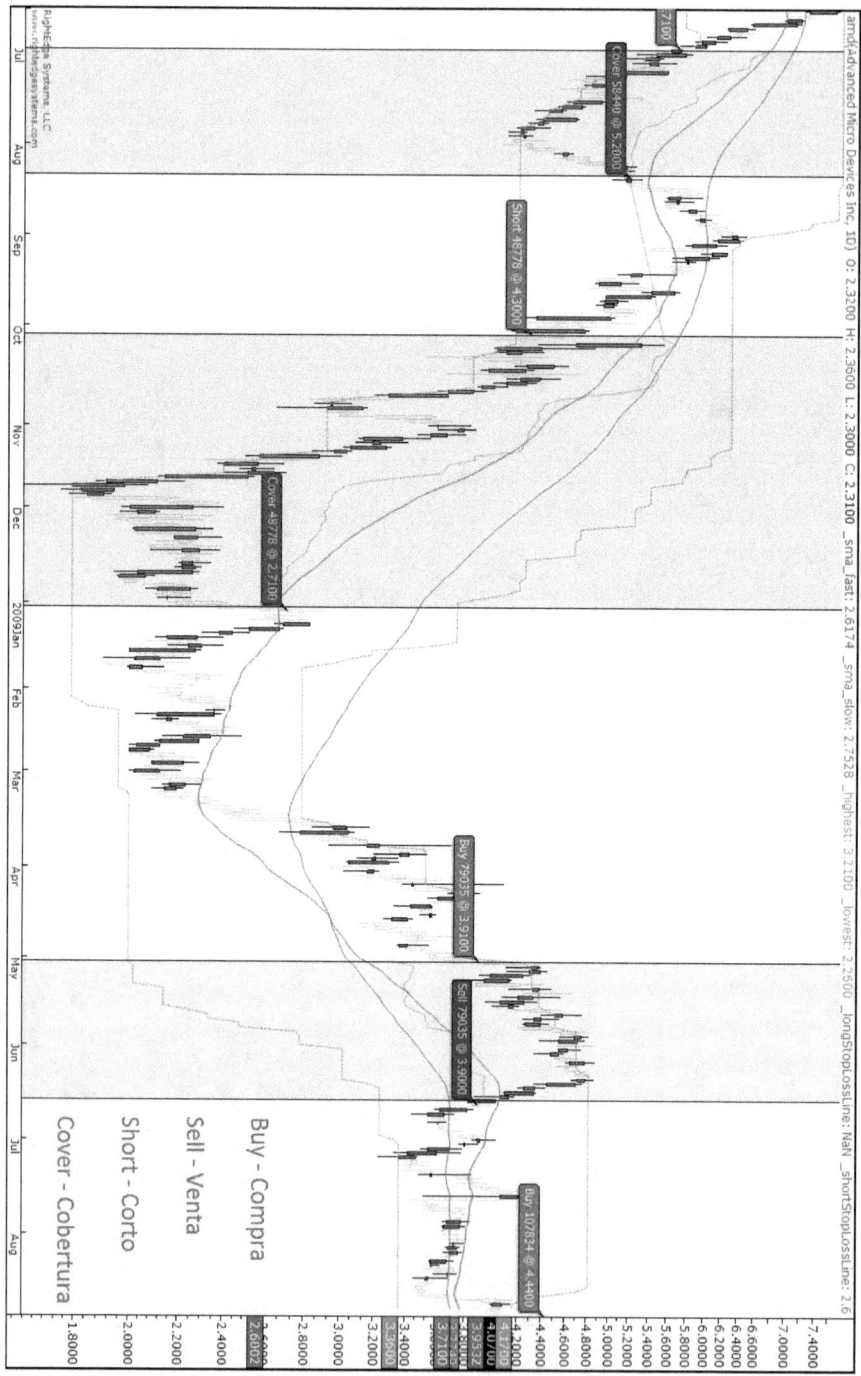

Figura 4-5 Gráfico de operación de seguimiento de tendencia, AMD

En los gráficos de estas operaciones puede parecer que los stops están un poco cerca. Quizás lo estén, pero realmente no importa mucho. Si doblas la distancia del stop obtienes casi el mismo resultado para la cartera. Los ganadores se mantendrán más tiempo en la operación y ganarán más, pero los perdedores también supondrán más pérdidas.

¿Quieres hacer un alto y adivinar cuál es el mayor problema? El modelo tiene varios problemas, pero hay uno que es de enorme importancia, por encima del resto.

Has acertado, se trata del lado corto. El lado corto en el seguimiento de tendencia normal aplicado a activos de futuros variados es una preocupación para cualquiera. Incluso expertos profesionales del seguimiento de tendencia consiguen poco o nada de dinero en el lado corto. Cuando operas con futuros diversificados que cubren todo, desde divisas, tasas de interés, materias primas y todas las demás clases de activos importantes, entonces el lado corto tiene un claro beneficio. Su principal función es mejorar el rendimiento asimétrico de la estrategia en el largo plazo. No busca ganar dinero por sí mismo. Pero si solo operas con acciones no te molestes en profundizar demasiado en estas cosas. No funciona igual con los valores de todos modos.

Lo que tienes que entender simplemente es que usar un enfoque de seguimiento de tendencia para operar en corto con acciones es una mala idea. No vas a ganar dinero haciéndolo. El seguimiento de tendencia simplemente no funciona para operar en corto con valores. Solo. Di. No.

¿Podemos olvidarnos del lado corto y seguir adelante? Bien. En el resto del libro no habrá más lado corto.

Vamos a ejecutar otra simulación del mismo modelo de trading, pero solamente con un cambio. Esta vez solo operaremos en el lado largo. La Figura 4-6 muestra el resultado de esta simulación. Ahora empieza a parecer un poco más interesante, ¿verdad? No solo conseguimos un rendimiento positivo, sino que de hecho conseguimos más dinero que el índice.

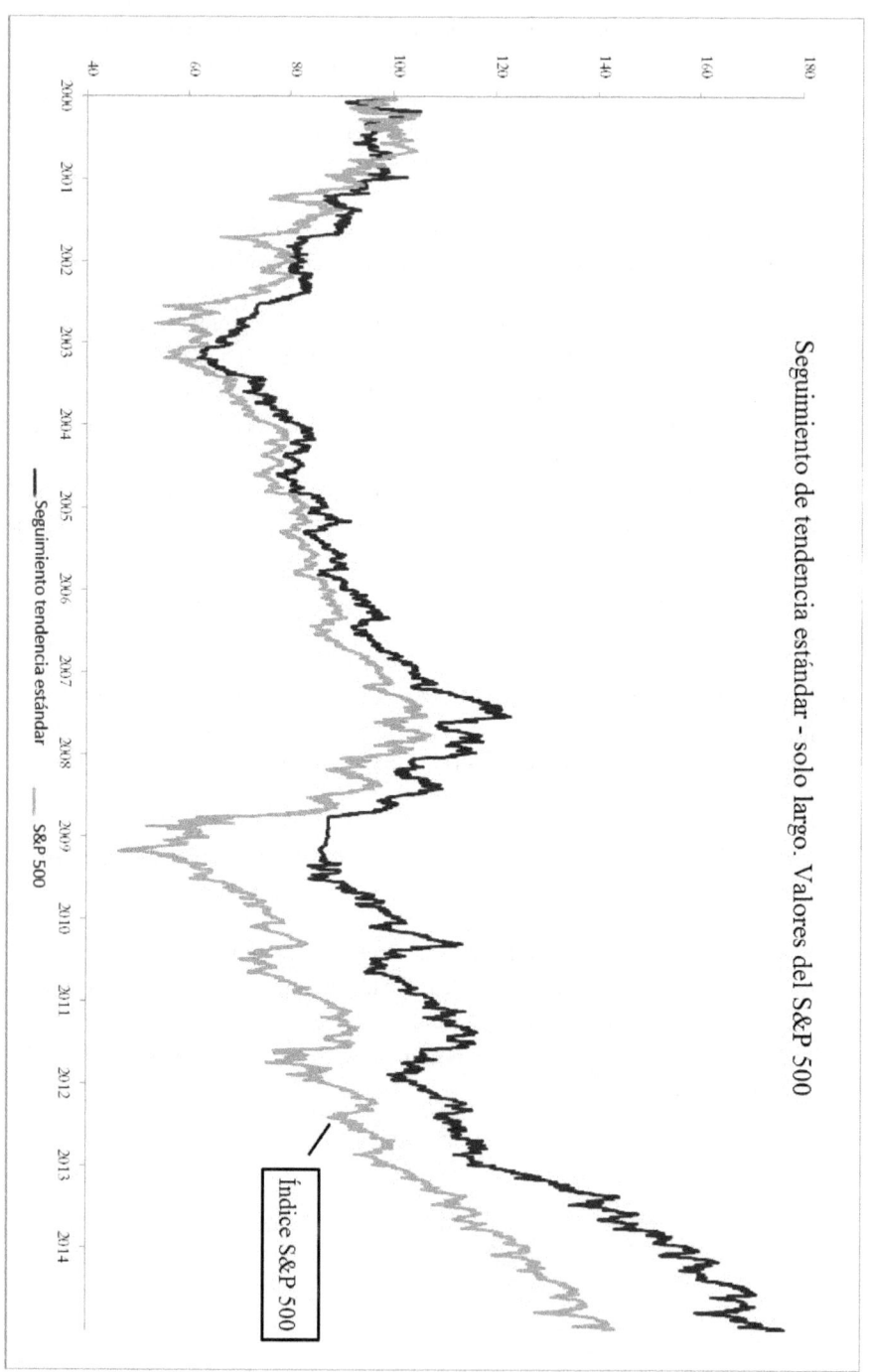

Figura 4-6 Seguimiento de tendencia estándar. Solo en largo

Tabla 4-3 Seguimiento de tendencia solo en largo para acciones

	Ene (%)	Feb (%)	Mar (%)	Abr (%)	May (%)	Jun (%)	Jul (%)	Ago (%)	Sep (%)	Oct (%)	Nov (%)	Dic (%)	Año (%)
2000	3,0	-8,3	9,1	1,3	-4,8	3,0	-3,9	-1,8	3,6	2,4	-2,4	1,2	**1,1**
2001	1,3	-4,5	-2,7	-3,7	1,9	1,1	-0,2	-0,6	-1,8	-7,5	-2,7	0,3	**-18,0**
2002	1,2	0,4	1,4	-0,1	0,5	-3,3	-4,0	-5,3	-1,6	-1,6	-0,7	-2,2	**-14,3**
2003	-2,0	-5,6	-1,0	2,3	2,7	8,3	1,1	0,5	5,7	-3,4	6,3	1,5	**16,6**
2004	1,1	2,0	2,4	-2,4	-1,1	-1,4	1,6	-1,2	-1,2	2,5	0,2	5,0	**7,3**
2005	-0,3	0,8	2,5	-3,2	-2,0	2,3	0,7	3,7	-1,3	2,7	-4,7	4,7	**5,6**
2006	-0,3	3,8	0,8	1,3	-0,1	-1,2	-0,4	0,9	2,0	0,0	2,6	2,8	**12,9**
2007	1,1	2,0	-1,0	4,2	4,3	5,3	-0,4	-3,6	-4,6	4,7	-0,1	-1,5	**10,4**
2008	-0,3	-7,9	0,1	-1,2	2,5	2,0	-3,3	-6,2	0,9	-7,1	-4,7	0,0	**-22,9**
2009	0,2	-0,6	-1,7	1,3	1,2	2,2	-2,7	4,4	-0,7	3,4	0,1	6,1	**13,5**
2010	1,8	-2,6	3,6	5,4	4,7	-11,4	-3,7	2,2	-0,6	4,0	1,5	1,7	**5,6**
2011	3,5	0,6	0,5	1,8	2,9	-0,4	1,1	-4,0	-4,4	-3,7	0,3	-0,4	**-2,4**
2012	1,3	2,5	3,0	4,5	1,0	-6,3	4,6	-0,5	0,2	2,5	1,2	-1,6	**12,7**
2013	3,4	4,8	2,0	4,6	2,3	3,7	-1,9	6,7	-4,4	4,0	3,5	0,9	**33,0**
2014	2,6	-3,2	6,1	-0,7	0,2	1,8	3,4	-2,1	2,3	-2,4	1,6	1,7	**11,4**

En realidad no conseguimos más dinero que el índice. Estaba burlándome un poco para tratar de destacar un punto importante. Hay dos problemas con la comparación de la Figura 4-6. Primero, no se han tenido en cuenta los costes. En catorce años, el coste de las comisiones se acumula y bajaría la línea un poco. Pero ese no es el principal problema con la comparación.

Los valores están ajustados por dividendos, pero el precio normal del S&P 500 no. La simulación maneja todos los dividendos que se repartieron, y por lo tanto se benefició de ellos. El índice, por otro lado, simplemente no tiene en cuenta esos dividendos, como si nunca hubieran existido. Si sumas los dividendos en un lado, hay que sumarlos en el otro. Comparar con un índice de precios es por tanto engañoso. Necesitamos compararlo con un índice de retorno total.

Retorno total significa que todas las fuentes de retorno son tenidas en cuenta. Cuando una acción está en ex-dividendo, normalmente el precio cae por una cantidad igual a la del dividendo que se reparte. Esto afecta negativamente a los índices de precios estándar, aunque realmente no ha habido cambio en los valores desde el punto de vista de un inversor. El precio de la acción cae, pero se abona el valor equivalente en efectivo. Un índice de retorno total se ajusta debidamente a esta circunstancia.

Eso supone que un índice de retorno total mostrará un mejor rendimiento que un índice de precios. En periodos cortos de tiempo, la diferencia puede que no sea grande, pero cuando se trata de múltiples años o décadas la diferencia es bastante sustancial. Ten en cuenta que siempre que oyes hablar del índice S&P 500 en los medios se refieren al índice de precios. Si se trata del movimiento diario únicamente, no importa mucho. Si hablan sobre cómo el S&P cambió en un cierto porcentaje en una década, entonces es engañoso en el mejor de los casos.

Vamos a hacer de nuevo la comparación, pero esta vez con el índice S&P 500 Total Return. Esta es después de todo la mejor manera de comparar resultados. El resultado en la Figura 4-7 es menos favorable. En catorce años, hemos acabado con un rendimiento claramente más bajo que el índice. Es verdad que conseguimos mantener el drawdown máximo en un nivel un poco más razonable, sobre todo porque el modelo de tendencia solo en largo dejaba de comprar cuando cada uno de los valores se estrellaba en 2008. De todos modos esta no es una estrategia viable. Si quieres una curva de retorno como esta, basta con comprar un ETF que siga pasivamente al índice.

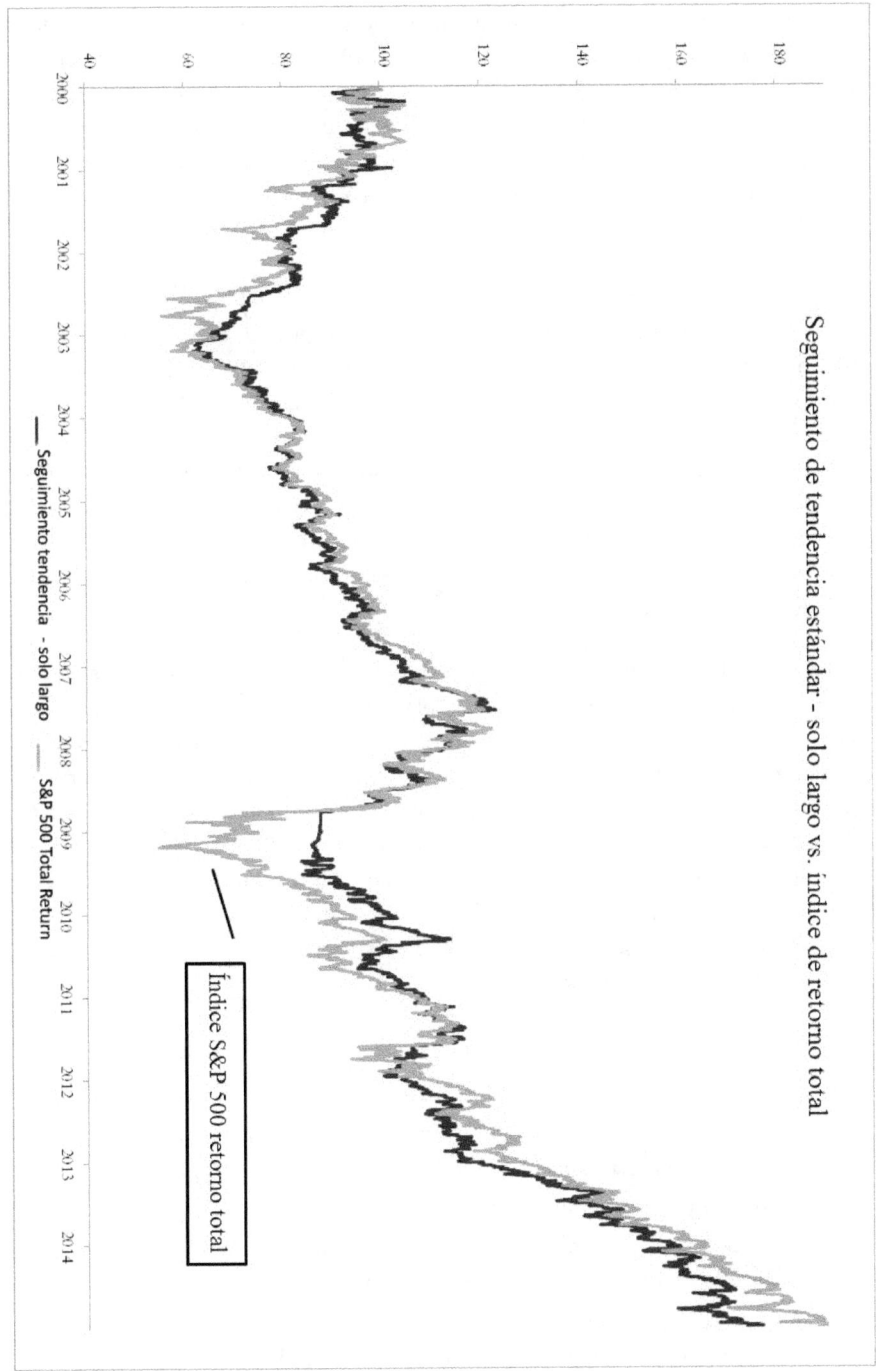

Figura 4-7 Seguimiento de tendencia en acciones e índice de retorno total

Alguien puede argumentar que el seguimiento de tendencia en acciones sí produjo beneficios. Eso está claro en los gráficos de más arriba, al menos si abandonas el lado corto. Eso es absolutamente cierto. El problema es que no añade nada de valor. Supone un montón de trabajo y riesgos potenciales, pero no produce ningún beneficio. Comparado con mantener pasivamente un instrumento que siga al índice, el clásico modelo de seguimiento de tendencia en acciones no parece ser una alternativa atractiva.

El modelo de máximo histórico

Vamos a intentar otro enfoque por tanto. Un método propuesto por Cole Wilcox y Eric Crittenden, de la firma Longboard asset Management (Wilcox & Crittenden, 2005), es utilizar los máximos históricos como criterio de entrada. En su estudio de 2005, utilizaron un universo de valores muy grande, comprando en máximos históricos y vendiendo con un trailing stop situado a una distancia de diez veces el rango medio verdadero o Average True Range (ATR) de 40 días. He intentado reproducirlo lo más fielmente posible basándome en los detalles de su documento, pero con una diferencia principal. He utilizado solamente valores del S&P 500, para tener así una referencia válida.

En el artículo de investigación, ellos explican que se toman todas las señales, lo que significa que ajustan todas las posiciones para acomodar los valores que entran y salen. Esto supondría que potencialmente podrías acumular cientos de valores simultáneamente, pero eso no parece una manera realista de actuar para los inversores. Voy a utilizar un método más realista de paridad de riesgo para el tamaño de las posiciones, buscando un efecto medio diario de 10 puntos básicos por valor. Es un método simple pero efectivo y lo explicaré con más detalle en el capítulo 8. Por ahora, voy a dejar el reequilibrio de posiciones que ellos utilizan. Explicaré en capítulos posteriores por qué el reequilibrio es una buena idea y cómo puede adicionalmente mejorar los resultados.

Esta es una versión simplificada de su modelo, pero basada en la misma lógica.

Las reglas:

- Se compra en máximos históricos si hay efectivo disponible.
- No se emplea apalancamiento.
- Las posiciones se miden utilizando una simple paridad de riesgo, para conseguir un riesgo inicial igual en cada valor.
- No hay reequilibrio.
- Trailing stop de pérdidas situado a 10 veces el ATR inicial, usando un periodo de cálculo de 40 días.

Este modelo de trading muestra resultados bastante decentes. Aun así, no sería un enfoque recomendable y aún necesita corregir algunas imperfecciones, pero resulta mejor que aplicar el clásico modelo para los futuros. Los resultados de la simulación en la Figura 4-8 muestran con claridad que el enfoque momentum utilizado aquí aporta valor. Comprar las rupturas de máximos históricos da resultado. También está claro que este modelo no está listo para el espectáculo. Para ser perfectamente justos, se trata de una demostración construida para probar un concepto. Como tal, es válido y es una buena investigación.

El perfil plano en 2008 y 2009 no es una preocupación y de hecho tiene perfecto sentido. A las acciones les llevó su tiempo alcanzar máximos históricos otra vez después del desastre de 2008, y por tanto se tardaría en recuperar la exposición a los valores.

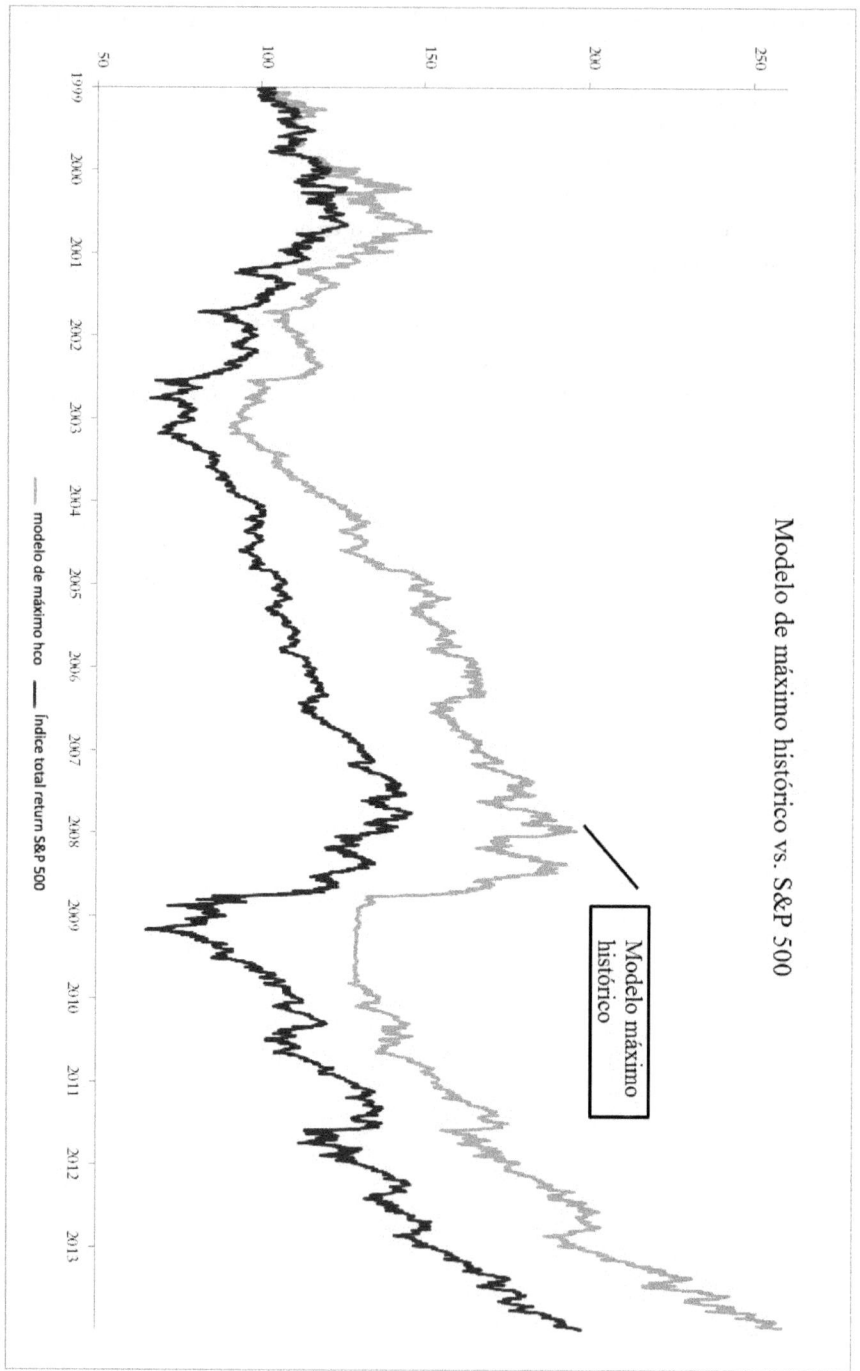

Figura 4-8 Modelo de máximo histórico

La Figura 4-9 muestra un ejemplo de una de las muchas operaciones de este modelo de trading. La línea gruesa indica el nivel de máximo histórico, mientras que la línea de puntos es el stop de pérdidas. En este gráfico de Apple, se puede ver la entrada en el valor cuando por primera vez llega a su máximo histórico, así como el stop de pérdidas. El precio de la acción tiene que cerrar por debajo del stop para salir de la posición al día siguiente.

Tabla 4-4 Modelo de máximo histórico

	Ene (%)	Feb (%)	Mar (%)	Abr (%)	May (%)	Jun (%)	Jul (%)	Ago (%)	Sep (%)	Oct (%)	Nov (%)	Dic (%)	Año (%)
2000	3,0	-3,7	13,8	-1,8	-2,6	0,3	1,1	0,5	9,2	0,2	-5,4	-7,3	**5,5**
2001	4,6	-4,9	-3,0	-5,6	4,3	1,7	-1,6	-0,4	-2,3	-4,4	0,0	1,6	**-10,1**
2002	4,1	0,8	1,1	1,1	2,8	-1,6	-2,7	-11,5	-1,1	0,4	-0,8	-4,2	**-11,8**
2003	0,9	-3,2	0,2	4,2	1,8	5,1	1,3	1,1	4,1	0,9	5,1	2,4	**26,4**
2004	2,5	2,3	3,9	1,6	-1,1	-0,9	1,6	-2,1	-0,9	5,3	1,0	6,5	**21,4**
2005	2,3	2,7	5,2	-1,5	-2,2	1,9	0,5	3,2	-0,7	4,1	-1,6	6,0	**21,4**
2006	0,5	2,1	-0,6	0,4	-1,8	-1,0	-2,4	-1,2	2,8	-0,1	3,2	2,0	**3,8**
2007	0,8	2,6	-2,3	4,0	2,9	4,4	-2,2	-3,9	0,4	6,5	-3,1	1,5	**11,6**
2008	-0,5	-5,2	1,4	1,7	2,3	3,9	-0,9	-10,0	-0,5	-8,4	-13,6	-1,8	**-28,7**
2009	-0,8	0,3	-1,1	0,6	-0,1	-0,1	0,0	0,1	-0,4	0,1	-0,3	4,1	**2,1**
2010	1,5	-2,5	3,9	2,9	1,7	-2,9	-1,1	1,9	0,0	4,4	3,7	2,1	**16,5**
2011	1,1	-0,4	1,5	3,3	3,6	0,6	2,1	-3,4	-2,6	-2,7	4,5	3,2	**11,0**
2012	0,6	0,4	3,3	2,0	3,3	-3,9	4,4	1,7	-1,3	1,9	-1,5	-1,4	**9,4**
2013	1,5	3,1	2,3	4,7	2,1	-0,2	-0,4	7,4	-3,8	4,2	1,5	1,8	**26,6**
2014	1,6	-2,8	3,0	-1,0	-1,3	3,6	2,9	-2,5	4,7	-1,7	4,2	1,6	**12,7**

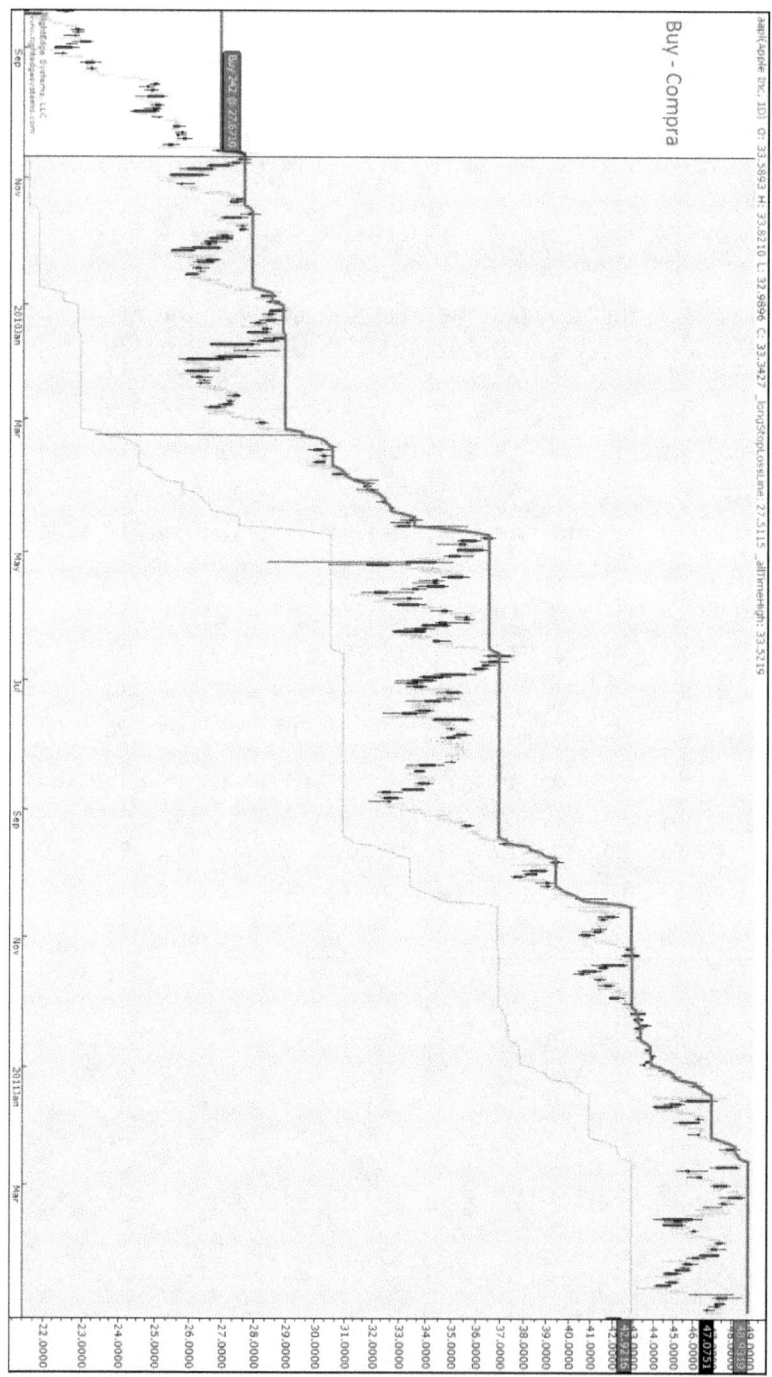

Figura 4-9 Modelo de máximo histórico. Apple

Hay un par de problemas con el enfoque de máximo histórico. La primera preocupación es que la selección de valores es bastante aleatoria. Compramos cualquier valor que alcanza antes un máximo histórico, hasta que nos quedamos sin liquidez. El hecho de que un valor consiga un máximo histórico primero no significa necesariamente que sea mejor candidato que otros. El segundo problema es que los valores se mantienen hasta que tocan el stop. Eso supone que un valor, en teoría, puede moverse lateralmente durante años sin salir de la cartera.

Ese valor acabaría detrayendo efectivo de la cartera sin mostrar ningún resultado que lo justifique. Incluso si el valor sube, podría estar subiendo muy despacio mientras otros valores suben rápidamente. Acabaríamos con valores con pobres resultados durante mucho más tiempo del aconsejable.

En todo caso, este modelo nos demuestra que el concepto general podría ser interesante. La metodología necesita más trabajo, pero tenemos algo. Este modelo indica que durante los mercados alcistas normales, las acciones momentum parecen comportarse mejor. Vamos a ver si podemos hacer algo más sólido partiendo de esto.

Seguimiento de tendencia en valores individuales

Seguir la tendencia sobre valores individuales es una mala idea. El éxito dependerá por completo de la suerte.

Me refiero a seleccionar un valor, quizás unos pocos, y aplicar el modelo de seguimiento de tendencia solamente a ellos. Los que proponen este enfoque suelen hacer notar lo bien que habría funcionado en Apple, Google, Microsoft, etc. Normalmente se eligen esos valores como ejemplo solo porque en el pasado han tenido un gran comportamiento. Son compañías famosas porque han hecho las cosas bien. La estrategia de comprar Microsoft en 1985 y mantenerlo durante quince años no es seguimiento de tendencia. Comprar el valor adecuado en el momento adecuado es solo una ilusión.

Incluso para esos valores de tan buen comportamiento, la mayoría de los modelos de tendencia no ha funcionado bien. Seguro que el precio de las acciones habría proporcionado grandes ganancias en una década o dos, pero normalmente hay una elevada volatilidad en el trayecto que te hace entrar y salir con frecuencia de la posición, reduciendo los beneficios. Siempre puedes mover el stop muy lejos del precio. Claro que cuanto más alejes el stop más cerca estás de una estrategia de comprar y mantener.

Tomemos Apple como ejemplo, ya que normalmente sale a relucir en estos casos. Tomemos un modelo de seguimiento de tendencia estándar basado en comprar rupturas de rango positivas en mercados alcistas y en entrar en corto en las rupturas negativas en los mercados bajistas. Utilizamos un traling stop, como es común en los modelos de seguimiento de tendencia. Ten en cuenta que deliberadamente hemos seleccionado un valor conocido por su evolución extrema en el pasado. Si un valor funciona, debería ser uno como este.

Aplicar en Apple un modelo de seguimiento de tendencia clásico de medio plazo que ha demostrado excelentes resultados en los futuros durante varias décadas resulta que arroja beneficios. Terminarías con una ganancia anualizada de casi el 10%. No está mal ¿eh? Este modelo sitúa el stop a una distancia de tres veces el ATR, que es una distancia razonable para un modelo de medio plazo.

Si alejamos el stop para duplicar la distancia, el modelo se comporta aún mejor. ¡Ahora tenemos ganancias anualizadas del 15%! Está claro que el seguimiento de tendencia ha funcionado.

No, en realidad no. El primer problema es que la versión inicial, aunque consigue un rendimiento anual del 10% de media, también supone una pérdida máxima del 48% que tarda años en recuperarse. No es un rendimiento demasiado atractivo para tan alto riesgo, ¿verdad? La segunda variante, con un stop más amplio y más beneficiosa puede haber conseguido beneficios del 15%, pero también se vieron pérdidas del 60%.

Pero de nuevo esa no es la mayor preocupación. La mayor preocupación es que si sencillamente hubieras dejado de tontear con el modelo de seguimiento de tendencia y te hubieras limitado a comprar y mantener las acciones habrías conseguido un retorno anualizado del 26%. La Figura 4-10 muestra la evolución de los modelos estándar de tendencia en Apple, comparado con simplemente comprar y mantener las acciones.

Si esto es lo que consiguen los modelos de seguimiento de tendencia en Apple, puedes imaginarte lo pobre que resulta en valores más clásicos.

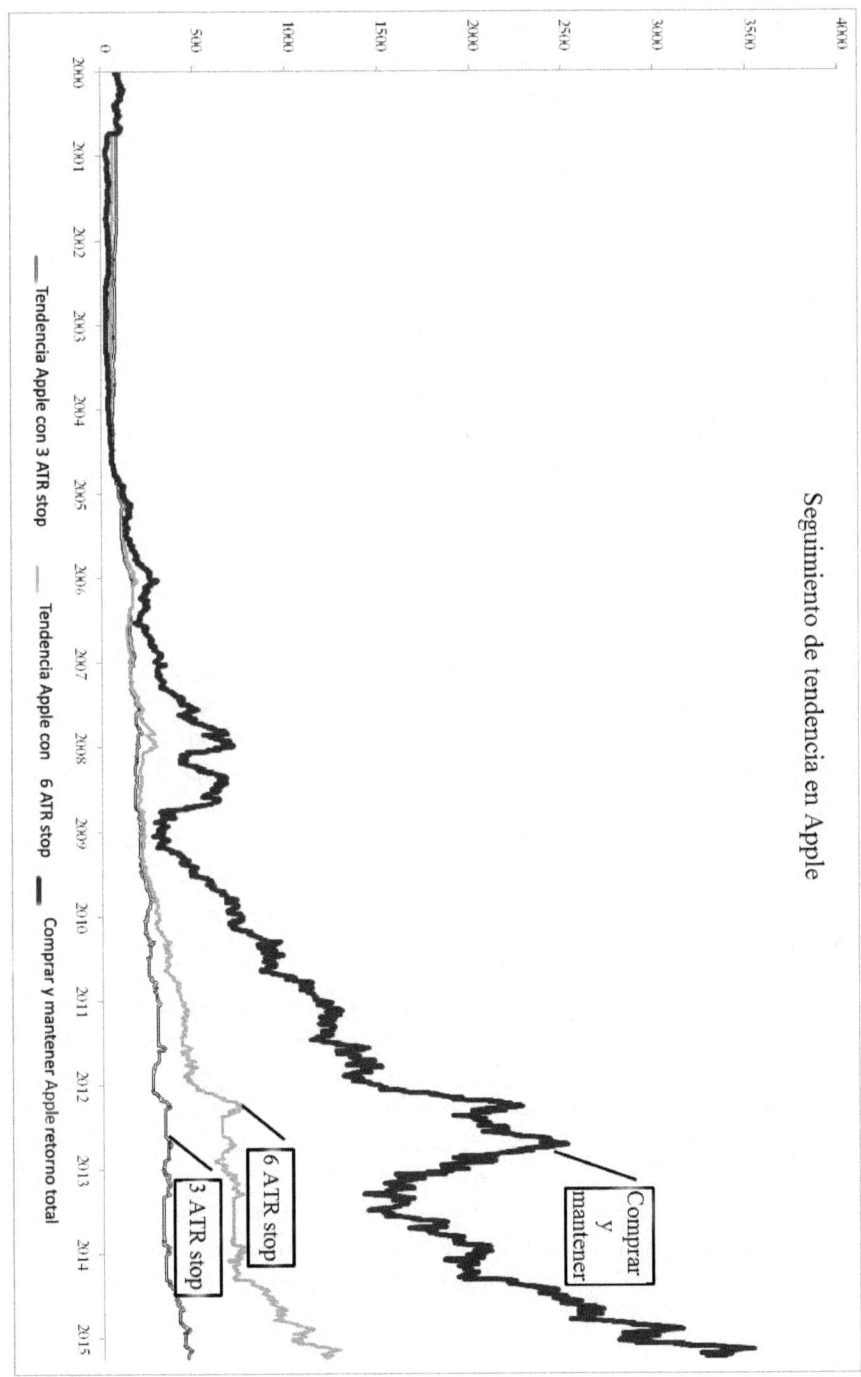

Figura 4-10 Seguimiento de tendencia en Apple

Lo que trato de decir es que el seguimiento de tendencia en un valor individual seleccionado es una ilusión. Es muy fácil encontrar un valor que lo hizo muy bien en el pasado y concluir que deberías haberle aplicado un modelo de seguimiento de tendencia con stops extremadamente amplios. Sí, es posible. Y también deberías haber comprado inmuebles en los ochenta.

Todo se reduce a la ilusión de los llamados ten-baggers. La idea de que el seguimiento de tendencia en acciones te permitirá apuntarte a una subida del 1.000% en ese valor. Pues bien, no lo hará. Eso no es seguimiento de tendencia. Eso es seleccionar valores que lo hicieron extremadamente bien en el pasado y soñar que los compraste hace veinte años y nunca los vendiste.

La semántica del seguimiento de tendencia

Te estarás preguntando si no estamos hilando demasiado fino con esto. Estrategias momentum en acciones frente a seguimiento de tendencia. ¿Por qué usar terminología diferente y por qué insistir en que el seguimiento de tendencia no funciona con las acciones?

La razón es que de verdad se trata de una estrategia diferente. Si se extiende el alcance del seguimiento de tendencia para que signifique 'comprar cualquier cosa que haga ganar dinero', entonces el seguimiento de tendencia incluye cualquier estrategia que se te ocurra. En el negocio de la gestión de activos, el seguimiento de tendencia se ha desarrollado y utilizado tradicionalmente en los mercados de futuros. Se refiere a comprar las tendencias positivas y vender las tendencias negativas, utilizando habitualmente trailing stops de pérdidas o saliendo cuando la fuerza de la tendencia falla según alguna otra medición. Se requiere una gama de mercados amplios y diversificados para que funcione apropiadamente a lo largo del tiempo y normalmente tiene resultados flojos aplicado a una sola clase de activo.

A veces hay gestores de activos profesionales que hablan del seguimiento de tendencia en acciones y muestran incluso resultados sólidos en la vida real. Pero si miras más de cerca verás que lo que hacen realmente se parece más a una estrategia momentum que a un seguimiento de tendencia. Quizás usen el término de seguimiento de tendencia por razones de marketing. Es un término más conocido y requiere menos explicaciones. No hay nada malo en ello, siempre que sus inversores entiendan lo que están comprando. Pero si quieres aprender la receta de cómo construir tus propias estrategias, entonces es muy importante entender las diferencias entre seguimiento de tendencia y estrategias sistemáticas momentum para acciones.

5
El efecto momentum

Cuando un valor ha estado subiendo durante un tiempo, la probabilidad de que continúe es mayor que la probabilidad de que se dé la vuelta. Un valor que sube más rápido que otros valores es probable que continúe subiendo a más velocidad que los demás. Este es, en esencia, el efecto momentum.

Es fácil confiar en el efecto momentum, no solo porque ha funcionado muy bien en el pasado, sino también porque tiene sentido lógico. Es un fenómeno que ocurre en el mercado y que no es probable que desaparezca, porque forma parte de la naturaleza humana. A todo el mundo le gustan los ganadores.

De acuerdo con algunas teorías académicas bastante desfasadas, los precios de las acciones se ajustan instantáneamente de acuerdo con toda la información públicamente conocida y por lo tanto siempre están en su justo valor. Cualquiera que haya comprado o vendido acciones alguna vez sabe por supuesto que ese no es el caso. Las acciones suben y bajan todo el tiempo y es muy difícil explicar en cada instante por qué se están moviendo. Resulta fácil mirar atrás un mercado alcista o bajista de varios años y explicar qué pasó y por qué, pero es mucho más difícil mientras está sucediendo. Incluso ahora que la información financiera es fácilmente accesible para cualquiera con una conexión de internet, los hechos no aparecen claros.

Para comprobarlo, lee las noticias financieras en un día movido para los mercados. A veces resulta realmente cómico, especialmente cuando se esperan anuncios importantes. Primero, el mercado puede estar a -0,2% por la mañana. Los titulares informan de que "el mercado baja por temor a la próxima decisión de la Reserva Federal". Dos horas más tarde está a +0,2% y los titulares proclaman que "el mercado sube por las esperanzas en el anuncio de la Reserva Federal". Finalmente se produce el anuncio y el mercado se hunde a -0,5%. Las noticias nos dicen que el mercado está cayendo por la decepción con lo anunciado por la Reserva Federal. Cuando el mercado cierra finalmente a +0,5%, las noticias concluyen que el mercado se recuperó gracias al positivo anuncio de la Reserva Federal.

Seguir ese tipo de noticias puede ser desesperante. Se necesita sentido del humor en este negocio. En los periodos cortos de tiempo, como en el ejemplo de arriba, la desconexión es obvia para la mayoría de la gente. El mercado en realidad estaba plano y quién sabe si ese anuncio tuvo algún efecto. Pero incluso en periodos largos de tiempo es común este mismo fenómeno. Si esperas lo suficiente como para tener una retrospectiva histórica, probablemente encontrarás alguna razón real para los grandes movimientos de precios. Pero para entonces es demasiado tarde. Encontrar las razones para los movimientos de precio se convierte una ocupación académica con muy poco valor práctico.

No estoy minusvalorando a los excelentes investigadores e inversores por fundamentales, por supuesto. Hay personas muy cualificadas en estas áreas que realizan un trabajo excelente. Los que consiguen ganar dinero en el largo plazo analizando noticias, los valores fundamentales y los factores macroeconómicos son gente muy cualificada y especializada. Hay dos cuestiones importantes con ese enfoque, sin embargo. Primero, requiere esfuerzos de investigación muy serios, mucha lectura, pensamiento crítico y análisis. Hay que escarbar en los informes corporativos y en antecedentes documentales. A algunas personas les gusta hacer eso, a otras no. No es cosa de una tarde, eso seguro.

La otra cuestión es que llegar a ser un cualificado investigador de los valores fundamentales requiere un alto grado de especialización. Eso puede estar bien, sobre todo si uno se centra en un área que se pone de moda y causa furor. El problema es haberse especializado en un área que por alguna razón se convierta en un páramo por unos años, entonces estás de mala suerte.

Puede parecer que lo importante es conocer por qué un valor se está moviendo, cuando en realidad suele ser un empeño estéril e improductivo. No buscamos verdades. Cuando todo se pone en ebullición buscamos dinero. Cualquier información que pueda ayudarnos es bienvenida. Pero resulta que no es necesaria mucha información. El precio por sí mismo puede ser lo único que se necesita.

La inversión en momentum consiste en comprar lo que sube. Cuando el precio de una acción aumenta, compramos con la expectativa de que continuará incrementándose.

La base racional de la inversión en momentum

Ha habido muchas investigaciones sobre las causas del rendimiento momentum. No es muy difícil demostrar que el efecto momentum funciona, o al menos que ha funcionado hasta ahora. Es más complicado tratar de explicar por qué.

En el campo académico, el primer artículo influyente fue publicado en los años sesenta (Levy, 1967). Desde entonces ha habido algunos estudios interesantes confirmando esos hallazgos y avanzando sobre ellos. Uno de esos artículos, de Jegadeesh y Titman (Jegadeesh & Titman, 1993), planteó dos teorías alternativas sobre la razón por la que funciona invertir en momentum.

La primera teoría es que las transacciones entre inversores que compran las acciones que han ganado en el pasado y venden las acciones perdedoras tienen un efecto sobre los precios de los activos, de manera que los aleja de manera temporal de sus valores de largo plazo.

La teoría alternativa es que el mercado no reacciona a la información sobre las perspectivas de corto plazo de las compañías y sin embargo sobrerreacciona a la información sobre las perspectivas de largo plazo.

Ha habido mucho debate sobre este tema y otras teorías sobre por qué las acciones ganadoras tienden a seguir ganando. Un posible motivo sería que el precio de las acciones reacciona con retraso a factores comunes, pero Jegadeesh y Titman no están de acuerdo con esa teoría. También está el ciclo de retroalimentación positiva, por el que las acciones ganadoras generan atención y atraen a inversores adicionales. Desde un punto de vista puramente práctico, sin embargo, podemos preguntarnos si realmente es importante el motivo. Si se puede demostrar que el efecto momentum existe y que ha producido rentabilidades superiores en el pasado, es probable que continúe haciéndolo. Especular sobre la racionalidad subyacente puede ser un pasatiempo interesante, pero ¿es realmente relevante para el trading?

Ha habido muchas investigaciones confirmando el efecto momentum, tanto por parte de académicos como de personas que lo practican, y las acciones momentum con un gran comportamiento no escasean. Es difícil argumentar que la inversión en momentum no funciona.

Cuando un valor ha estado subiendo por un tiempo, es más probable que continúe así un poco más que otro valor que no ha tenido un buen impulso últimamente.

Un aspecto crucial a tener en cuenta es que el efecto momentum funciona de manera muy diferente en un mercado bajista. Cuando estamos en un mercado alcista o simplemente en condiciones de mercado normales y aburridas, el efecto momentum funciona bien. Eso ocurre porque en climas de mercado normales y buenos, los valores pueden moverse con bastante independencia unos de otros. Se presta mucha atención a los valores por sí mismos y menos al mercado en su conjunto.

En un entorno bajista, lo típico es que haya abundancia de factores que influyen en el nivel del mercado. Normalmente hay algo que lleva al mercado a bajar y ese será el factor decisivo que afecte más o menos a todos los valores. Puede ser el colapso de la burbuja tecnológica, la crisis global de deuda, impagos de créditos por gobiernos u otros acontecimientos importantes. Lo que pasa en los mercados bajistas es que todos los valores empiezan a comportarse igual. La diversificación se convierte en una ilusión y todos los valores suben y bajan los mismos días. El efecto momentum no es muy útil en este tipo de mercados.

La ventaja de operar de forma sistemática

Asumamos que me sigues hasta ahora, que he sido capaz de convencerte de que la inversión en momentum es un buen camino a seguir. Aún queda la cuestión sobre cómo hacerlo.

Una forma puede ser mirar los valores que conoces y ver cuál parece estar subiendo. Compra las acciones que suben y no compres las que no suben. El problema obvio es que quizás los valores que tú conoces no son los más interesantes. No hay por qué asumir que los valores que normalmente sigues son los más apropiados para la inversión en momentum. El hecho de que hayas seguido estos valores o incluso de que hayas operado con ellos anteriormente en realidad no significa nada. Puede que sean las mejores acciones momentum, pero no es muy probable.

Podemos también tomar el camino chartista y ojear cientos de gráficos uno por uno para ver si hay un buen momentum positivo, hacer una lista de los más prometedores y comprar los más fuertes. Aunque hayamos extendido el campo de acción con este enfoque, sigue sin ser convincente. Hay mucha discrecionalidad a la hora de decidir visualizando gráficos. Se pueden introducir elementos aleatorios que pueden oscilar para un lado o para otro.

Vayamos un paso más allá y utilicemos indicadores de análisis técnico. Podríamos por ejemplo considerar solo valores en los que la media móvil de 50 días esté por encima de la media móvil de 100 días. Pero todavía quedarían demasiados valores entre los que elegir y no contaríamos con una guía precisa para seleccionar los que comprar. Al final, incluso este método puede dejar un margen discrecional de actuación y por lo tanto introducir elementos aleatorios.

Quizás se puede medir la distancia entre la media móvil de 50 días y la media móvil de 100 días, para tener una medida cuantificable de momentum. Incluso se puede hacer más sencillo y medir solamente la distancia entre el precio y la media móvil. Se pueden comparar las distancias en porcentaje en un grupo grande de valores y así tener un método rudimentario de clasificación. No es un método de clasificación muy bueno pero es un comienzo.

Dado que queremos construir una cartera de acciones momentum, podríamos empezar a comprar desde lo alto de la lista de clasificación hasta completarla. Eso nos permite encontrar los valores candidatos, pero solo completa una parte de la ecuación. Hay aún muchas cuestiones que arreglar. ¿Cuánto compramos de cada valor? ¿Por cuánto tiempo aguantamos las acciones? ¿Cuándo reemplazamos los valores?

Un método de clasificación es importante pero es solo una pieza de la estrategia. El método de clasificación es una pieza necesaria, pero sin una estrategia completa quedarían aún pendientes demasiadas variables aleatorias. Si compras hoy los valores más fuertes ¿qué pasa entonces si otros valores están más fuertes la próxima semana o dentro de un mes? Hay que trazar un plan sobre cuándo reemplazar unos valores por valores más fuertes y en qué condiciones se hace.

También está la cuestión crucial de cuántas acciones comprar de cada valor. Algunos métodos comodones no sirven, como gastar el 5% del capital en cada valor para completar una cartera de 20. Un método tan simplista tiene muchos inconvenientes, fundamentalmente que la cartera estará condicionada por los valores más volátiles. Otro ejemplo de factores aleatorios.

Antes he mencionado que no es una buena idea mantener acciones momentum durante un mercado bajista. Es fácil hacer una afirmación así, pero no está claro cómo implementarlo. Es preciso establecer un plan sobre cómo y cuándo aumentar y reducir el riesgo total de la cartera, cuándo comprar acciones momentum y cuándo dejar de comprarlas.

Si consigues un plan que cubra todos estos factores, entonces tendrás una auténtica estrategia de trading. Si lo haces correctamente, contarás con una estrategia cuantificable que puede ser probada históricamente. Al utilizar simulaciones detalladas se puede comprobar qué factores han sido significativos en el pasado y hallar lo que ha funcionado y lo que no. Este proceso puede ayudar a diseñar una metodología de trading sólida que muy probablemente será no solo rentable, sino que además superará con creces a los mercados de acciones a lo largo del tiempo.

En la próxima sección del libro te voy a proporcionar una metodología así. Una que ha sido probada no solo históricamente, sino también empíricamente durante muchos años.

6
El filtro del régimen de mercado

En el capítulo 4, mostré algunos sencillos modelos de trading del estilo de seguimiento de tendencia y cómo fallaban al aplicarlos a las acciones. Hay una manera muy fácil de mejorar significativamente esos modelos. Es un concepto muy simple y muy fácil, y me desconcierta mucho que haya tanta gente que aún no lo aplica.

Es muy sencillo. No compres acciones en mercados bajistas.

A la hora de operar estrategias en acciones, el indicador más importante de todos es el índice. A veces puede parecer que un valor es independiente y que se mueve por su propio impulso, pero eso es en parte una ilusión. El estado general del mercado afecta a casi todos los valores diariamente. Incluso afecta a acciones momentum impulsadas por noticias positivas y presión compradora. En un mercado alcista, la mayoría de los valores suben. Es probable que los valores momentum suban más que otros, pero casi todos se mueven en la misma dirección.

En un régimen de mercado lateral, algunos valores suben y algunos valores bajan. El índice puede parecer lateral si miras un gráfico que cubra varios meses, pero en los días que sube la mayoría de los valores evolucionan un poco mejor. Las acciones momentum tienden a comportarse muy bien en los mercados laterales, siempre que no haya excesiva volatilidad.

En los mercados bajistas, de pronto parece que ya no importa cuáles son los valores que tienes. Cuando el índice general del mercado cae, casi todos los valores lo siguen. Es solo una cuestión de grado. Si tratas de buscar los valores más fuertes de 2008, verás que es casi imposible encontrar alguno que subiera entonces.

Si los mercados se dan la vuelta y caen, de repente todo cae. Los valores que antes parecían tan independientes ahora son como una oveja perseguida por un perro. En mercados bajistas, las correlaciones rápidamente empiezan a aproximarse a 1 y ya no parece importar mucho qué valores hayas seleccionado. Todos están bajando.

Para mantener una cartera de acciones momentum, o de hecho cualquier otra cartera de valores, hay que estar siempre atento al régimen de mercado imperante.

Hay muchas maneras de medirlo. Al final no importa mucho qué método selecciones. No es tan difícil descifrar si el mercado es alcista, lateral o bajista. De hecho lo que importa averiguar de verdad es si estamos o no en un mercado bajista. Los mercados laterales suelen crear un clima propicio para operar estrategias momentum.

No tiene sentido pasar demasiado tiempo pensando sobre el enfoque exacto. Ese es un error común de los traders aficionados, olvidarse del objetivo y centrarse en las herramientas. Piensa en lo que quieres obtener y encuentra una manera simple y fácil de conseguirlo.

En este caso, lo que queremos es una indicación sobre la dirección general del mercado a largo plazo. ¿Cómo se puede hacer? Se puede comprobar si el precio está por encima de una media móvil de largo plazo. Se puede medir el porcentaje de movimiento el último año. Quizás se puede usar una media móvil doble o una banda Bollinger. No va a haber mucha diferencia. El punto crucial es que se necesita un indicador del régimen de mercado de largo plazo.

Como realmente no importa mucho qué indicador utilizar para esto siempre que sirva para capturar la tendencia de largo plazo del mercado, voy a usar un enfoque muy simple. No hay necesidad de complicar las cosas.

Voy a declarar que el mercado es bajista si el índice S&P 500 está por debajo de su media móvil de 200 días. Se trata de un filtro de muy largo plazo. Usando un enfoque tan sencillo tenemos inmediatamente una manera de identificar si el mercado está en tendencia bajista o no. Prácticamente todas las estrategias de carteras de valores pueden mejorar significativamente simplemente añadiendo esta regla. Si el índice está en mercado bajista, simplemente no se compran acciones.

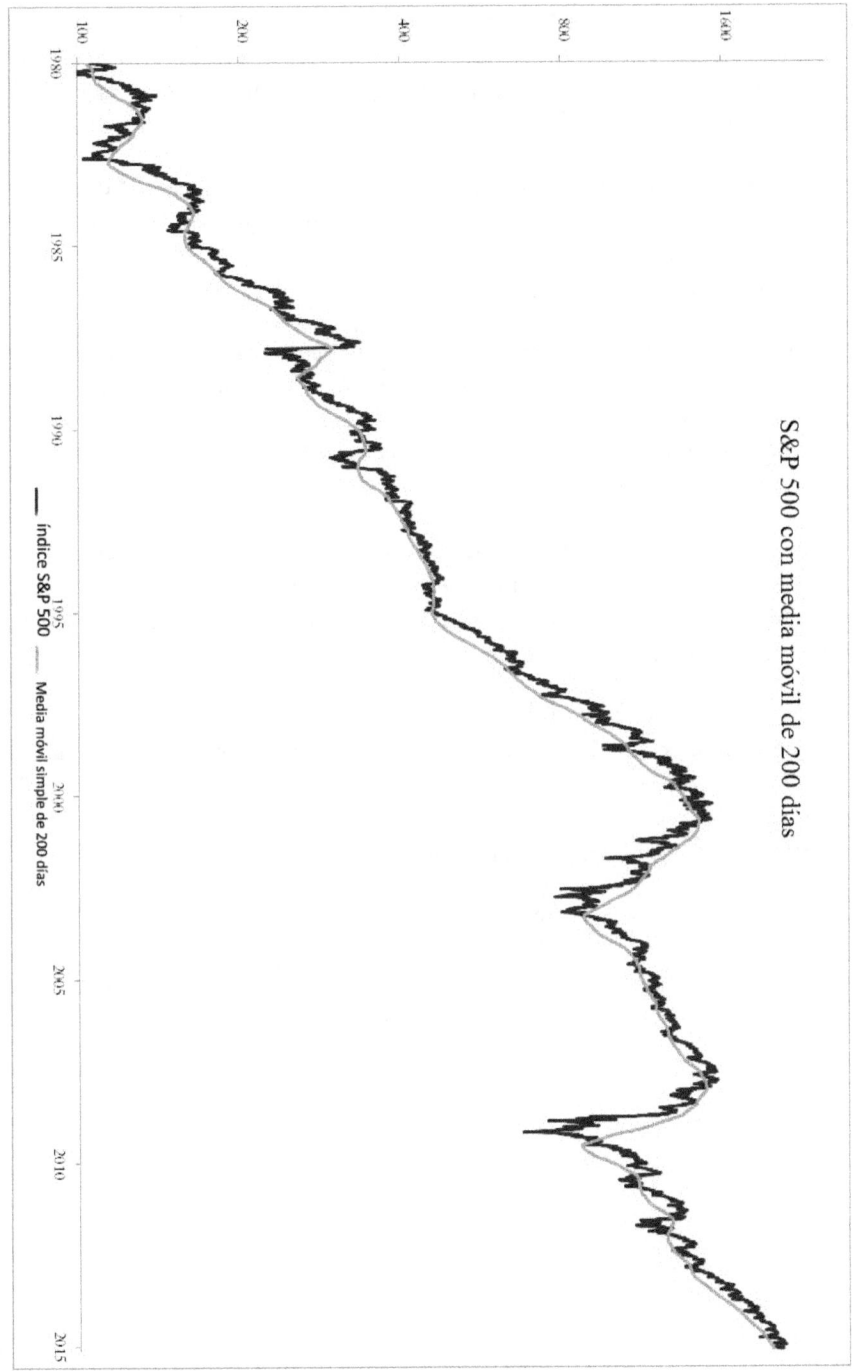

Figura 6-1 El índice S&P 500 con la media móvil de 200 días

En la Figura 6-1 puedes ver el índice S&P 500 con la media móvil de 200 días desde 1980. El gráfico nos muestra que casi todo el tiempo el índice está por encima de su media de largo plazo. Eso no es una sorpresa. Casi siempre es una buena idea comprar acciones.

Mirando la misma figura, puedes ver que muchas veces el índice cae por debajo de la media móvil para rápidamente recuperarse. Es justo preguntarse si no sería más lógico hacer lo contrario de lo que estoy sugiriendo. ¿Por qué no comprar cuando el índice se mueve por debajo de la media móvil?

Este es un enfoque de trading completamente diferente. Es mucho más difícil y arriesgado. Si hubieras comprado justo después del crash de 1987, habrías conseguido mucho dinero y además muy rápidamente. Pero si hubieras comprado después de la ruptura del índice en 2000, te habrías visto con solo la mitad de tu dinero tres años después.

No, lo que yo sugiero es algo mucho menos arriesgado. La media móvil en este caso se usa como indicador del régimen de mercado. Responde a una simple pregunta. ¿Está subiendo el mercado? Cuando los precios están por encima de la media móvil, declararemos que la respuesta es afirmativa.

Fíjate que en el enfoque que estamos tratando, ni el índice ni la media móvil tienen una implicación directa en las operaciones. No te dice que compres ni que vendas. No vendemos solo porque el índice se haya movido por debajo de la media móvil. Pero no abrimos ninguna nueva posición cuando el índice está por debajo de su media móvil de largo plazo, esa es la parte importante.

No compres acciones en un mercado bajista.

7
Clasificación de acciones

Cuando tienes delante una amplia gama de posibles instrumentos con los que operar, es importante encontrar una buena manera de jerarquizarlos. No puedes ponerte a seleccionar valores aleatoriamente de entre todos los que constituyen el índice S&P 500. Bueno, el capítulo 15 muestra que quizás sí puedas, pero esa historia viene más tarde. Comprar los valores con los que estás familiarizado o sobre los que has leído en el periódico es todavía peor. Y es mejor que no se te ocurra revisar los 500 gráficos en busca de figuras que te gusten. Eso te dejaría a merced de tu percepción visual y lo más probable es que tomaras decisiones diferentes en diferentes días, por muy consistente que intentaras ser. El estado anímico, la capacidad de atención y otros factores entrarían en juego y no conseguirías resultados consistentes.

Lo primero que tienes que hacer es decidir qué es lo que quieres clasificar. Aunque el tema de este libro es el momentum, los principios pueden ser usados también para otros estilos. Si te gusta este libro y las ideas que presenta, esa puede ser una buena área para que investigues.

El momentum consiste esencialmente en comprar los valores que más ganan. Así que basta con ordenar los valores basándonos en sus ganancias, ¿verdad? Bueno, a pesar de que estoy a favor de las soluciones simples, esta puede ser un poco demasiado simple. Es importante entender por qué es ese el caso.

Tomemos un método de clasificación común que se encuentra en varios sitios de internet. Un método popular parece ser ordenar los valores según la diferencia porcentual entre el precio y la media móvil. Para una clasificación de largo plazo, podría ser la diferencia porcentual entre el precio actual y la media móvil de 200 días. Hay dos problemas principales con esta clase de enfoque.

Lo primero es que no se toma en cuenta para nada la volatilidad normal del valor. Eso llevará a seleccionar valores con volatilidad muy alta en los que lo habitual es alejarse de la media móvil para luego caer de nuevo. Lo segundo y más importante es que este método no se ocupa de cómo se ha llegado a subir tanto por encima de la media móvil. Si ocurre un evento crucial que provoca una gran subida del precio en un día puntual, como una potencial toma de control por otra compañía, el valor subirá a lo alto de la lista.

La volatilidad es muy importante. En este juego no se trata de conseguir el rendimiento absoluto más alto en un año. Se trata de conseguir el mayor rendimiento por unidad de volatilidad. Nunca olvides que la volatilidad es la moneda que utilizamos para comprar rendimiento. Lo que buscamos es pagar la menor cantidad de volatilidad posible para conseguir el mejor retorno que podamos. Considerar solo el retorno sin el riesgo es estrictamente entrar en el reino de los juegos de azar, y eso no es a lo que nos dedicamos aquí.

Esto nos lleva a la conclusión obvia de que necesitamos encontrar valores que suban de manera ordenada y sin sobresaltos. Queremos valores que no solo muestren ganancias significativas a lo largo de tiempo, sino que además se muevan de la forma más suave posible. Así pues, hay dos principios que son el fundamento de nuestro sistema de clasificación. Tenemos que tomar en cuenta tanto el momentum como la volatilidad.

Primero vamos a buscar un buen modo de medir el momentum por sí mismo. Eso no es tan difícil y más bien se trata de una cuestión de preferencias. Intenta evitar una reacción demasiado común que consiste en mirar las herramientas habituales del análisis técnico. Me encuentro con muchos traders aficionados que se quedan atrapados en una manera de pensar basada en la infinidad de libros de análisis técnico que se han publicado en las últimas décadas. Muchas de esas herramientas se hicieron en una época diferente para propósitos diferentes. Intenta empezar desde cero y diseña analíticas pensadas para tu propio propósito, sin utilizar la habitual terminología del análisis técnico. Aunque al final termines utilizando algo similar, al menos es un buen ejercicio. Te proporcionará una comprensión más profunda de los métodos, en vez de usar indicadores de análisis técnico enlatados.

Yo prefiero que mis análisis se basen en buenas matemáticas y lógica, que tengan sentido intuitivo y que a ser posible se puedan visualizar fácilmente. Tu método puede ser diferente al mío y está bien. Lo importante es que encuentres algo que se adecúe a tu propósito. Si te inventas tu propia analítica asegúrate de realizar un trabajo de simulación apropiado para confirmar que de verdad añade valor.

Uso de la regresión exponencial para clasificar acciones

Algunas personas pueden pensar que mi método habitual para jerarquizar las acciones es demasiado complicado. Realmente no lo es, una vez que pasas los cálculos estadísticos básicos necesarios. Si encuentras que esta sección es compleja, mi primer consejo es que te tomes tu tiempo para tratar de comprender la lógica subyacente. Para los que tienen conocimientos limitados de análisis estadístico, las fórmulas y la terminología pueden parecer mucho más complicadas de lo que en realidad son. Confía en mí, no hay nada que temer.

Si aun así estos conceptos te resultan complejos, puedes reemplazarlos por otro método que elijas. Fíjate en la lógica y en lo que se trata de conseguir para así aplicar algo más sencillo que te permita realizarlo. Haré todo lo que esté en mi mano para intentar explicar los métodos que uso y por qué me he decidido por ellos.

Para medir el momentum, yo utilizo regresiones exponenciales. Esto plantea dos preguntas obvias, qué es una regresión y por qué es exponencial. Antes de pasar a la parte exponencial, hay que entender el concepto de regresión lineal. No voy a profundizar demasiado en fórmulas y detalles y presentaré este análisis en un nivel superficial. Me disculpo con mis compañeros cuantitativos que puedan pensar que esta explicación está excesivamente simplificada.

La regresión lineal es un método para encajar una línea sobre una serie de valores. Es una manera de encontrar la línea que mejor se ajusta, en este caso, a una serie temporal de precios. La Figura 7-1 muestra un ejemplo en el que la regresión lineal se ajusta a una serie de precios. Fíjate que esto no es una línea de tendencia. Una línea de tendencia es algo muy subjetivo que se puede dibujar de muchas maneras diferentes. Aquí hablamos de una línea de regresión calculada a partir de puntos de precios.

La Figura 7-1 muestra una línea de regresión calculada sobre Microsoft en los últimos años noventa. Con las fórmulas de la regresión se calculan dos valores necesarios para dibujar una línea de regresión como esta. Primero se calcula la intersección o punto de corte, esto es, dónde empezar a dibujar la línea. Después viene la pendiente, que indica cuánto debe subir o bajar la línea por cada punto sucesivo. La línea resultante es el mejor ajuste lineal a los datos de precio, o más bien la línea con menos errores.

Lo que realmente nos interesa es la pendiente, porque es la que nos indica la dirección del precio de la acción.

Para datos diarios, la pendiente nos indica cuántos dólares y cuántos centavos debería subir o bajar la línea cada día. Después de todo, se trata de una línea recta, como implica su nombre. Calcular la pendiente de la regresión lineal en una serie de precios diarios es, por lo tanto, lo mismo que calcular la inclinación o declinación media diaria en ese mismo periodo de tiempo.

La pendiente de la regresión lineal mide por lo tanto la velocidad, o momentum de la acción. El problema sin embargo es que la pendiente está expresada en dólares y centavos. Si el precio de una acción es de 10 dólares y sube dos dólares por día, es más significativo que si una acción de 100 dólares avanza esa misma cantidad de dos dólares diarios.

Esa es la razón por la que usamos la regresión exponencial. Mientras que la pendiente de la regresión lineal está expresada en unidades monetarias, la pendiente exponencial se expresa en porcentaje. La pendiente de regresión exponencial indica el porcentaje en el que la línea se mueve, arriba o abajo. O si lo prefieres, el movimiento porcentual medio diario.

Obviamente el número de esta pendiente tendrá normalmente muchos decimales y será difícil de relacionar. La mayoría de las acciones no tienen pendientes de más de un uno por ciento, incluso ni de la mitad. Después de todo, si una acción tiene una pendiente de un uno por ciento diario significa que se mueve más de un 200% al año. En vez de eso, lo normal serían pendientes como de 0,000435 y otros número con poco sentido y difíciles de relacionar. La solución más fácil es anualizar el número.

Si se anualiza la pendiente, obtienes un número que te indica, en teoría, cuánto ganaría la acción en un año completo si continuara exactamente en el mismo ángulo.

No se trata de asumir de ningún modo que eso vaya a pasar, probablemente no. Se trata solo de conseguir un número más fácil de relacionar. Si resulta que la pendiente de la regresión exponencial es 0,0006 es complicado de relacionar, pero si decimos que esto implica un 16% anualizado es más fácil de entender.

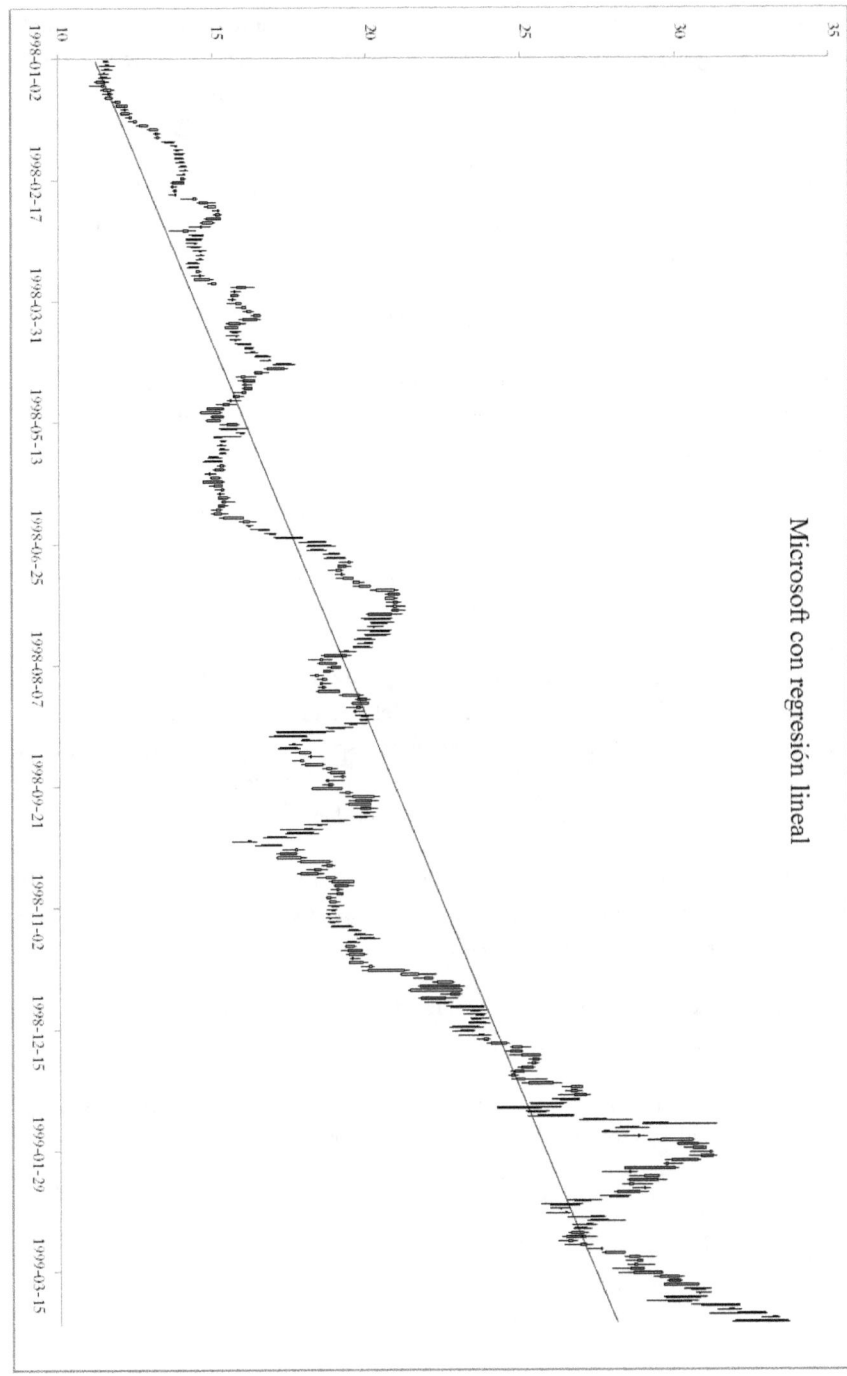

Figura 7-1 Línea de regresión lineal, Microsoft

El concepto es más importante que las matemáticas, pero vamos a mirar brevemente cómo hemos llegado a ese número del 16%. Primero calculamos la pendiente de regresión exponencial de la acción. Eso se puede hacer con la mayoría de paquetes de gráficos estándar o en una aplicación de hojas de cálculo como Excel.

La pendiente exponencial en este caso hipotético se situó en 0,0006. Esto significa que en un día medio la acción sube un 0,06% diario. Asumiendo que hay 250 días de mercado en un año es fácil anualizarlo.

$$1,16178 = (1 + 0,0006)^{250}$$

Con esta sencilla operación de matemáticas financieras sabemos que el crecimiento compuesto en 250 días de una ganancia del 0,06% terminará en alrededor de un 16 por ciento anual. Ahora el número es más intuitivo.

Pensar en porcentajes es más útil que en términos de dólares y centavos. Después de todo, no es muy útil saber que la acción XYZ ganó 30 dólares la semana pasada. No nos dice nada sin un contexto. En cambio, si esa misma acción subió un 30% la pasada semana sí es significativo.

Como se ha mencionado, utilizar la pendiente de la regresión exponencial anualizada nos da un sentido más intuitivo. Podemos ver el porcentaje anual que representa la pendiente actual. Es importante recordar que no esperamos que ese rendimiento se llegue a producir. Podría ser mucho menor o mucho mayor. Pero nos coloca el pasado reciente en perspectiva, en un modo que podemos relacionar.

En este libro buscamos una clasificación momentum de medio plazo. Los cálculos de la regresión se harán utilizando los últimos 90 días de trading. Es un periodo de tiempo razonable sin recurrir a optimizaciones.

Cuando la regresión exponencial está sobre cero, la acción está subiendo, en caso contrario está bajando. Cuanto más alto sea el número, más fuerte es el momentum.

Si ahora calculamos la pendiente de la regresión exponencial para todas las acciones que estamos considerando, anualizamos el número y las ordenamos según el valor resultante, tenemos un método de clasificación bastante bueno. No es perfecto, pero es bastante bueno.

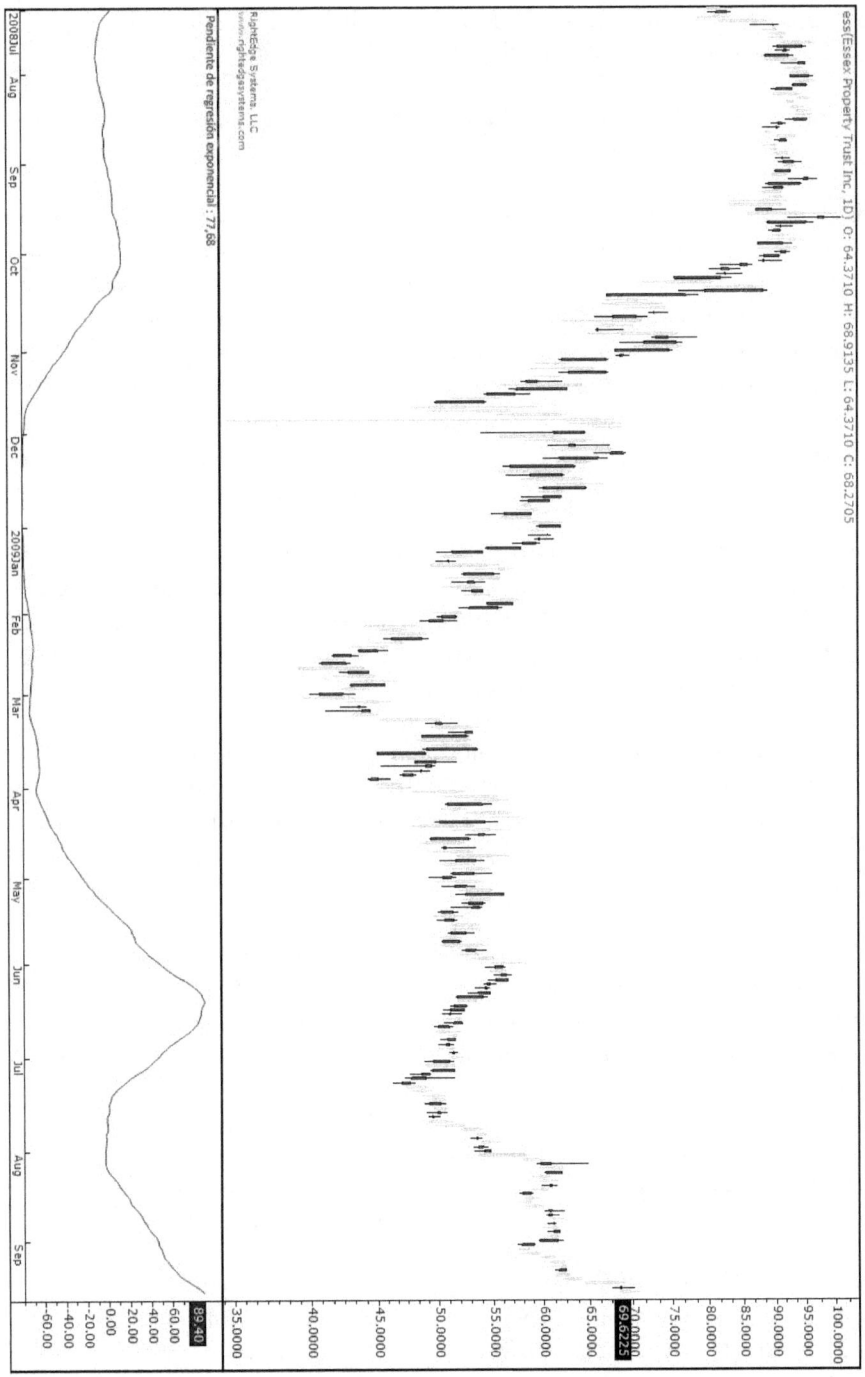

Figura 7-2 Essex Property Trust. Pendiente de regresión exponencial anualizada

La Figura 7-2 nos muestra Essex Property Trust, con la pendiente de regresión exponencial anualizada en el gráfico de abajo. Fíjate en el nivel cero de la escala.

La acción con la pendiente más alta estará en lo alto de la lista. Se trata de una clasificación de momentum pura.

Hay aún un pequeño problema en nuestra clasificación. Utilizar solo la regresión exponencial anualizada supone dejar de lado el ajuste. Si por ejemplo una acción ha estado lateral durante unos cuantos meses y de repente sube en un solo día un 50% solo para continuar otra vez lateral, eso desordenaría nuestra clasificación. ¿Crees que es imposible? En absoluto. Se trata de un comportamiento normal en un valor del que se anuncia una toma de control inminente. El precio salta rápidamente hasta situarse muy cerca del precio de adquisición, antes de perder toda la volatilidad y quedar lateral hasta que el acuerdo se completa. En esa clase de situaciones no nos interesa comprar. Seguro que se te ocurren escenarios más raros que pueden ocurrir.

No nos interesa elegir un valor que acaba de tener un salto espectacular. Lo que buscamos son valores que han tenido una subida lo más suave posible. Y preferiblemente queremos que la acción continúe en ese ascenso suave después de que la hayamos comprado. Lo que queremos son acciones momentum auténticas, no acciones que acaban de tener gaps locos.

Los lectores observadores ya se habrán dado cuenta del indicio que he dejado caer unos párrafos más atrás sobre la solución. La palabra clave es ajuste. Como estamos usando matemáticas de regresiones, hay un método perfecto para medir lo bien que se ajustan los datos de precios a la línea de regresión. Se llama coeficiente de determinación, normalmente designado como R^2.

R^2 indica cómo la serie de precios se ajusta a la línea de regresión. Aunque tengas un montón de puntos de precios aleatorios por todas partes, puedes calcular aun así una línea de regresión. El resultado no tendrá sentido, claro, porque no hay conexión entre esos puntos. No habrá una pendiente que predecir. En ese caso, R^2 será cercano a cero.

Si por otro lado los datos reales forman casi una línea recta completa, tendremos el resultado contrario. Si calculamos una pendiente de regresión basada en precios que suben en línea casi perfecta, se puede esperar que R^2 se acerque a 1.

Cero es el valor mínimo de R^2, mientras que uno es el máximo. Un valor de uno significa que los datos se ajustan perfectamente a la línea, y cuanto más bajo R^2 peor será el ajuste de la línea de regresión. Recuerda de nuevo que entender la lógica es mucho más importante que saber todas las fórmulas.

Y ahora el concurso del día. Con los dos datos que tenemos hasta ahora a nuestra disposición ¿cómo podemos hacer una clasificación mejor? Tenemos la pendiente anualizada de la acción y tenemos un número entre 0 y 1 que nos dice cómo se ajusta esa línea a la realidad.

Respuesta correcta. Vamos a multiplicar esos número a ver qué obtenemos. Si el ajuste de la línea de regresión es bajo, el número resultante bajará. Si el ajuste es alto, no bajará tanto. Es decir, con la pendiente de regresión medimos el momentum puro, y después lo castigamos en función de la volatilidad. Cuanta más alta la volatilidad, más castigo.

La lista de clasificación resultante es muy similar en su mayor parte. La diferencia está en la posición en la clasificación de las acciones con los ajustes más extremos, buenos o malos, que va a cambiar mucho. El mayor efecto es que los valores que han conseguido ganancias sustanciales pero con una elevada volatilidad bajarán mucho en la lista, tan abajo que no estarán seguramente entre los candidatos. Eso es lo que queremos conseguir exactamente usando el método de ajuste R^2.

La Figura 7-3 muestra la pendiente de regresión exponencial anualizada en el panel del medio. Ese es el momentum puro, la pendiente de regresión anualizada. El panel de abajo es el ajuste, el coeficiente de determinación. Finalmente, se ven los dos datos multiplicados.

Fíjate que R^2 cae con rapidez cuando la volatilidad aumenta. Cuando el precio se mueve en una tendencia suave razonable, como se ve en el medio de la Figura 7-3, R^2 se mantiene bastante alto. En ese caso, la clasificación momentum no se ve muy castigada. Por otro lado, cuando el precio cambia de dirección o se vuelve errático, R^2 cae y arrastra la clasificación ajustada.

De este modo, nuestras clasificaciones momentum serán una combinación de momentum, en la forma de una pendiente de regresión, y una medida de calidad en términos de R^2. Al multiplicar la regresión exponencial por el coeficiente de determinación (R^2) conseguimos una base bastante buena para clasificar las acciones.

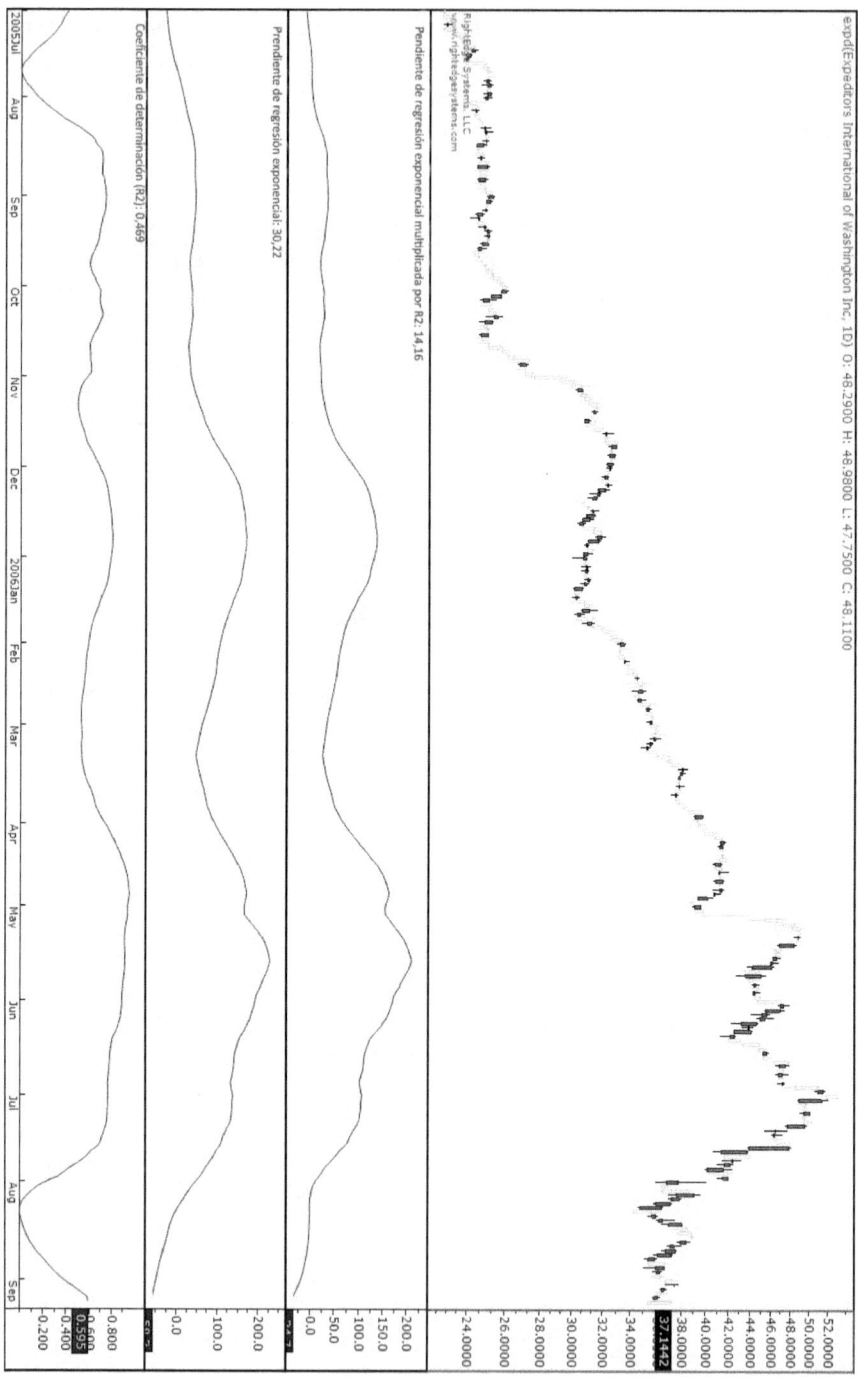

Figura 7-3 Pendiente de regresión y ajuste, Expeditors International

Aunque el programa Excel es poco práctico para realizar todas estas operaciones clasificatorias, puede ser útil hacerlas una vez en una hoja de cálculo para probar. No es práctico usar Excel para automatizar estas tablas, pero puede ayudar a entender mejor la lógica.

La Figura 7-4 muestra cómo calcular la pendiente ajustada en Excel. Ese es el número que vamos a usar para ordenar las acciones para esta estrategia momentum. Aplicamos fórmulas de regresión estándar a una serie logarítmica de precios. Nada más.

La primera columna muestra el número de días desde el comienzo de la serie temporal. La segunda columna son las fechas y la tercera el precio. Hasta ahora ningún cálculo.

En la columna D se calcula el logaritmo natural del precio. Esa es nuestra base para los cálculos de la regresión exponencial. La columna E es la fórmula estándar Slope() de Excel para calcular la pendiente de regresión de las series logarítmicas. La fórmula en la versión española de Excel es Pendiente().

Para conseguir el retorno anualizado en la columna F necesitamos transformar de nuevo la pendiente aplicando la función Exp(). Eso nos da el porcentaje de cambio por día en la pendiente. Entonces se anualiza elevándolo a la potencia 250, que son los días de trading anuales. La fórmula es =(POTENCIA(EXP())) en la versión española de Excel.

Con la función RSQ() calculamos R^2 (la fórmula es Coeficiente.R2() en la versión española de Excel), lo multiplicamos por la pendiente y ya está.

Lo que resulta de todo esto es una lista de todos los valores del universo que hayas seleccionado, ordenados por la pendiente ajustada. En este caso, el universo son los valores del índice S&P 500. En la Tabla 7-1 puedes ver una clasificación de las 30 mejores acciones momentum del S&P 500 en el día en que escribo esto. Los valores cambian con el tiempo, por supuesto, así que esta lista estará desfasada cuando lo leas.

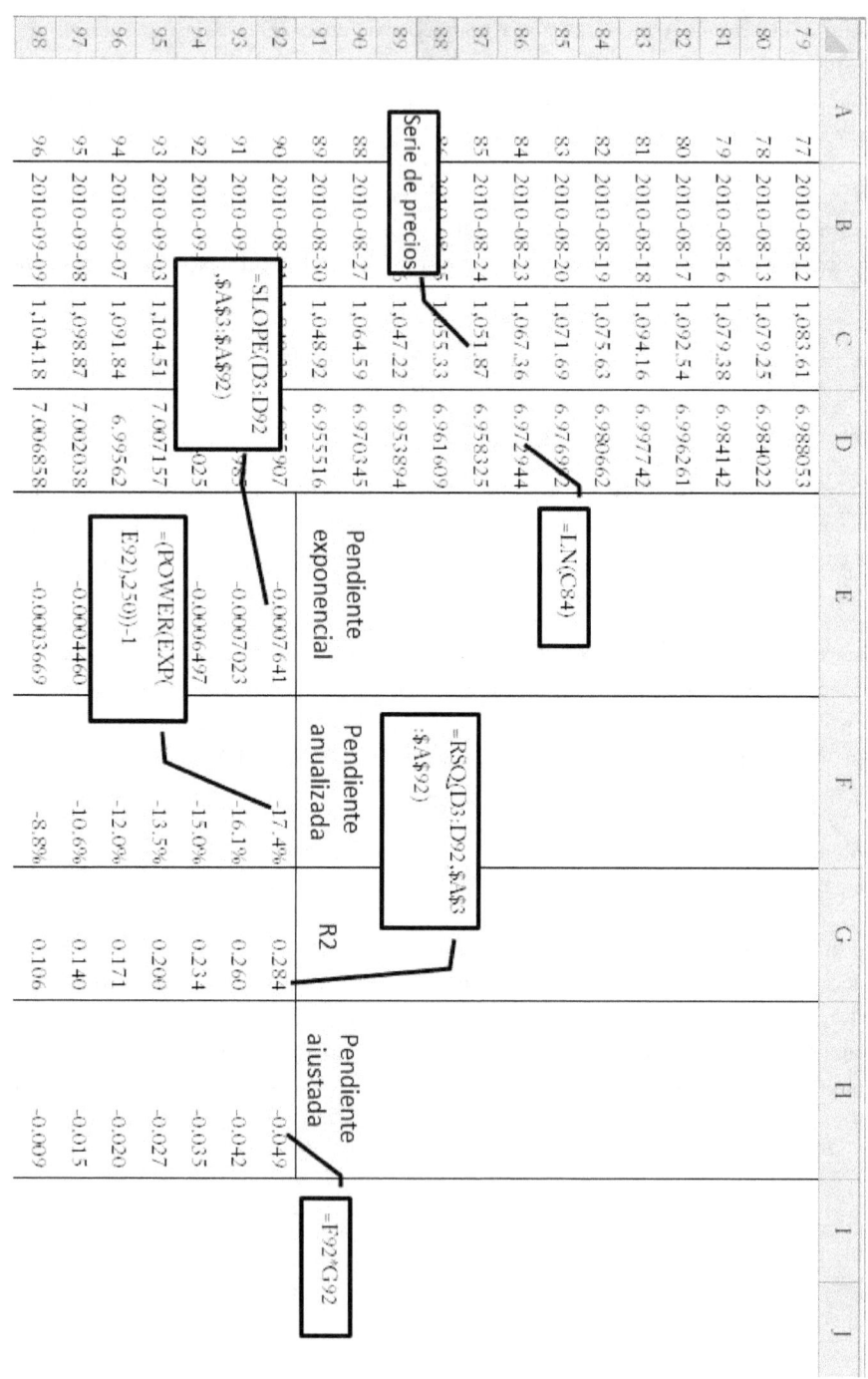

Figura 7-4 Regresión en Excel

Tabla 7-1 Acciones mejor clasificadas

Clasf	Ticker	Nombre	Sector	Pendiente ATR ajustada		Ponde- ración
1	SPLS	Staples Inc	Consumo discrecional	257,94	0,70	2,4%
2	EA	Electronic Arts Inc	Tecnología información	240,75	1,53	3,6%
3	MAC	Macerich Co	Finanzas	177,92	1,59	5,5%
4	WFM	Whole Foods Market Inc	Consumo básico	174,24	1,20	4,4%
5	WHR	Whirlpool Corp	Consumo discrecional	156,52	5,14	4,0%
6	AVGO	Avago Technologies Ltd	Tecnología información	147,28	3,66	2,9%
7	LOW	Lowe's Companies Inc	Consumo discrecional	144,55	1,44	5,0%
8	KR	Kroger Co	Consumo básico	143,62	1,05	6,8%
9	KMX	Carmax Inc	Consumo discrecional	138,51	1,42	4,6%
10	LUV	Southwest Airlines Co	Industria	137,14	1,53	2,9%
11	GLW	Corning Inc	Tecnología información	132,43	0,58	4,3%
12	HSP	Hospira Inc	Salud	130,84	2,14	4,1%
13	GGP	General Growth Properties Inc	Finanzas	126,00	0,54	5,5%
14	SHW	Sherwin-Williams Co	Materiales	124,95	4,83	5,8%
15	PCG	PG&E Corp	Servicios públicos	120,13	1,13	5,0%
16	STZ	Constellation Brands Inc	Consumo básico	116,21	2,03	5,6%
17	LB	L Brands Inc	Consumo discrecional	115,18	2,03	4,6%
18	DAL	Delta Air Lines Inc	Industria	113,50	1,67	2,7%
19	MHK	Mohawk Industries Inc	Consumo discrecional	108,91	3,68	4,6%

20	DLTR	Dollar Tree Inc	Consumo discrecional	106,75	1,69	4,5%
22	NOC	Northrop Grumman Corp	Industria	106,64	3,02	5,5%
23	SCG	SCANA Corp	Servicios públicos	103,42	1,16	5,3%
24	PNW	Pinnacle West Capital Corp	Servicios públicos	101,75	1,25	5,4%
25	HCN	Salud REIT Inc	Finanzas	100,14	1,49	5,2%
26	TGT	Target Corp	Consumo discrecional	99,44	1,60	4,8%
27	SEE	Sealed Air Corp	Materiales	95,83	1,13	4,0%
28	BXP	Boston Properties Inc	Finanzas	94,80	2,26	6,3%
29	DRI	Darden Restaurants Inc	Consumo discrecional	93,55	1,08	5,7%
30	PDCO	Patterson Companies Inc	Salud	93,36	0,90	5,5%

Las columnas clave son las tres últimas. La pendiente ajustada es solo la pendiente de regresión exponencial anualizada multiplicada por R^2. La siguiente columna es el ATR, en este caso basado en un periodo de 20 días. Finalmente está el cálculo de la ponderación o el peso del valor si fuera a ser incluido en la cartera. Este cálculo es muy fácil pero muy importante y se va cubrir con detalle en el capítulo 8, que tiene que ver con el tamaño de las posiciones.

Entonces, ¿cómo se hace una cartera de todo esto? Es realmente fácil.

Empieza comprando desde arriba de la lista hasta que te quedes sin liquidez. Así construyes tu cartera inicial. Con esta lista podríamos comprar los 23 primeros valores hasta quedarnos sin dinero. El tamaño de las posiciones se calcula para aproximar la paridad de riesgo, es decir, para asignar el mismo riesgo a cada posición. Como cada valor tiene una volatilidad diferente, eso significa que hay que asignar diferente cantidad de dinero a cada uno. Trataremos más sobre esto en el capítulo 8.

Alguien puede apuntar que elegir solo los valores más altos suena arriesgado. ¿Qué pasa si acabamos con 25 valores biotecnológicos? Si realmente eso te preocupa puedes añadir un límite por sectores. Pero debes saber que nunca ha aparecido una cartera tan extrema, ni en las simulaciones ni en mi propia experiencia gestionando carteras con dinero real. La Figura 7-5 muestra la distribución por sectores para este enfoque como estaba en febrero de 2015. Está claro que no es una cartera de índice, pero no hay nada raro en ella. De hecho es bastante lógica. No hay valores energéticos, ya que el sector llevaba más de seis meses cayendo. No hay valores de telecomunicaciones, puesto que el sector lleva muerto por más tiempo del que nadie pueda recordar. Está sobreponderado el consumo discrecional y el consumo básico, dos sectores que se han comportado muy bien en estos tiempos.

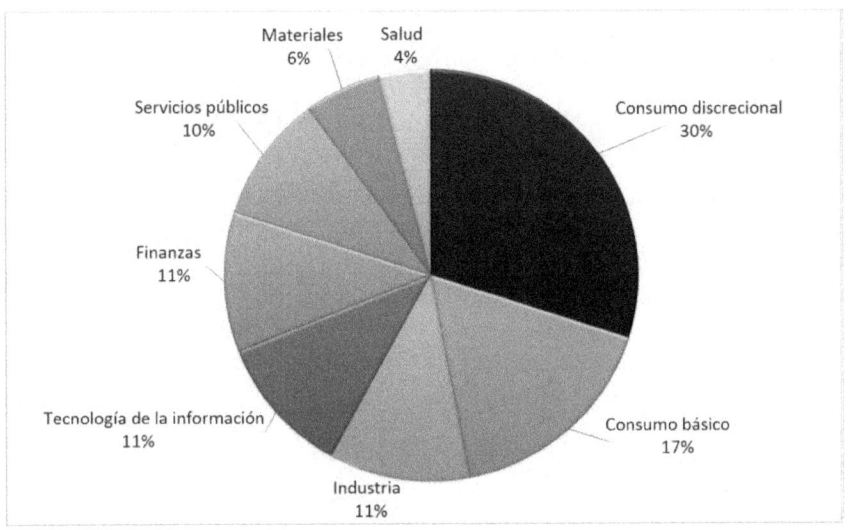

Figura 7-5 Distribución por sectores, cartera inicial de muestra

Considerándolo todo, es una cartera que muy bien podría haber formado un experto analista por fundamentales. Es una cartera con la que yo estaría muy cómodo y no me haría perder el sueño.

Filtros adicionales

El método de clasificación descrito arriba funciona bien por sí mismo. Sin embargo, prefiero añadir dos criterios más para considerar un determinado valor. Son muy simples y lógicos.

El primero es que el precio del valor tiene que superar la media móvil de 100 días para ser considerado candidato. Si no, no se trataría de verdad de una situación momentum. En los mercados normales, cualquier valor que esté por la parte alta de la clasificación momentum está muy por encima de su media móvil de 100 días. Esta regla es solo para asegurarnos de que no compramos acciones que están laterales o bajando solamente porque no hay otros valores subiendo. Esa situación podría ocurrir en un mercado bajista y en particular cuando el mercado está pasando de alcista a bajista. Así que cualquier valor por debajo de la media móvil de 100 días queda descalificado.

El segundo criterio tiene que ver con que los gaps me ponen nervioso. Si ha habido un movimiento puntual de más de un 15% en los últimos 90 días, el valor queda descalificado. Si se incluyen estas acciones, se corre el riesgo de terminar con valores que en realidad no están en situación momentum. Las sacudidas de corto plazo pueden mover una acción significativamente, a veces incluso lo suficiente como para subir a la parte alta de la clasificación momentum ajustada a la volatilidad. Queremos evoluciones de largo plazo, no gaps repentinos.

En conclusión, el método de clasificación queda así:

- Regresión exponencial de 90 días anualizada multiplicada por el coeficiente de determinación.
- Solo se consideran acciones que cotizan por encima de la media móvil de 100 días.
- Queda descalificado cualquier valor que haya tenido un gap de más del 15% en los últimos 90 días.

8

Tamaño de la posición

Ya tenemos decidido qué acciones comprar. Es un buen paso en la dirección correcta. Ahora nos enfrentamos a una decisión muy importante, pero a menudo desatendida. El tamaño de la posición y cómo cambia con el tiempo puede suponer un efecto sustancial.

Recuerda que cuando hablamos del tamaño de la posición no estamos asignando dinero. Estamos asignando riesgo. Esa es la clave para entender cómo definir el tamaño de la posición. La cantidad de dinero utilizada no es el factor esencial. Puede ser un factor limitativo cuando operamos con instrumentos al contado como las acciones, puesto que se pagan por completo y el apalancamiento es caro. Pero no es de todos modos el factor que determina el tamaño de la posición.

Es importante entender por qué es una mala idea pensar en términos de distribución de dinero. Es un error muy común no solo de la vasta mayoría de los traders e inversores particulares, sino también de numerosos gestores de fondos y de activos. Este tipo de métodos resultan atractivos por su simplicidad.

Un enfoque clásico es querer tener 20 valores en la cartera y comprar sencillamente un 5% de cada uno. Veinte valores parece un buen número si se quiere conseguir una diversificación razonable, y superficialmente la idea parece un buen plan. El problema es que esto introduce una variable de riesgo aleatoria e inclina tu cartera hacia los componentes más volátiles.

Si todas tus acciones tienen una volatilidad muy similar, este enfoque de igualar su peso en la cartera funcionará bien. Pero no parece que en la realidad ese sea el caso más probable. Algunas acciones tienden a subir o bajar alrededor de medio punto porcentual al día, mientras que otras tienen movimientos medios del 2%. Si combinas esos valores en la misma cartera y les asignas la misma cantidad de dinero, estás dejando que las acciones más volátiles tomen el control. Los beneficios o ganancias totales de la cartera dependerán en gran medida de unos pocos valores volátiles, mientras que el rendimiento de las acciones menos volátiles no será muy trascendente.

Vamos a construir una cartera real de acciones momentum y veamos cómo cambia la composición según usemos un enfoque de asignación de dinero o de asignación de riesgo. Las acciones siguientes son, en el momento de escribir estas líneas, algunas de las mejores acciones momentum en el S&P 500. Por supuesto que para cuando se imprima el libro la cartera estará desfasada. En la primera versión de la cartera utilizamos el método antiguo de asignar el mismo efectivo a cada valor. Nos limitamos a gastar la misma cantidad en todos y cada uno de ellos, ignorando completamente la volatilidad.

Tabla 8-1 Cartera sencilla con la misma ponderación

Ticker	Nombre	Sector	Mismo peso
SPLS	Staples Inc	Consumo discrecional	5%
EA	Electronic Arts Inc	Tecnología información	5%
MAC	Macerich Co	Finanzas	5%
WFM	Whole Foods Market Inc	Consumo básico	5%
WHR	Whirlpool Corp	Consumo discrecional	5%
KMX	Carmax Inc	Consumo discrecional	5%
DAL	Delta Air Lines Inc	Industria	5%
LUV	Southwest Airlines Co	Industria	5%
KR	Kroger Co	Consumo básico	5%
LB	L Brands Inc	Consumo discrecional	5%
DLTR	Dollar Tree Inc	Consumo discrecional	5%
HSP	Hospira Inc	Salud	5%
STZ	Constellation Brands Inc	Consumo básico	5%
LEG	Leggett & Platt Inc	Consumo discrecional	5%
TGT	Target Corp	Consumo discrecional	5%
VTR	Ventas Inc	Finanzas	5%
CELG	Celgene Corp	Salud	5%
ROST	Ross Stores Inc	Consumo discrecional	5%
PDCO	Patterson Companies Inc	Salud	5%
MNST	Monster Beverage Corp	Consumo básico	5%

Esta parece una cartera bien equilibrada, con compañías muy conocidas y diversificada en muchos sectores. Hay buenas razones por las cuales faltan algunos sectores. El sector energético, por ejemplo, ha tenido un rendimiento bajísimo desde que el precio del crudo empezó a desplomarse a mediados de 2014. Tampoco hay empresas de servicios públicos ni de telecomunicaciones, ya que estos sectores han caído en desgracia desde hace algún tiempo, lo mismo que el sector de materiales.

Fíjate que la composición por sectores de la cartera no obedece a un diseño. No se ha tomado ninguna decisión discrecional a este respecto. La cartera ha sido construida simplemente seleccionando las acciones momentum en un día concreto.

Los valores seleccionados forman una buena cartera momentum para ese tiempo. Han sido elegidos a partir de criterios de momentum válidos. El peso de los valores, sin embargo, se puede mejorar. Algunas de estas acciones son mucho más volátiles que otras. Si asignamos la misma cantidad de dinero a cada una, acabamos con una cartera dominada por esos elementos más volátiles. En un día normal de mercado, el efecto en la cartera dependerá sobre todo de esos valores y no de los demás. Al asignar un peso nominal igual, hemos creado una cartera muy desequilibrada.

En realidad, la solución es bastante sencilla. Se trata de un enfoque denominado distribución por paridad de riesgo. Nos fijamos en la volatilidad de cada valor y la vinculamos con el tamaño de cada posición. La idea es comprar posiciones más pequeñas de los valores más volátiles, de modo que cada uno tiene, en teoría, el mismo efecto en el resultado total de la cartera.

La Tabla 8-2 muestra cómo sería la ponderación si tomáramos en cuenta la volatilidad. Fíjate que todos los cálculos se basan en los datos de mercado en el momento en el que escribo. Los números, por lo tanto, estarán desfasados cuando estés leyendo esto.

Tabla 8-2 Cartera con paridad de riesgo

Ticker	Nombre	Sector	Paridad riesgo
SPLS	Staples Inc	Consumo discrecional	3,5%
EA	Electronic Arts Inc	Tecnología información	4,1%
MAC	Macerich Co	Finanzas	6,2%
WFM	Whole Foods Market Inc	Consumo básico	5,1%
WHR	Whirlpool Corp	Consumo discrecional	5,0%
KMX	Carmax Inc	Consumo discrecional	4,8%
DAL	Delta Air Lines Inc	Industria	3,1%
LUV	Southwest Airlines Co	Industria	3,1%
KR	Kroger Co	Consumo básico	7,6%
LB	L Brands Inc	Consumo discrecional	5,3%
DLTR	Dollar Tree Inc	Consumo discrecional	4,8%

HSP	Hospira Inc	Salud	5,5%
STZ	Constellation Brands Inc	Consumo básico	6,1%
LEG	Leggett & Platt Inc	Consumo discrecional	5,3%
TGT	Target Corp	Consumo discrecional	5,1%
VTR	Ventas Inc	Finanzas	6,7%
CELG	Celgene Corp	Salud	3,4%
ROST	Ross Stores Inc	Consumo discrecional	5,2%
PDCO	Patterson Companies Inc	Salud	6,4%
MNST	Monster Beverage Corp	Consumo básico	3,6%

Como ves, hay bastantes variaciones en el tamaño de las posiciones si nos basamos en la paridad de riesgo. El valor más pequeño solo tiene un peso del 3,1%, mientras que el más grande llega al 7,6%. Esto refleja que Southwest Airlines es considerablemente más volátil que Kroger. No vamos a comprar mucho más riesgo de LUV solo porque tiende a moverse más. Comprar la misma cantidad de dólares de estos dos valores no tiene ningún sentido, a no ser, claro, que lo que realmente quieras es asumir mucho más riesgo en la compañía aérea.

Cuando se trata del tamaño de la posición para una estrategia de inversión con acciones momentum los detalles exactos no son lo importante. No se trata de si compras 3,4% o 3,6% de Celgene. Lo importante es el concepto y aplicarlo más o menos correctamente. Si entiendes el razonamiento de por qué es una mala idea asignar la misma cantidad de dinero a todas las acciones, entonces ya has hecho un gran avance para resolver el tamaño de la posición. No se asume el mismo riesgo con un dólar en un valor y otro dólar en el siguiente, hay que tomar en consideración la volatilidad normal de cada uno.

El método utilizado en la Tabla 8-2 es muy simple y fácil de aplicar para cualquiera. Hay métodos mucho más complicados que usan los profesionales de la industria, pero el beneficio marginal no es muy alto. Para los que ya tienen herramientas costosas a su alcance, usar métodos complicados es fácil y no hace daño. Pero el grueso de los beneficios de definir el tamaño de la posición en función de la paridad de riesgo se puede conseguir con esta simple fórmula.

$$Acciones = \frac{ValorCartera * FactorRiesgo}{ATR}$$

En esta ecuación, ATR significa Average True Range (rango medio verdadero). Es una manera común de medir cuánto tiende a moverse de media diaria un instrumento, ya sea arriba o abajo. El rango verdadero es solo el valor máximo entre el precio más alto de hoy con respecto al más bajo o al del cierre del día previo. El rango medio verdadero (ATR) es entonces solo una media de esas cifras del rango verdadero para un determinado número de días. El número de días que se utilicen es una cuestión de preferencias y no es de una importancia abrumadora. Yo he usado 20 días para los cálculos de la Tabla 8-2. El ATR se puede calcular fácilmente, pero también se encuentra en casi todas las aplicaciones financieras de software.

El factor de riesgo es un número arbitrario que establece un objetivo de impacto diario para un valor. Si fijas ese número en 0,001, el objetivo de impacto diario en la cartera es de 0,1%, o 10 puntos básicos. Asumiendo, por supuesto, que el ATR se mantiene más o menos en el mismo nivel que en el pasado reciente.

Cuanto más bajo se sitúe el factor de riesgo, más pequeño es el tamaño de la posición en ese valor. La implicación en el contexto de construir carteras de acciones está clara. Cuanto más bajo sea el factor de riesgo, más número de valores habrá en la cartera. Esto es así porque seguimos comprando valores hasta que nos quedamos sin liquidez, y cuanto más bajo sea el factor de riesgo, menos efectivo se utilizará en cada valor.

Por lo tanto, la diversificación se incrementa a medida que bajamos el factor de riesgo. Pero recuerda que en el mundo de las acciones la diversificación solo te ayuda hasta un cierto punto. Hay una clara ventaja en diversificar comprando diez valores en lugar de cinco, pero es cuestionable si hay algún beneficio en tener 40 en lugar de 30.

Como ejemplo de cómo calcular el tamaño de la posición con este enfoque, echemos un vistazo a Monster Beverage. La Figura 8-1 muestra el gráfico con el precio de esta compañía junto con el ATR de 20 días debajo. Si vamos a comprar este valor podemos usar la última lectura del ATR para nuestra fórmula de cálculo del tamaño de la posición. La última lectura es 3,26, lo que quiere decir que de media este valor ha tenido un rango diario de 3,26 dólares en los últimos veinte días. En un día medio, eso es lo que este valor tiende a moverse. Un factor de riesgo razonable podrían ser 10 puntos básicos, o 0,1%. Recuerda que esto es arbitrario y que cuanto más alto sea el número tendremos menos valores con un peso mayor.

Además, vamos a asumir que nuestra cuenta de trading está en 100.000 dólares. ¿Cuántas acciones de Monster compramos entonces?

$$\frac{100.000 * 0,001}{3,26} = 30 \; acciones$$

El numerador de esta ecuación es nuestro objetivo de impacto diario. 100.000 multiplicado por 0,001 es 100. Este es un número importante. Lo que tratamos de conseguir con esta fórmula es que cada valor en la cartera se mueva de media 100 dólares diarios, arriba o abajo. Esos 100 dólares son 10 puntos básicos de la cartera, y esa es la cantidad diaria que queremos que influya cada valor que tenemos.

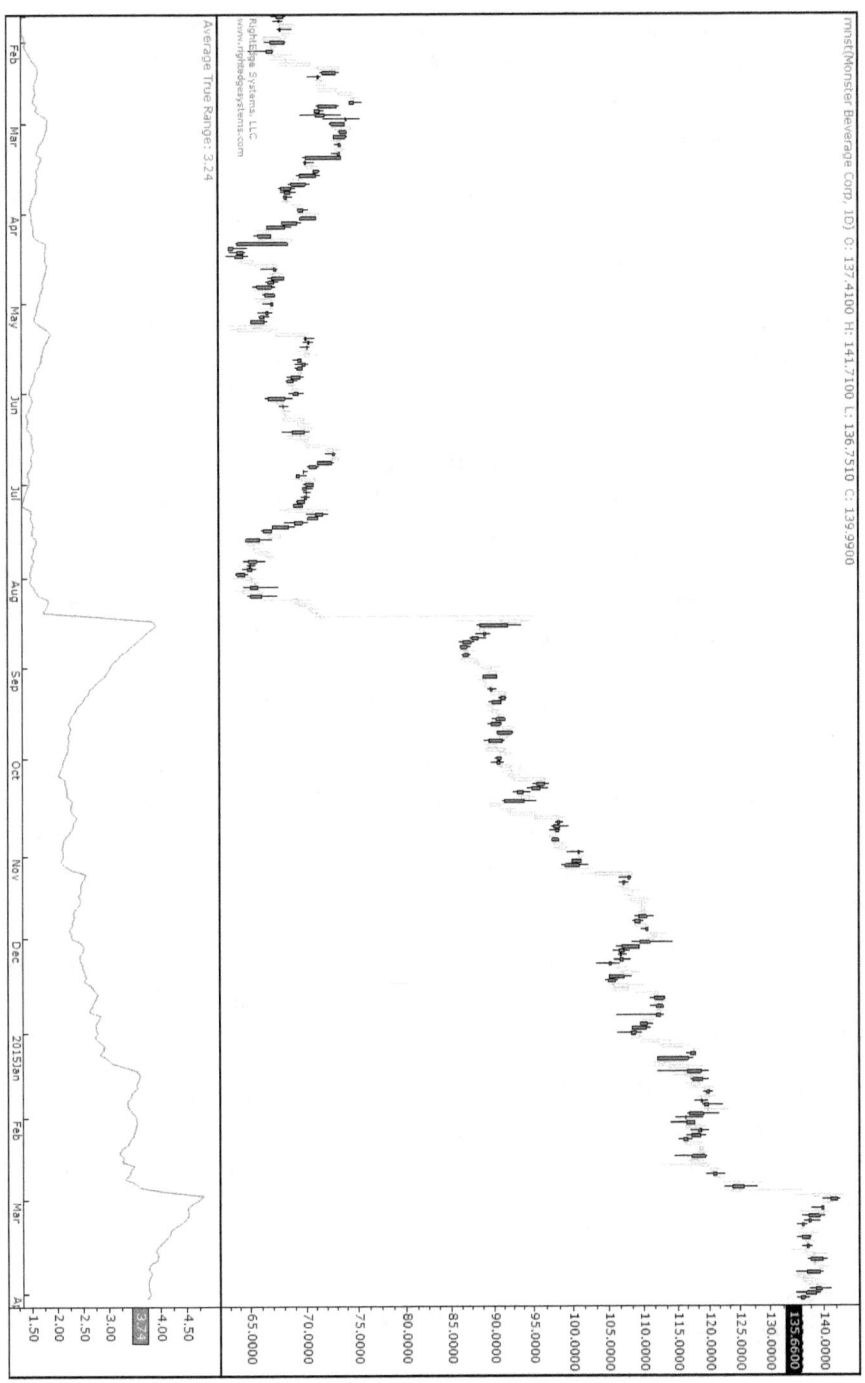

Figura 8-1 Monster Beverage, con ATR de 20 días

Como este valor concreto tiende a moverse en un rango de 3,26 dólares por día, entonces necesitamos dividir nuestro objetivo de movimiento diario entre el movimiento diario de Monster Bevarage. Si divides 100 entre 3,26 obtienes 30,67. Redondeamos hacia abajo y compramos 30 acciones.

El precio actual es de 118,93, así que comprar 30 acciones costará 3.567,90 dólares. Eso supone que el peso de esta posición en la cartera será 3.567,90 dividido entre 100.000, que por supuesto es 3,57%.

Recuerda siempre que cuando asignamos el tamaño de una posición, estamos asignando riesgo, no dinero. Miramos la volatilidad del valor y establecemos el tamaño basándonos en eso. Deja que el dinero vaya a donde tiene que ir.

Reequilibrio de posiciones

Este es un asunto muy importante. Si procedes del mundo institucional pensarás que es tan obvio que ni siquiera debería comentarlo, y menos aún dedicarle una sección propia. Después de todo, esto es algo que la mayoría de la gente en el negocio hace regular y puntualmente a determinados intervalos. Naturalmente que necesitas reequilibrar, o terminas desequilibrado.

Pero si no has trabajado en la gestión de activos institucional, esto quizás sea una novedad que potencialmente puede suponer un gran efecto en tus resultados a largo plazo. El reequilibrio de una cartera se refiere a cómo cambiar el tamaño de la posición a lo largo del tiempo. No, no me refiero a duplicar el tamaño de una posición exitosa ni a doblarlo cuando pierdes. Este tipo de actividades son apuestas, esencialmente. Reequilibrar se refiere a cambiar el tamaño de la posición para recuperar el que definiste en primer lugar.

¿Recuerdas que en la anterior sección expliqué que cuando calculas una posición estás asignando riesgo y no dinero? Pues bien, el riesgo cambia con el tiempo. No es un factor muy estático.

Para comprender de verdad el reequilibrio tienes que entender completamente el cálculo de la posición basado en la volatilidad. Aunque hay variaciones diferentes sobre este concepto, vamos a usar la fórmula basada en el ATR presentada antes, ya que cumple bien esa función y es muy fácil de implementar sin necesidad de utilizar herramientas costosas.

Sin embargo hay un problema evidente, algo que demasiada gente pasa por alto. Los lectores observadores habrán detectado el problema en la Figura 8-1. ¿Lo ves?

El problema evidente es que la volatilidad no es estacionaria. En Monster Beverage el ATR se mueve alrededor de 1,5 dólares durante casi todo 2014, pero de repente pega un salto hasta 3,8 en agosto. Después cae en busca de los 2 dólares para subir lentamente hasta un poco más de 3.

Si hubiéramos comprado las acciones en julio de 2014, habríamos calculado un tamaño muy diferente que en el comienzo de 2015. Utilizando los datos de julio de 2014 con la misma cartera inicial habríamos obtenido el siguiente cálculo.

$$\frac{100.000 * 0,001}{1,56} = 64 \; acciones$$

Sí, habríamos comprado más del doble de acciones en julio de 2014. El riesgo inicial teórico habría sido prácticamente el mismo. Pero según se mueve el precio de la acción, nuestro riesgo cambia drásticamente. Si mantenemos estas acciones hasta principios de 2015, habremos doblado el nivel de riesgo que queremos. Estaríamos experimentando un efecto medio diario de más de 20 puntos básicos, pero lo que buscamos son 10.

También hay una variable no estadística en esta ecuación, a saber, el valor total de la cartera. El valor de la cartera no solo está determinado por la evolución de esta posición a lo largo del tiempo, sino también por la evolución de las demás posiciones. Y se pueden añadir las potenciales entradas y salidas de capital en la cartera si estás manejando dinero de otras personas o si añades o retiras fondos propios.

Incluso si nada pasa en tu posición, el riesgo puede cambiar. Si por ejemplo otras posiciones de la cartera tienen un gran éxito y consiguen grandes ganancias, entonces esa posición estática tendrá mucho menos asignación de riesgo de lo que debería. El valor de la cartera ha subido por la evolución de otros valores y ahora resulta que tus cálculos sobre el tamaño de la posición no sirven.

Lo mismo pasa si las otras posiciones experimentan grandes pérdidas. Como puedes ver, el tamaño de la posición tiene que ser contemplado desde un punto de vista dinámico. No se trata de calcular y olvidarse.

Eso significa que tienes que revisar y reequilibrar regularmente el tamaño de tus posiciones. Tienes que cambiar el tamaño de la posición para que pueda mantenerse igual. Para que la asignación de riesgo se mantenga aproximadamente igual, hay que actualizar el número de acciones.

Volviendo al gráfico de Monster de la Figura 8-1, si compramos las acciones en julio, es absolutamente necesario cambiar el tamaño en agosto. En este caso tenemos que vender bastantes acciones. Quizás en este punto alguien pregunte por esa máxima de 'deja correr los beneficios'. Después de todo es una expresión muy extendida que significa que nunca deberías vender una posición ganadora. Bien, en primer lugar, estos mantras no tienen mucha utilidad. La vida real no es tan simple como para reducirla a unas citas con gancho.

En este caso, mantenemos la posición dentro de la cartera, pero permitir que la asignación de riesgo se dispare salvajemente sin ningún control es tan irracional como irresponsable. Los profesionales reequilibran las posiciones por alguna razón.

Es aconsejable reequilibrar todas las posiciones de forma regular. Para estrategias inversoras de largo plazo como las carteras de acciones momentum, una frecuencia bisemanal o mensual es suficiente. Normalmente no hay motivo para hacerlo a diario, ya que incrementaría mucho el volumen de operaciones y los costes de transacción.

Para reducir el volumen de operaciones, puedes establecer un filtro que determine la diferencia que ha de haber entre el objetivo de riesgo y el riesgo actual para que se produzca un reequilibrio. Eso te evita realizar muchas operaciones pequeñas de reequilibrio cada día.

También puedes establecer un reequilibrio inmediato para los valores que han tenido movimientos extraordinarios. En el ejemplo de Monster Beverage ese evento sería el drástico salto en el precio a mediados de agosto de 2014, como se ve en la Figura 8-1.

9
Cuándo vender

Seguro que te estás preguntado por la lógica del stop loss, o stop de pérdidas. En qué se basa, a qué distancia se sitúa, si la orden de stop loss se coloca en el mercado o se envía según los precios de cierre.

Pues disculpa si te decepciono. Aquí no hay stop de pérdidas.

Hay algunos tipos de estrategia de trading que necesitan el uso de órdenes stop loss, mientras que otras no. Las carteras de acciones momentum no las necesitan. De hecho, lo más probable es que aplicar la lógica del stop loss para este tipo de estrategia tenga efectos adversos. Hay mejores maneras de decidir cuándo deshacerse de un valor.

Los seguidores de tendencia normalmente utilizan un trailing stop. Esto significa que se mantienen en la posición mientras el precio no baje a una determinada distancia. Este método es válido para cierto tipo de estrategias. Siempre ten presente la lógica subyacente de las cosas. Una trampa muy común es caer en viejos y gastados mantras sobre cómo dejar correr los beneficios, cortar las pérdidas, dejar que la tendencia sea tu amiga hasta que se tuerce y cosas así. No te quedes atascado en esos mantras. Unas veces esos dichos pueden ser verdad y otras no. Lo que hay que hacer es aplicar el sentido común y el pensamiento crítico, no viejas citas sacadas de contexto. Me puedes citar en esto.

Si conformamos una cartera basada en el concepto de clasificación presentado en el capítulo 7 y después empleamos una lógica de trailing stop nos vamos a encontrar con un problema muy evidente. Un valor podría mantenerse lateral para siempre y nosotros seguiríamos manteniéndolo. Dado el problema que supone la limitación de liquidez cuando operamos con acciones, esa es una preocupación importante.

Incluso si el valor sigue subiendo, es posible que haya otros valores subiendo mucho más. Un trailing stop no va a echar este valor de la cartera solo porque tiene un rendimiento inferior al del resto. Después de un tiempo, acabaríamos con una vieja y rancia cartera de valores de bajo rendimiento.

Recuerda cómo hemos construido juntos la cartera. Está basada en los valores con mejor comportamiento del universo que cubrimos. ¿Acaso no tendría mucho más sentido aplicar la misma lógica para el criterio de salida?

Esto nos lleva a un tema muy importante, el reequilibrio de cartera.

Reequilibrio de cartera

En los capítulos anteriores describí la importancia del reequilibrio de posiciones. Esto conlleva recalcular el tamaño de todas las posiciones y asegurarse de que aún conservan la misma asignación de riesgo que tenían cuando se iniciaron. Según cambia la volatilidad, hay que ajustar regularmente el tamaño de la posición para ajustar el riesgo.

En el nivel de cartera hay una tarea similar que realizar de forma regular. Esto incluye verificar si los valores que mantienes siguen cumpliendo los criterios necesarios para continuar en la cartera.

Recuerda las tablas de clasificación que examinamos en el capítulo 7. Esas tablas muestran los valores líderes en cada momento, según el concepto descrito entonces de pendiente ajustada. Al ordenar los valores en función de esa pendiente, se obtiene una clasificación para cada uno, el mejor en primer lugar y aumentando el número a medida que la pendiente empeora.

El lugar en la clasificación para un valor dado variará día a día, así que una vez que hemos comprado unas acciones tenemos que darles un pequeño margen. Si por ejemplo tenemos una cartera de unos 20 valores y establecemos que un valor debe permanecer entre los 30 mejores para mantenerlo, estaríamos realizando demasiada actividad de trading y venderíamos acciones pese a contar con un momentum perfecto.

Podríamos sin embargo decir, cuando hacemos el reequilibrio de cartera, que para mantener un valor debe estar entre el 20% superior en el S&P 500, o en el que sea tu universo de inversión.

El punto de corte exacto puede variar. Si cuentas con un universo de acciones amplio, el S&P 1500 por ejemplo, puedes poner un punto de corte más bajo. Podrías requerir que el valor esté en el 10% superior, o incluso en el 5%. Se trata de lógica. En vez de tener un nivel de stop loss, mantenemos el valor mientras permanezca como uno de los más fuertes disponibles.

¿Pero qué pasa si todos los valores están bajando? Esa es una preocupación real, así que necesitamos otro criterio más. Un seguro. Vamos a hacerlo muy sencillo y simplemente vamos a agregar un indicador de tendencia.

Vamos a vender los valores de nuestra cartera que no sigan en el 20% superior de nuestro universo de inversión o cuyo precio esté por debajo de su media móvil de 100 días.

Esos criterios de salida tan sencillos son sin embargo suficientes y funcionan muy bien. No hay necesidad de trailing stops ni de nada similar.

La segunda tarea en el reequilibrio de cartera es resolver qué hacemos con la liquidez después de vender un valor. Si un valor ha salido del top 20% o ha caído por debajo de la media móvil de 100 días, lo vendemos y nos quedamos con un montón de efectivo. ¿Y ahora qué?

Simplemente repetimos el ciclo. Primero verificamos el filtro del régimen de mercado. ¿Está el índice por encima de su media móvil de 200 días? Si no lo está, no se puede comprar. Eso significa que disponemos de un mecanismo automático para reducir nuestra exposición. Esta parte es clave en toda la estrategia. Si el índice cae por debajo de su filtro de tendencia, no reemplazamos los valores que vendemos. No vendemos solo porque el índice esté bajista, pero si lo está tampoco compramos nuevos valores. Eso resulta en una lenta y ordenada reducción de la exposición.

Si el nivel del índice está en verde, entonces verificamos la lista de nuevo. Hacemos una nueva tabla con las mejores acciones momentum utilizando el concepto de pendiente ajustada que vimos en el capítulo 7. Finalmente seleccionamos los valores más altos en la clasificación que no tengamos aún, hasta que nos quedamos sin dinero.

No se necesitan decisiones discrecionales. Nunca tendrás que parar y preguntarte qué hacer. Las reglas son muy claras, eso a largo plazo ayuda.

El reequilibrio de cartera debería realizarse con más frecuencia que el reequilibrio de posiciones. Por ejemplo, podrías efectuar el reequilibrio de cartera cada semana, buscando valores para vender y reemplazar, mientras que el reequilibrio del tamaño de la posición se puede hacer una o dos veces al mes.

10

Una estrategia momentum completa

Ahora que ya hemos hablado de las piezas necesarias en las que se asienta una estrategia real, estamos en condiciones de definir una serie de reglas consistentes. Contar con reglas rígidas de trading proporciona grandes ventajas. Siempre vas a tener un curso de acción. Tus decisiones nunca se van a basar en la aleatoriedad o en el humor que tengas ese día. En caso de agotamiento del mercado, tendrás un plan preparado que sabes que ha funcionado en el pasado.

Cuando tienes un conjunto de reglas consistentes puedes vivir mucho más tranquilo. Es mucho más fácil tener confianza en tu metodología de trading si sabes que esas reglas exactas han sido probadas y verificadas y han funcionado muy bien en el pasado. No tendrás que revisar tus valores cada día y no tendrás que tomar decisiones bajo presión.

Utilizando los fundamentos descritos anteriormente, vamos a crear una estrategia completa con reglas exactas sobre cómo operar. Una vez que cuentas con reglas firmes puedes verlas como una lista para verificar manualmente a intervalos determinados o puedes ir un paso más allá y automatizar todo el proceso.

Al tener esas reglas también puedes construir una simulación apropiada y verificar su funcionamiento en el pasado. Eso añadirá confianza y te dará una expectativa razonable sobre los resultados que vas a obtener. Es importante entender qué perfil de rendimiento puedes esperar, tanto en los tiempos buenos como en los malos.

En la estrategia que voy a describir en este capítulo voy a utilizar algunos parámetros exactos. Voy a utilizar un número determinado de días para calcular la volatilidad y el momentum, así como otros factores. No te centres demasiado en los números que he elegido. Una estrategia de trading consistente no debe ser muy sensible a esos números. Los números que utilizo aquí tienen sentido, pero también lo tienen otros números. La clave es el concepto. No pierdas esto de vista. Si esta estrategia solo funcionara con esos parámetros exactos no tendría ninguna utilidad. Ofrezco este escenario como un punto de partida, pero te animo a experimentar con valores diferentes.

Las reglas exactas de trading

Sí, he usado este título para ayudar a los que se han saltado la lectura anterior y buscan solamente las reglas de trading. Aquí es donde hago la lista de las reglas.

- Opera solamente los miércoles.

Aquí estamos trabajando con un método de largo plazo para batir al mercado de acciones. Un punto importante de una estrategia así es evitar actuar demasiado rápido. Para reducir tanto la carga de trabajo como la frecuencia de las operaciones, solo vamos a buscar las señales una vez a la semana. No importa si un valor se hunde un 20% en un día, si no es el día en el que se supone que tenemos que operar no hacemos nada. Fíjate que esto no significa que trabajemos con datos semanales. Todos los cálculos los hacemos con datos diarios. Simplemente no operamos salvo que sea miércoles. ¿Por qué los miércoles? Porque se da la circunstancia de que el miércoles tiene un 20 por ciento de posibilidades de ser el mejor día de la semana para operar. Sí, es completamente arbitrario. Elige un día. No importa.

- Clasifica todos los valores en función del momentum ajustado a la volatilidad.

Ordena todas las acciones del índice S&P 500 según el momentum. Utilizaremos una pendiente de regresión exponencial anualizada, calculada sobre los 90 días anteriores y multiplicada por el coeficiente de determinación (R^2) para ese mismo periodo. Eso nos proporciona una medida del momentum ajustado a la volatilidad.

Recuerda que si un valor está por debajo de su media móvil de 100 días o tiene un gap reciente superior al 15% queda descalificado.

- Calcula el tamaño de la posición, basada en 10 puntos básicos.

Calcula el tamaño de la posición mediante una sencilla fórmula basada en el ATR, con el objetivo de movimiento diario de 10 puntos básicos. La fórmula para calcular el número de acciones es *ValorCartera * 0,001 / ATR$_{20}$*.

- Verifica el filtro del índice.

Solo está permitido abrir una nueva posición si el índice S&P 500 está por encima de su media móvil de 200 días. Si está por debajo no están permitidas nuevas compras.

- Construye la cartera inicial.

Comienza por arriba en tu lista de clasificación. Si el primer valor no está descalificado por operar por debajo de su media móvil de 100 días o por tener un gap de más de un 15%, entonces cómpralo y sigue con el siguiente. Compra desde arriba hasta que te quedes sin liquidez.

- Reequilibra tu cartera todos los miércoles.

Una vez a la semana verificamos si se necesita vender algún valor. Si un valor ya no está en el 20% superior del S&P 500 según nuestra clasificación, lo vendemos. Si su precio está por debajo de su media móvil de 100 días, lo vendemos. Si ha tenido un gap de más de un 15%, lo vendemos. Si ha abandonado el índice, lo vendemos.

Si tenemos liquidez disponible buscamos otros valores para comprar. Si se ha vendido algún valor hay efectivo disponible. Para comprar los valores de reemplazo se sigue la misma lógica que antes. Solo se compra si el índice está en tendencia positiva. Se compra desde lo alto de la lista de clasificación si el valor está en el 20% superior, si tiene una tendencia positiva y si no tiene grandes gaps. Mientras el índice esté en tendencia positiva, simplemente compramos nuevos valores desde lo alto de la lista hasta que nos quedemos sin dinero otra vez.

- Reequilibra tus posiciones cada dos miércoles.

Dos veces al mes reseteamos el tamaño de las posiciones. Como ya se ha explicado, una estrategia de largo plazo necesita contar con un reequilibrio del tamaño de las posiciones para evitar terminar con un riesgo completamente aleatorio. Revisa cada posición de tu cartera, compara el tamaño de la posición con el objetivo. El objetivo se calcula según la misma fórmula que usaste para abrir la posición, pero naturalmente con el tamaño de la cartera y el ATR actualizados.

Si la diferencia es pequeña, no hay que reequilibrar por reequilibrar. Este procedimiento está para asegurarse de que el riesgo de la posición no se descontrola. Si hay alguna desviación significativa, ajusta el tamaño de la posición al objetivo.

Pues eso es todo. Espera, vamos a echarle otro vistazo.

Eso es, solo necesitas chequear los mercados una vez a la semana. Elegí el miércoles completamente al azar, así que no me escribas preguntando si algún ciclo de la luna hace que el miércoles sea el mejor día. Elige el que tu prefieras.

Por lo tanto solo miramos el mercado los miércoles. Todas las semanas lo primero que verificamos es si tenemos que vender alguna posición. Si una posición ya no cualifica, se vende. Entonces, si nos queda efectivo disponible y el índice está en tendencia positiva, compramos valores. Empezamos por arriba de la lista de clasificación y compramos hasta que nos quedamos sin dinero.

Cada dos miércoles tenemos una tarea adicional. Comparar el objetivo del tamaño de las posiciones con el tamaño real, y reequilibrar en caso necesario.

Es una lista de control fácil, ¿verdad? Claro que sí, pero vamos a hacerla más fácil aún. Simplemente, imprime el diagrama de la Figura 10-1.

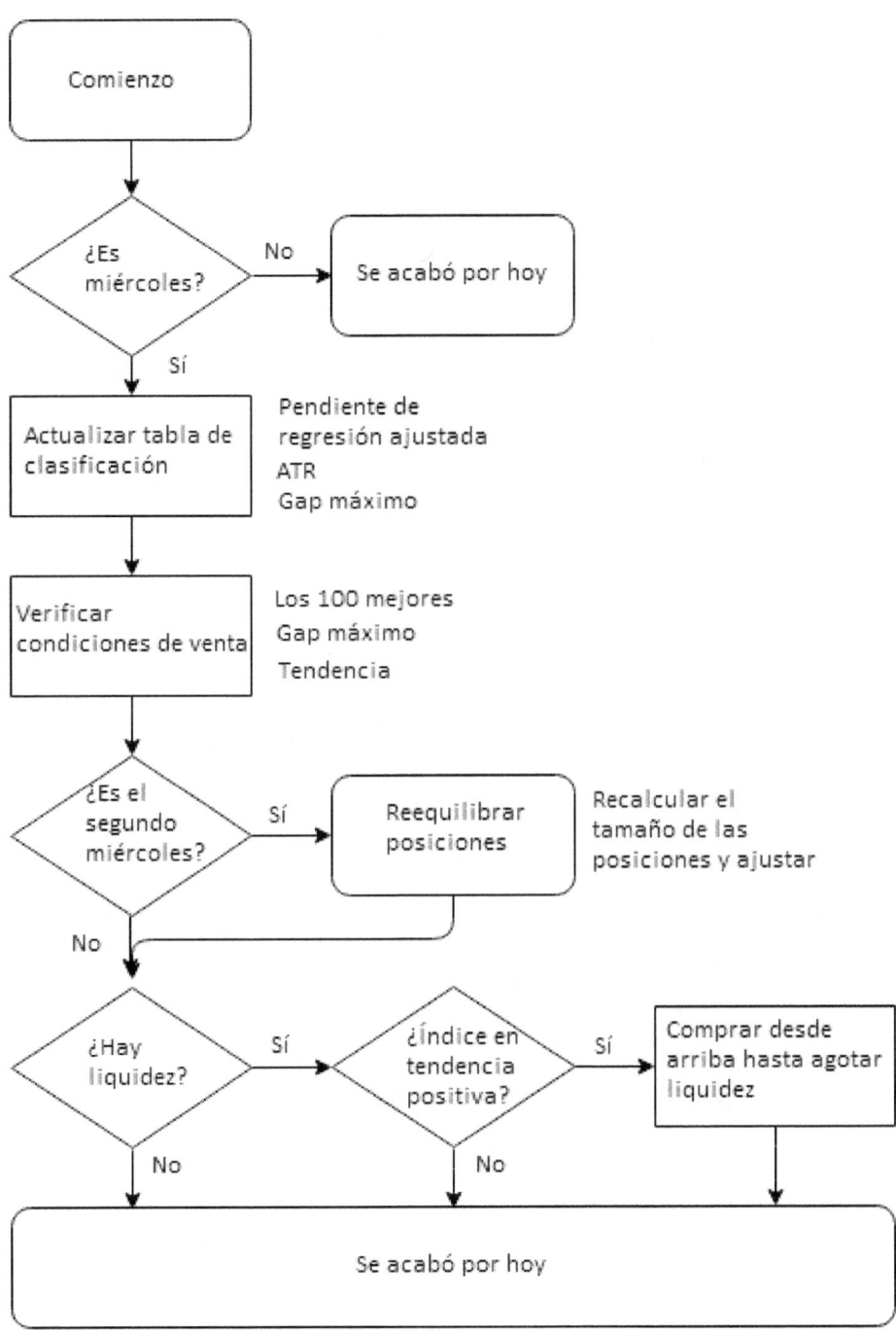

Figura 10-1 Diagrama de flujo las reglas de trading

11

Operando con la estrategia

Es posible que hasta ahora toda esta estrategia momentum te parezca un poco teórica. Quizás ayude si echamos un vistazo al lado práctico para ver cómo se implementaría en realidad. Vamos a revisar también algunos gráficos para ver dónde habríamos comprado y vendido las acciones.

La cartera inicial

El día en que ponemos en marcha la estrategia, nos tiramos al agua de cabeza directamente. No hay compras graduales. Si el régimen de mercado es positivo, es decir, si el índice está por encima de la media móvil de 200 días, compramos valores hasta que nos quedamos sin liquidez.

Está claro que la primera tarea es asegurarse de que el S&P 500 está por encima de la media móvil. Esta parte es fácil. Cualquier programa de gráficos te lo resuelve, o si quieres lo puedes hacer en Excel solamente comparando la media de los anteriores 200 precios del índice con el precio actual. Si el índice está por debajo de la media móvil, no compramos nada. Esperamos tranquilamente a que regrese a terreno positivo.

Ahora hay que calcular los parámetros relevantes que vimos en los capítulos anteriores y componer una pequeña tabla de clasificación ordenada. Hacer esto manualmente para un solo valor es bastante fácil, pero necesitamos hacerlo con cientos de valores. Para algunos lectores hacer esto es pan comido, mientras que otros no tienen ni idea de por dónde empezar.

Lo que tienes que conseguir es algo parecido a la Tabla 11-1. Por supuesto que los datos de esta tabla no estarán actualizados en el momento en el que leas esto. Esta tabla es el núcleo de la estrategia. Es una tabla muy importante, así que vamos a repasar las columnas esenciales.

La columna de la pendiente es probablemente la más importante. En función de esa columna se ordena la tabla y es la que determina la prioridad de nuestras compras. La columna de la pendiente muestra la pendiente ajustada a la volatilidad, como se explicó en el capítulo 7. En resumen, este número es simplemente una medida del momentum de un valor ajustado a la volatilidad. Cuanto más alto es el número, mejor ha sido la evolución ajustada al riesgo. Nuestro objetivo es comprar una cartera con los números más altos posible.

Aunque un valor tenga una posición muy alta es posible que pueda quedar descalificado. Hay dos columnas que tenemos que verificar para saber si nos está permitido comprar o no un valor. La columna de la tendencia nos dice si el valor está o no por encima de su media móvil de 100 días. Si no lo está, no lo compramos. Es inusual que un valor tenga una posición muy alta y aun así esté por debajo de su media, pero puede ocurrir. Es una manera de asegurarnos de que evitamos situaciones extrañas.

Seguidamente está el máximo hueco o gap. No buscamos valores que de repente den un salto del 40 por ciento porque surge un rumor sobre una oferta de adquisición. Buscamos mercados alcistas ordenados, valores que suben de manera controlada. Hay que aceptar algunos gaps, pero no vamos a apuntarnos a situaciones raras en las que un único gap enorme hace que el valor salte a lo alto de la tabla de clasificación. El máximo gap que vamos a permitir para los últimos 90 días es del 15%. Eso supone que el primero en esta tabla concreta, Hospira, queda descalificado. Ha tenido un gap reciente del 26%, así que no tomamos en consideración ese valor.

La siguiente columna es el ATR, o Average True Range, el rango medio verdadero. Este número nos dice, en dólares, cuánto tiende a moverse un valor hacia arriba o hacia abajo en un día medio. Utilizaremos esto para definir el tamaño de la posición. Recuerda que nuestro objetivo es una cartera con paridad de riesgo, en la que cada valor tiene el mismo efecto teórico sobre el conjunto de la cartera.

La columna Objetivo% es nueva. El resto de datos ya han sido explicados, pero este no. Al menos no directamente. Es útil contar con este dato en una tabla de clasificación. Te dice el objetivo de ponderación, el peso que debe tener un valor en particular en la cartera. Se calcula fácilmente a partir de la columna ATR.

Como Hospira ha tenido un gap grande, pasamos de ese valor. Compramos Mallinckrodt para empezar y calculamos cuántas acciones necesitamos.

Estamos usando un factor de riesgo de 10 puntos básicos. Esto significa que nos gustaría que cada valor tuviera un efecto medio diario de pérdida o de ganancia en la cartera del 0,1%. Pongamos que comenzamos con una cuenta de 100.000 dólares. En este caso, queremos que cada valor se mueva alrededor de 100 dólares diarios de media.

Mallinckrodt tiene un ATR de 3,69, de acuerdo con la tabla, o sea, que cada acción ha tenido de media movimientos diarios por esa cantidad en el pasado reciente. Como cada acción se mueve unos 3,69 dólares diarios y queremos un efecto de 100 dólares, tendremos que comprar 27 acciones. Si multiplicamos 27 por 3,69 nos acercamos bastante a 100.

El precio de la acción en el momento en el que se hizo esta tabla estaba en unos 126 dólares. Si multiplicamos 126 por nuestras 27 acciones tendremos una exposición de 3.414 dólares. Si se divide esa cantidad entre el valor de la cartera, 100.000 dólares, tenemos un peso o ponderación para esta posición del 3,4%.

Ahora vamos con el siguiente valor de la tabla, y seguimos comprando hasta que nos quedamos sin dinero.

Tabla 11-1 Tabla de clasificación

Rank	Nombre	Pend.	ATR	Máx Gap	Tend.	Objet.%	Ticker
1	Hospira Inc	279,2	0,64	26,0	1	13,7	HSP
2	Mallinckrodt Plc	198,9	3,69	6,9	1	3,4	MNK
3	Biogen Idec Inc	168,7	13,44	9,4	1	3,4	BIIB
4	Avago Technologies	164,1	3,48	11,2	1	3,9	AVGO
5	Urban Outfitters Inc	157,9	1,20	9,2	1	3,9	URBN
6	Boston Scientific	149,2	0,48	11,1	1	3,7	BSX
7	Electronic Arts Inc	145,5	1,36	11,5	1	4,3	EA
8	Kohl's Corp	134,7	1,28	5,9	1	5,9	KSS
9	Kroger Co	129,0	1,27	6,3	1	6,1	KR
10	Vulcan Materiales Co	123,1	1,51	4,5	1	5,7	VMC
11	Constellation Brands	110,5	2,04	4,3	1	5,8	STZ
12	Netflix Inc	105,3	11,7	15,0	1	3,7	NFLX
13	Harman Int	97,8	3,69	19,2	1	3,7	HAR
14	Newmont Mining	94,8	0,81	8,6	1	2,8	NEM
15	Monster Beverage	94,5	3,77	11,5	1	3,7	MNST
16	Dollar Tree Inc	93,8	1,42	4,9	1	5,8	DLTR
17	Laboratory Corp	93,2	2,17	3,3	1	5,9	LH
18	Mohawk Industries	90,9	3,77	6,2	1	4,8	MHK
20	Cigna Corp	84,7	2,36	4,9	1	5,5	CI
21	International Flavors	80,6	2,16	6,8	1	5,6	IFF
23	Aetna Inc	78,7	1,87	3,3	1	5,8	AET

24	Lowe's Companies	78,6	1,31	6,0	1	5,8	LOW
25	UnitedHealth Group	78,6	2,19	4,6	1	5,4	UNH
26	Humana Inc	78,4	3,77	5,1	1	4,8	HUM
27	Starbucks Corp	78,1	1,70	6,0	1	5,7	SBUX
28	Valero Energy Corp	77,3	1,66	5,3	1	3,7	VLO
29	Home Depot Inc	75,4	2,01	4,1	1	5,8	HD
30	Boeing Co	74,6	2,56	5,6	1	5,9	BA
31	Sherwin-Williams	73,8	4,24	3,0	1	6,8	SHW
32	AmerisourceBergen	71,7	1,80	3,6	1	6,3	ABC
33	Equifax Inc	71,6	1,06	7,8	1	8,7	EFX
34	Coach Inc	70,9	0,88	6,3	1	4,8	COH
35	L Brands Inc	70,7	1,68	5,1	1	5,6	LB
36	Ross Stores Inc	70,6	2,01	6,6	1	5,3	ROST
37	General Motors Co	70,5	0,74	5,1	1	5,1	GM
37	General Motors Co	70,5	0,74	5,1	1	5,1	GM
38	Cognizant Tech	69,8	1,06	4,8	1	5,9	CTSH
40	Walt Disney Co	69,0	1,74	7,2	1	6,2	DIS

El gráfico de operaciones de la Figura 11-1 muestra cómo se realiza una operación. Las líneas que se ven en la figura no son indicadores técnicos tradicionales, sino más bien medidas específicas para este modelo momentum que pienso que son útiles de visualizar.

En lo alto de la figura se ve el gráfico de precios del valor, Urban Outfitters. Aparece dibujada encima la media móvil de los cien días, que muestra que el valor está en una tendencia positiva. El segundo panel del gráfico, justo debajo, muestra el índice S&P 500 con una media móvil de 200 días. Claramente muestra que en este momento el índice está también en terreno positivo, por encima de la media móvil.

Después viene la pendiente momentum ajustada al riesgo. Este análisis se explica en el capítulo 7. Le sigue el ATR, que muestra cómo cambia la volatilidad del valor con el tiempo, lo que nos obliga a cambiar continuamente el tamaño de la posición para mantener el riesgo a raya.

La clasificación momentum del siguiente panel nos dice en qué posición se sitúa este valor comparado con el resto de valores del índice. Es decir, si ordenas todos los valores en función de la pendiente momentum ajustada al riesgo como hicimos en la Tabla 11-1, este indicador nos dice en qué lugar de la tabla aparece este valor en particular. Un número bajo supone un momentum ajustado al riesgo elevado comparado con todos los demás.

El indicador sobre pertenencia al índice es 1 si el valor forma parte del índice en cuestión en este momento o 0 si no está. Es absolutamente crucial tener en cuenta la composición histórica del índice. Es necesario tener una restricción formal sobre los valores que son parte de tu universo y los que no. La manera más fácil de hacer una simulación fabulosa en apariencia pero absolutamente inútil en sus resultados es asumir que hace diez años operabas con los valores que pertenecen al índice actualmente.

Si un valor no forma parte del índice no lo compramos. Si deja el índice, lo vendemos.

Finalmente, el último panel del gráfico muestra el gap máximo del valor en los 90 días anteriores. Mientras esté por debajo del 15% todo va bien.

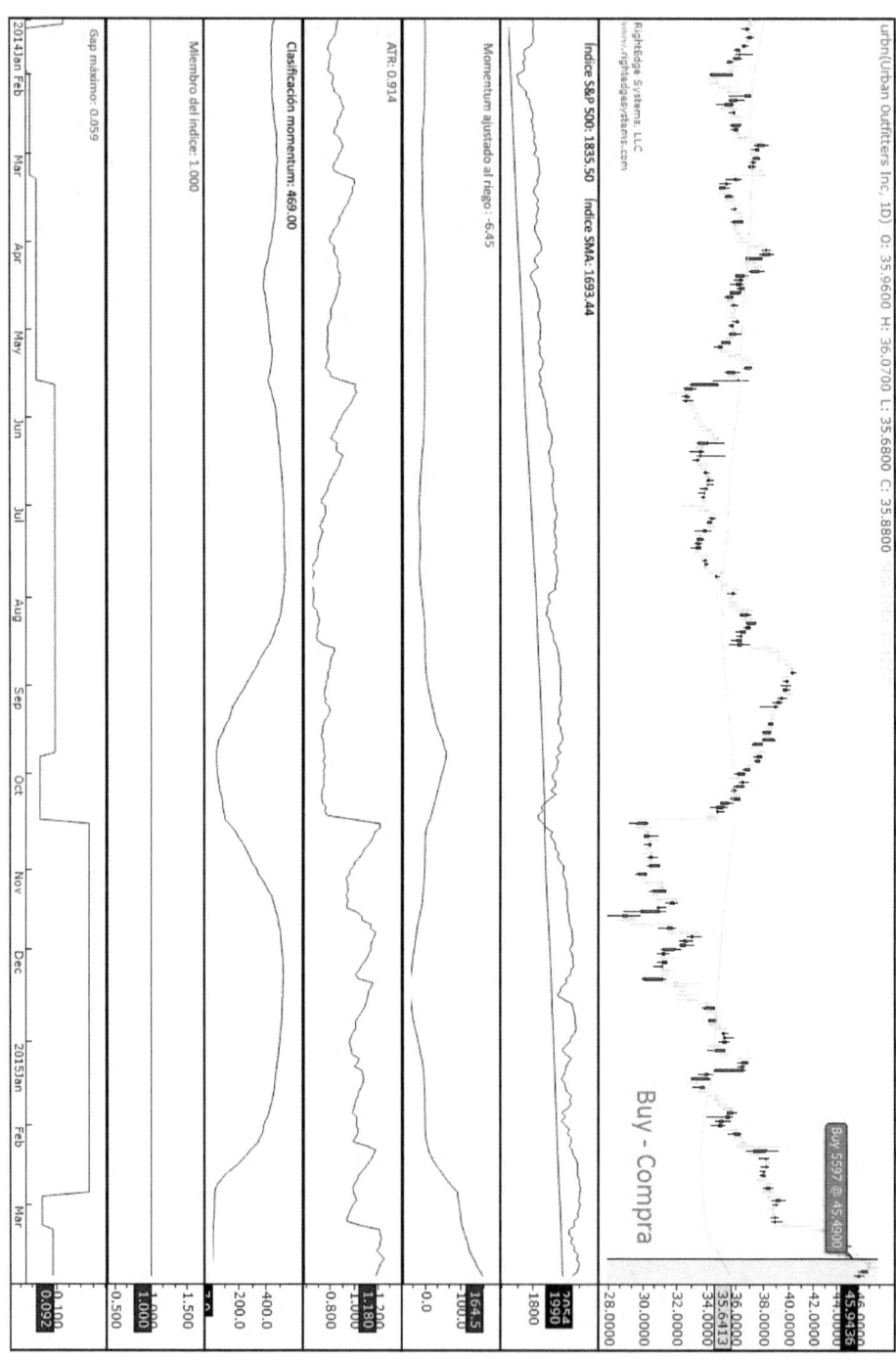

Figura 11-1 Gráfico de operaciones: Compra de Urban Outfitters

Como se puede ver, compramos Urban Outfitters en marzo de 2015, después de una fuerte subida. Fíjate cómo las series de momentum ajustado al riesgo empezaron a subir, haciendo avanzar el valor en la lista de clasificación. Al comienzo del año, el valor estaba clasificado por encima del 400, lo que supone que su evolución era horrible. Entonces comenzó a despegar escalando rápidamente en la tabla hasta que finalmente lo compramos.

Así es como se construye la cartera inicial. Simplemente se compra desde lo alto, mientras el valor pase los filtros. Pero el trabajo no se ha terminado. Ahora hay que hacer las tareas regulares de reequilibrio para asegurarnos de que siempre tenemos la composición de la cartera alineada con nuestro objetivo.

Reequilibrio de posiciones

Dos veces al mes, cada dos semanas, reequilibramos el tamaño de las posiciones. Es una cuestión de gustos si prefieres hacerlo más a menudo o un poco más espaciado. Si lo haces con más frecuencia el riesgo está más ajustado, pero al mismo tiempo se incurre en costes mayores. Cada dos semanas es un buen punto de compromiso.

El propósito del reequilibrio de posiciones es mantener el riesgo a raya. La volatilidad de las acciones cambia con el tiempo y como queremos una cartera con paridad de riesgo tenemos que ir ajustando el tamaño de la operación para que se mantenga en nuestro objetivo de riesgo para cada valor.

Hacer solo una compra y una venta por cada posición es una idea desfasada. Así no se maneja una cartera. Puede parecer que todas estas operaciones de reequilibrio hacen el gráfico más confuso, pero en realidad tienen todo el sentido.

Lo primero es hacer una tabla de clasificación actualizada, como la Tabla 11-1. Así ves el objetivo de ponderación de cada valor. A continuación compara ese objetivo con el peso real que tiene el valor y haces los ajustes necesarios.

En la Figura 11-2 puedes ver las operaciones realizadas para la estrategia momentum en Java durante los años 1999 y 2000. La compra inicial se realizó en septiembre de 1999, fueron 387 acciones que se incorporaron a la cartera. Según subía la volatilidad, como se ve en el panel del ATR, se iba vendiendo una pequeña parte de las acciones cada vez que se realizaba un reequilibrio de posiciones. Estas ventas no tienen nada que ver con el análisis del mercado. No vendemos porque pensemos que el precio de la acción podría bajar y tampoco vendemos para hacer caja con los beneficios ni nada parecido. Vendemos porque queremos mantener el riesgo inicial. Si no vendiéramos algunas acciones acumularíamos más riesgo del que intentamos asumir.

Es importante entender este punto. Si no hacemos nada nuestra posición cambia. Tenemos que actuar para mantener nuestra posición. Eso puede significar comprar o vender acciones, pero no tiene nada que ver con el análisis del mercado.

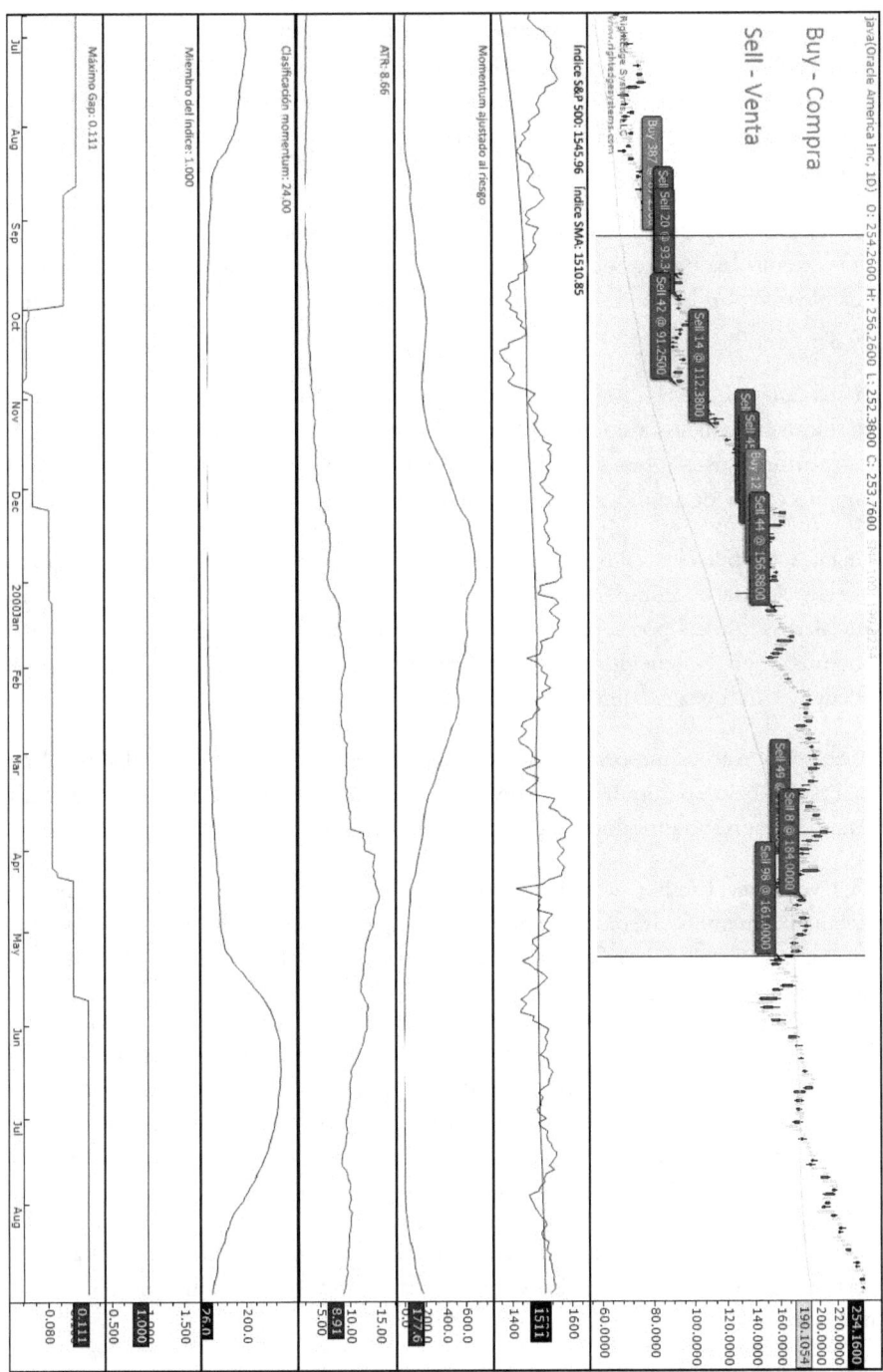

Figura 11-2 Gráfico de operaciones: Oracle

Reequilibrio de cartera

El reequilibrio de cartera se hace cada semana. Se trata de salir de las posiciones que ya no cumplen con los criterios y comprar otras nuevas. Por supuesto, si el índice no está por encima de su media móvil de largo plazo no sustituimos los valores, para reducir el riesgo total de la cartera.

De nuevo empiezas haciendo una tabla de clasificación actualizada. Empieza examinando los valores en cartera. Si algún valor tiene tendencia negativa, como cuando está por debajo de su media móvil de 100 días, lo vendes. Si algún valor tiene un gap superior al 15%, lo vendes.

Si el valor ya no está entre los 100 primeros en la tabla, lo vendes. Se hace la tabla clasificatoria con los valores del S&P 500, se ordena en función de la pendiente momentum ajustada por volatilidad y se comprueba la situación de ese valor. Si el número es mayor de 100, sale de la cartera.

Una vez vendidos los valores que ya no pertenecen a la cartera puedes comprar otros nuevos. Ya sabes cómo se hace, de la misma manera que elegimos los valores iniciales. Empiezas por la parte alta de la tabla clasificatoria. Si un valor cumple los criterios y no lo tenemos aún en la cartera, lo compramos. Así hasta que nos quedemos otra vez sin dinero.

A no ser, y esto es importante, que el índice esté por debajo de la media móvil. Si está por debajo no compramos nuevos valores. Así se consigue una lenta y gradual salida del mercado de valores durante una fase bajista.

Una vez que el índice asoma otra vez la cabeza por encima de la media móvil, instantáneamente volvemos a comprar y a cargar por completo la cartera. Se hace exactamente igual que con la cartera inicial. Compramos desde lo alto de la lista hasta quedarnos sin liquidez.

El gráfico de operaciones de Gilead en la Figura 11-3 muestra que en primer lugar compramos el valor en mayo de 2005. Después, debido a los cambios en la volatilidad, cambiamos el tamaño de la posición ligeramente durante el verano. Finalmente lo vendimos en agosto. Su clasificación empeoró al final del verano y resultó en la venta de toda la posición.

Al final de ese año, en diciembre, el valor recobró una posición muy alta en la clasificación de momentum. Lo compramos otra vez y lo mantuvimos por unos meses más.

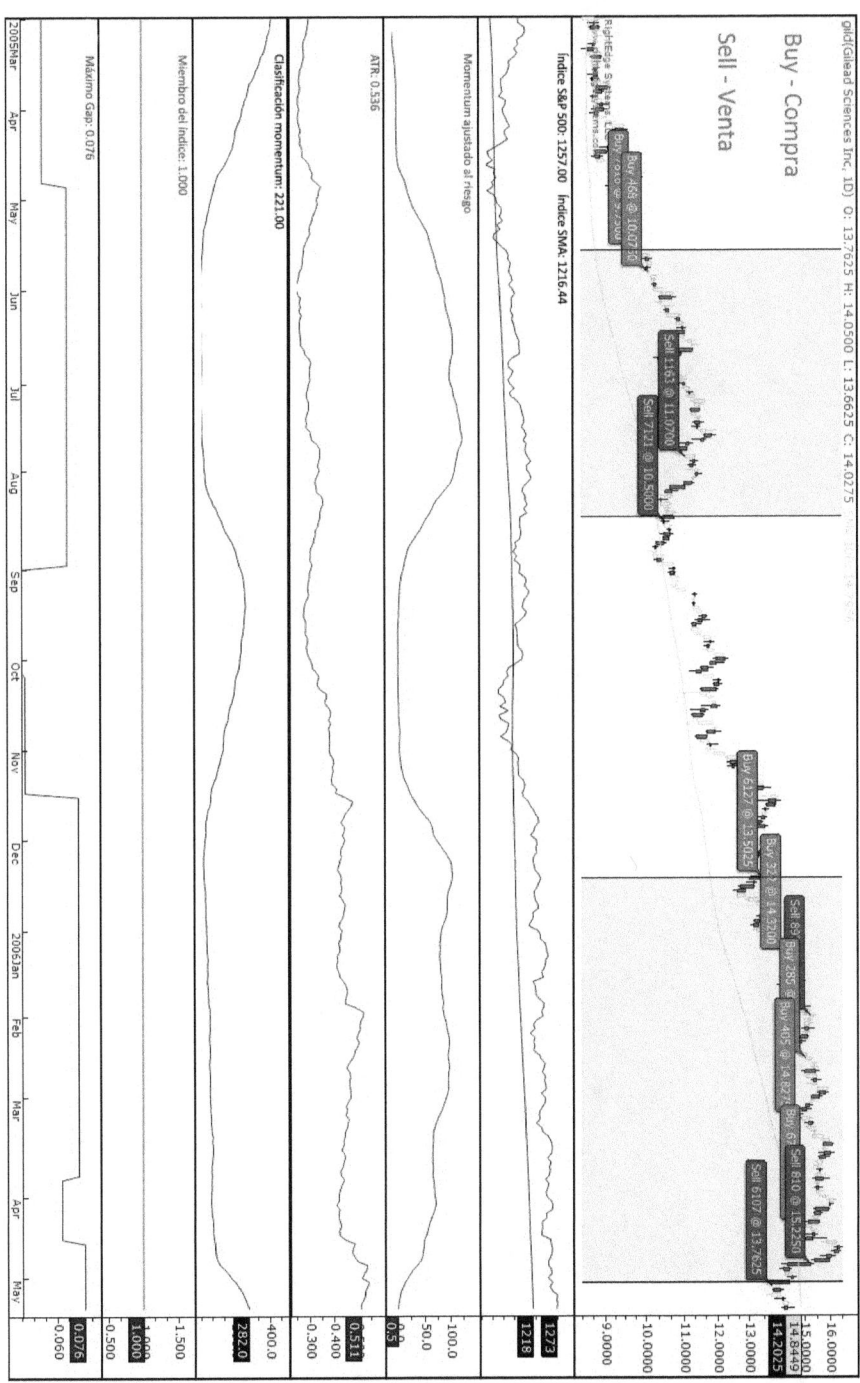

Figura 11-3 Gráfico de operaciones: Gilead

12
Resultado de la estrategia momentum

Ya tenemos completa la estrategia momentum para acciones. Hasta ahora hemos examinado los diferentes componentes de la estrategia, pero aún no hemos visto los resultados reales. Antes de comprobar su evolución histórica, vamos a considerar qué podemos esperar de forma realista.

No es una estrategia con la que puedas esperar un rendimiento estable del 10% anual. Muy pocas estrategias lo hacen. No es una estrategia con la que puedas esperar que todos los años sean positivos. Y ciertamente no es una estrategia a la que puedas pedir que no esté correlacionada con el mercado de acciones. Después de todo estamos comprando acciones. Las estrategias basadas en acciones tienden a parecer muy similares a largo plazo. Unas son mejores y otras peores, pero están correlacionadas.

Lo que sí podemos esperar es un desempeño sólido en mercados alcistas y que pierda menos que el índice en los mercados bajistas. Si conseguimos eso, tendremos retornos muy atractivos a largo plazo.

La primera preguntas es, naturalmente, si estamos o no superando al mercado. Si ganamos dinero pero no batimos al índice, realmente no vale la pena todo este esfuerzo. Un rápido vistazo a la Figura 12-1 debería tranquilizarte a este respecto.

Como este es un gráfico de largo plazo con grandes movimientos porcentuales, un gráfico de precios estándar puede ser un poco engañoso y puede dar fácilmente una impresión exagerada de los resultados. Por tanto, vamos a ver la versión logarítmica del gráfico en la Figura 12-2.

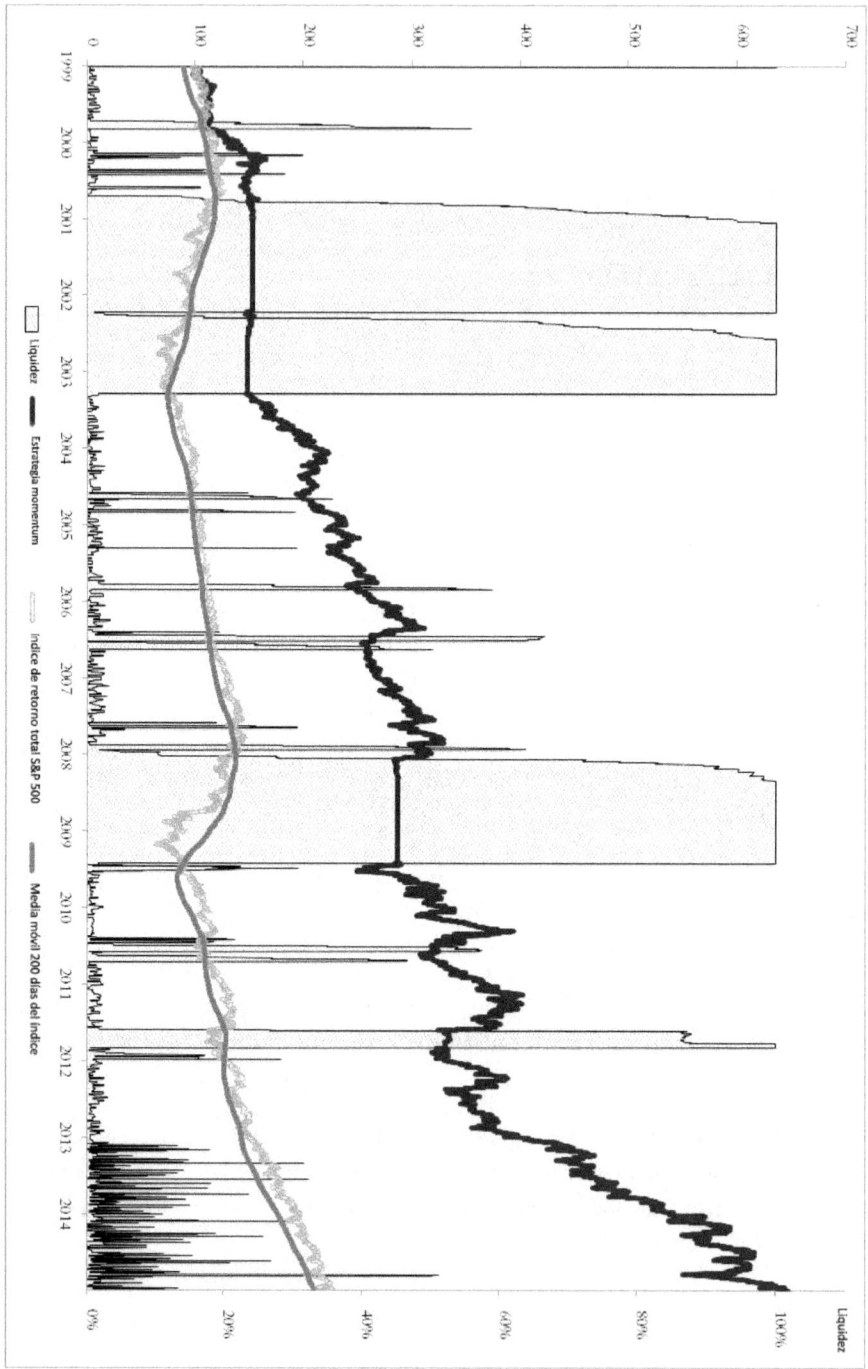

Figura 12-1 Evolución de largo plazo de la estrategia

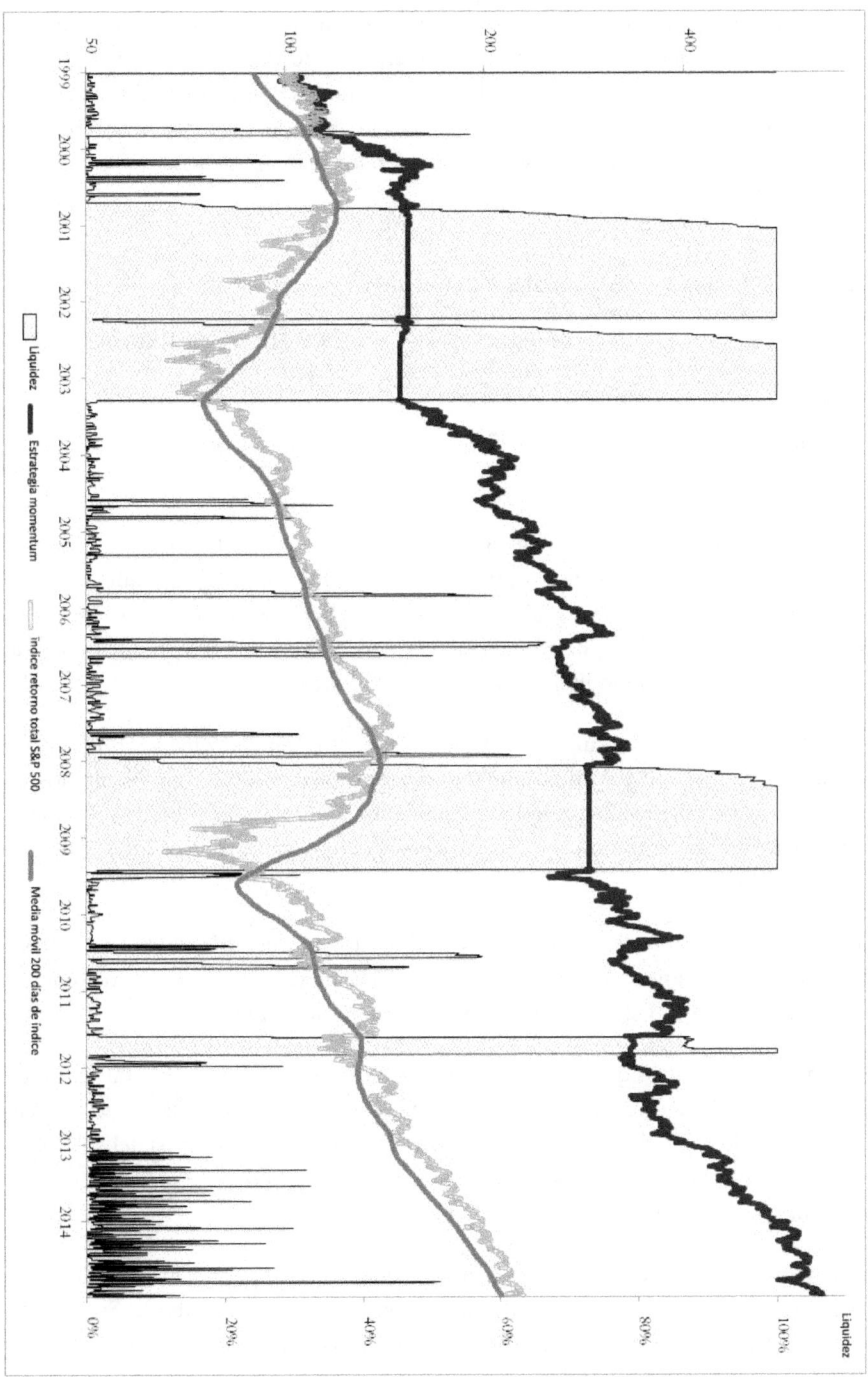

Figura 12-2 Evolución de largo plazo de la estrategia, escala logarítmica

En efecto, superamos al mercado. Incluso lo superamos por bastante. Como puedes apreciar visualmente, hay dos maneras diferentes de superar al mercado. Hay periodos en los mercados alcistas en los que superamos con firmeza al índice. Pero en términos de evolución relativa hay un efecto incluso mayor que se consigue simplemente con no invertir en acciones cuando los mercados caen.

¿Y qué tal lo hicimos al final?

Tabla 12-1 Resultados de la estrategia momentum

	Estrategia Momentum	S&P 500 Total Return Index
Retorno anualizado	12,3%	5,2%
Máximo drawdown	-24%	-55%

Como muestra la Tabla 12-1, la estrategia momentum rindió más de un 12% anualizado en los 16 años de este periodo. ¿Crees que un 12% por año no es lo bastante bueno? Piénsalo de nuevo. Los mercados de acciones en conjunto consiguieron solo un 5% por año en ese periodo. Si hubieras estado en fondos de inversión habrías obtenido incluso resultados inferiores.

Considera el resultado en un contexto adecuado. Warren Buffett ha alcanzado un estatus de leyenda con retornos anualizados asombrosos del 22% en los últimos 40 años. Fijarte ese objetivo en periodos prolongados de tiempo no es realista. Hay muy pocas personas en el mundo que hayan conseguido eso y la mayoría de ellos son ahora multimillonarios.

Si puedes llegar a obtener rendimientos compuestos por encima del 10% a lo largo del tiempo, estás batiendo a casi todo el mundo. El mercado de valores en conjunto solo consigue el 5% o el 6% anual de media en periodos largos.

Más importante aún es que hemos conseguido nuestro 12% con menos de la mitad del drawdown del índice. El drawdown se refiere a la máxima pérdida que se ha visto en este periodo. El índice S&P Total Return tuvo una pérdida máxima del 55%. Más de la mitad del capital se había esfumado en un momento dado. Nuestra estrategia momentum, por su parte, solo tuvo una pérdida máxima del 24%.

Otra manera de considerar estos números es que el índice perdió 11 años del valor anual que rindió, mientras que la estrategia momentum solo perdió 2. Si hubieras entrado en el peor momento posible en el índice, piensa en cuánto tiempo habrías tardado en recuperar tus pérdidas.

La Tabla 12-2 muestra la evolución de nuestra estrategia momentum mes a mes. Es difícil hacerse una idea sobre una estrategia viendo solamente una tabla de rendimientos mensuales, así que en el próximo capítulo entraremos en todos los detalles y veremos cómo funcionó cada año.

Tabla 12-2 Resultados de la estrategia momentum para acciones

	Ene (%)	Feb (%)	Mar (%)	Abr (%)	May (%)	Jun (%)	Jul (%)	Ago (%)	Sep (%)	Oct (%)	Nov (%)	Dic (%)	Año (%)
1999	6,3	-5,1	9,8	1,6	-3,1	3,5	-2,5	2,1	-2,6	3,5	7,9	15,2	**41,0**
2000	-5,1	14,0	3,8	-1,6	-1,9	-3,4	-3,4	5,3	4,3	-2,1	0,1	0,6	**9,6**
2001	-0,7	0,0	0,0	0,0	0,0	0,0	0,0	0,0	0,0	0,0	0,0	0,0	**-0,7**
2002	0,0	0,0	-1,1	0,3	-0,2	-0,7	-1,3	0,0	0,0	0,0	0,0	0,0	**-3,0**
2003	0,0	0,0	0,0	2,1	7,4	0,5	5,5	6,3	-3,2	13,3	3,0	1,6	**41,8**
2004	2,8	0,2	-3,5	-3,4	1,0	4,3	-3,3	-2,0	4,9	3,7	7,1	1,9	**13,7**
2005	-3,6	5,9	-2,3	-4,4	2,3	4,8	3,9	0,5	4,5	-6,8	3,4	1,6	**9,3**
2006	10,1	-1,9	4,2	0,9	-6,5	-4,4	-2,4	0,6	-0,6	1,7	1,2	0,4	**2,4**
2007	4,4	-0,3	1,6	3,8	3,7	-1,7	0,9	-0,5	5,3	3,6	-5,7	1,5	**17,3**
2008	-8,6	-0,2	-0,2	0,4	0,0	0,0	0,0	0,0	0,0	0,0	0,0	0,0	**-8,5**
2009	0,0	0,0	0,0	0,0	0,0	-7,3	9,0	4,7	2,7	-5,7	6,5	4,5	**14,0**
2010	-5,8	6,0	9,9	4,2	-8,2	-7,2	0,1	-2,3	4,6	4,6	1,3	5,7	**11,7**
2011	0,5	7,5	1,1	-0,9	-3,1	-2,7	-1,5	-8,8	-1,0	-1,3	1,7	-0,5	**-9,3**
2012	5,6	6,0	3,3	-2,8	-7,2	2,8	-0,4	1,1	3,3	-0,2	3,0	3,6	**18,9**
2013	10,0	0,3	7,9	-4,1	1,6	0,1	5,1	-2,2	4,0	5,8	2,6	2,1	**37,5**
2014	1,9	5,9	-1,0	-1,7	2,4	5,3	-4,4	4,3	-2,0	-1,1	6,9	1,3	**18,4**

13
Revisión año por año

Cuando escribí mi primer libro, *Following the trend*, que trata de estrategias de seguimiento de tendencia en futuros, me debatía sobre cómo transmitir mejor lo que de verdad significa ser un gestor de activos profesional. Mostrar simplemente algunas simulaciones estadísticas y gráficos sobre evoluciones a largo plazo no enseña de verdad cómo es la batalla del día a día. Muy a menudo, una estrategia parece genial cuando tienes una perspectiva de varias décadas, pero puede ser muy duro, o incluso imposible, ejecutarla en la realidad. Solo cuando llega la hora de la verdad nos damos cuenta de lo que funciona y de lo que no.

Mi alternativa en aquel libro fue escribir un capítulo gigante en el que explicaba, año por año, cómo había evolucionado esa estrategia de trading en el pasado. No era mi intención que ese capítulo acabara dominando el libro, pero es lo que ocurrió. Al final, ese capítulo abarcaba casi un tercio del libro. Eso me hizo preguntarme si debía incluirlo, Personalmente, yo lo veía como la parte más importante del libro con diferencia. Es el capítulo que explica las dificultades: qué se siente al estar sentado encima de un drawdown del 25%, con los clientes retirando dinero, viendo desplomarse los ingresos y pensando si el negocio se ha terminado. Estas situaciones ocurren. Solo si consigues entender a fondo tu método de trading y cómo se comporta en las situaciones difíciles puedes adquirir la confianza necesaria para continuar en los periodos duros.

Mi preocupación era que los lectores pensaran que el capítulo del año por año estaba hecho para rellenar páginas. Pero resultó que había subestimado a mis lectores. Los comentarios más numerosos que recibí sobre el libro se referían a las enseñanzas de ese capítulo en particular, cómo había conseguido transmitir una sensación de realidad y cómo había explicado cosas que normalmente se pasan por alto.

Ya que fue una parte tan popular de mi anterior libro, intentaré hacer lo mismo en este.

1999

Estamos en enero de 1999. Internet está en el centro del universo. Los correos electrónicos proporcionan una forma totalmente nueva de evitar el contacto humano. Los beneficios no cuentan. Una nueva fiebre del oro está en marcha, es la era de la información y no hay tiempo para conceptos anticuados de contabilidad.

En medio de la locura que fueron los últimos años noventa, estrenamos en vivo nuestra nueva estrategia momentum. Es una gran oportunidad para lanzar una estrategia así. Es decir, al menos a la hora de recaudar dinero para implementarla. Ha sido una década asombrosa y todo el mundo tiene montones de dinero. La década pasada también nos ha enseñado que todo lo que hay que hacer es comprar cosas que se mueven. No hay que preocuparse ni de los ingresos ni de los beneficios, ni siquiera del flujo de caja. Es un tiempo muy especial. Los locos están a cargo del manicomio y no se gana nada siendo el cuerdo del lugar. Si alguna vez ha habido un tiempo en el que nadie cuestionara una estrategia momentum para acciones, es este.

Es muy difícil entender el alcance de aquella locura si no estabas operando activamente en aquel tiempo. Cualquier compañía incluso remotamente asociada con las palabras mágicas "tecnología de la información", "internet", "world wide web" y "punto com" conseguía que sus valoraciones estuvieran por las nubes, sin importar si conseguía o no beneficios. Incluso sin importar si tenía cualquier perspectiva realista de conseguirlos alguna vez.

En aquel tiempo, el mercado no comprendía nada de ninguna de estas compañías. Eso está claro ahora, pero entonces no estaba nada claro. La racionalidad que había detrás de la compra de acciones de compañías sobrevaloradas que perdían dinero era que probablemente alguien habría capaz de ver su valor, así que si no comprabas tú, otros lo harían. Quizás hubiera pronto una adquisición por parte de alguien capaz de ver el enorme potencial de beneficios que sin duda existía.

El hecho es que todos estábamos comprando bulbos de tulipán, pero eso no se le ocurrió a mucha gente entonces. Sin embargo, pasados los acontecimientos, los recuerdos de la gente empiezan a cambiar. Así que este es un año muy bueno para empezar nuestra travesía. Primero, porque es un año en el que a cualquiera se le podría haber ocurrido iniciar una estrategia de este tipo. Tenía sentido totalmente en esas condiciones de mercado. La segunda buena razón para empezar este año es ver cómo se comportaba la estrategia en el periodo de transición. La resaca de la fiesta de los noventa fue bastante severa y se prolongó largo tiempo. ¿Qué mejor prueba para nuestra estrategia momentum que empezar durante la fiesta y ver cómo maniobra durante el inevitable desplome?

Empezamos nuestra cartera justo después de la fiesta de año nuevo de 1998. Hacemos los cálculos, echamos las cuentas, clasificamos los valores y construimos nuestra cartera. Justo como se ha explicado en los capítulos anteriores. El índice nos da luz verde, con los precios muy por encima de la media móvil de 200 días. Aunque hubo una breve caída por debajo de la media durante el apasionante 1998, con Rusia y unos cuantos ganadores del Premio Nobel como protagonistas, el mercado se recuperó rápidamente.

Para formar la cartera inicial, hacemos una tabla con todos los valores clasificados según su momentum ajustado a la volatilidad, calculamos las ponderaciones y realizamos todos los otros análisis descritos en los capítulos precedentes. Entonces compramos desde lo alto de la lista hasta que no hay más dinero. La Tabla 13-1 muestra lo que resultó.

Tabla 13-1 Cartera inicial 1999

Nombre	Peso	Sector
Applied Biosystems Inc	3,7%	Salud
Adobe Systems Inc	2,0%	Tecnología información
Autodesk Inc	2,2%	Tecnología información
Applied Materials Inc	1,9%	Tecnología información
Avon Products Inc	2,5%	Consumo básico
Brunswick Corp	3,2%	Consumo discrecional
Bank of New York Mellon Corp	3,3%	Finanzas
Bausch & Lomb Inc	3,9%	Consumo básico
Coca-Cola Enterprises Inc	2,5%	Consumo básico
3Com Corp	2,0%	Tecnología información
EMC Corp	2,8%	Tecnología información
FedEx Corp	3,1%	Industria
Federal Home Loan Mortgage Corp	3,7%	Finanzas
Corning Inc	3,8%	Tecnología información
Gap Inc	2,3%	Consumo discrecional
IBM	4,5%	Tecnología información
Intel Corp	2,9%	Tecnología información
Oracle America Inc	2,6%	Tecnología información
JPMorgan Chase & Co	2,9%	Finanzas
Kimberly-Clark Corp	4,4%	Consumo básico
LSI Corp	1,8%	Tecnología información

Mallinckrodt LLC	3,8%	Salud
Motorola Solutions Inc	3,4%	Tecnología información
Micron Technology Inc	2,0%	Tecnología información
Novell Inc	2,8%	Tecnología información
Oracle Corp	1,8%	Tecnología información
Charles Schwab Corp	1,8%	Finanzas
SLM Corp	3,4%	Finanzas
Solectron Corp	2,7%	Industria
Staples Inc	2,2%	Consumo discrecional
State Street Corp	4,0%	Finanzas
Tektronix Inc	2,7%	Tecnología información
Texas Instruments Inc	2,8%	Tecnología información
United Technologies Corp	3,8%	Industria

No debería sorprender que nuestra cartera inicial estuviera sobreponderada con valores tecnológicos. Era el sector más activo en ese momento y por lo tanto muchos de los valores mejor clasificados son de ese grupo. No hay restricciones en cuanto al reparto por sectores. Simplemente compramos desde lo alto de la lista, no importa de qué sector se trate.

Terminamos con un 42% de valores de tecnología de la información, 19% financieros, 13% de consumo básico, 10% industriales, 8% de consumo discrecional y 8% de salud. No se compraron valores de los sectores de servicios públicos, telecomunicaciones, energía ni materiales. Es un perfil bastante diferente al del índice.

Había unos cuantos valores en la cartera. Eran 34 valores, más de lo que habitualmente se necesita para diversificar. La razón de que hubiera tantos valores es que estábamos en mercados muy volátiles. La mayoría de estos valores eran tecnológicos. Recuerda cómo se calcula el tamaño de la posición. Los detalles se explican en el capítulo 8. Cuanto más volátil es un valor menor cantidad de dinero le asignamos. Este es un enfoque común entre los gestores profesionales de activos para asegurar que se asigna aproximadamente el mismo riesgo en cada inversión, en vez de dejar que la volatilidad se desboque.

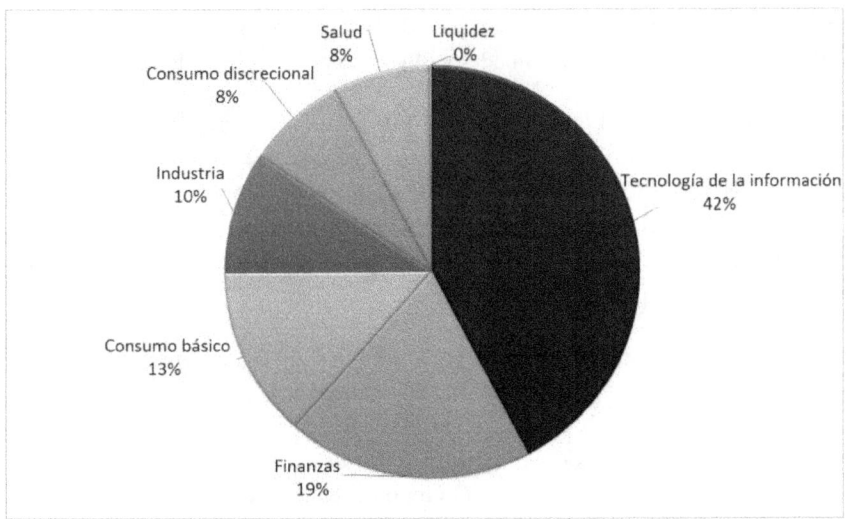

Figura 13-1 Distribución inicial por sectores, 1999

El año comenzó bastante lento. En el primer trimestre del año, los resultados de las operaciones se acercaron bastante a la evolución del índice. Incluso después de un breve periodo superior en abril, la curva continuó pegada al índice. Como el índice sobre todo subía, eso no era un problema necesariamente. Superar al índice está bien, pero a la mayoría de nosotros nos importa más el retorno absoluto. Aunque era un periodo positivo, hasta septiembre fue, sorprendentemente, un año aburrido. Comparado con los mercados exhuberantes a los que nos habíamos acostumbrado en los noventa parecía poco haber conseguido solo un 20% de ganancia al final del tercer trimestre. Un mercado alcista de largo plazo puede malcriar a cualquiera.

Sin embargo, en septiembre mucha gente comenzó a preocuparse por el mercado. Habían pasado ya varios meses sin ningún máximo histórico, y eso era bastante raro. El índice S&P 500 iba deslizándose poco a poco, cada vez más cerca de su media móvil de 200 días, y en septiembre finalmente la traspasó.

Recuerda que ese cruce por sí mismo no desencadena nada. Pero cuando el índice está por debajo de la media móvil, no estamos autorizados a comprar ninguna posición nueva. A medida que los valores se vendían en el reequilibrio de cartera habitual, no los reemplazábamos. Eso nos dejó con una lenta pero creciente acumulación de liquidez a finales de 1999.

En la Figura 13-2 puedes ver cómo el efectivo comenzó a acumularse en octubre, mientras el índice se sumergía bajo la línea de flotación. El porcentaje de liquidez se muestra como un área rellena en el eje Y. Normalmente siempre hay algo de efectivo en la cartera. Si no hay liquidez suficiente disponible para comprar una posición completa, la dejamos en efectivo. Puedes verlo como un error de redondeo si quieres.

Fíjate en la figura cómo el índice se mueve por debajo de la media móvil de largo plazo en septiembre y cómo la liquidez empieza a acumularse después. Según vamos saliendo de las posiciones durante las tareas de reequilibrio regulares, no las sustituimos mientras el índice permanezca por debajo de la media móvil. Esta es una característica clave de esta estrategia, y significa que automáticamente nos vamos a ir saliendo de mercados potencialmente bajistas.

A finales de octubre, teníamos más o menos la mitad de la cartera en liquidez y el rendimiento para el año era prácticamente igual que la referencia. De momento no parecía impresionante. Si hubieras lanzado esta estrategia a principios de 1999, probablemente estarías tentado de dejarlo, o al menos de cambiar las reglas. Durante la mayor parte del año habíamos dedicado un montón de trabajo a la estrategia y no teníamos nada de lo que presumir. Es verdad que teníamos beneficios, pero también los tenían los inversores pasivos que siguen al índice.

Entonces, justo antes de comenzar noviembre, algo ocurrió. El índice emergió de nuevo por encima de la media móvil, lo que nos dio luz verde para empezar a comprar. Habitualmente es un momento que asusta. Acabábamos de cerrar la mayoría de las posiciones, los mercados parecían agotados, se avecinaba un potencial mercado bajista y nosotros estábamos comprando una cartera completa de acciones.

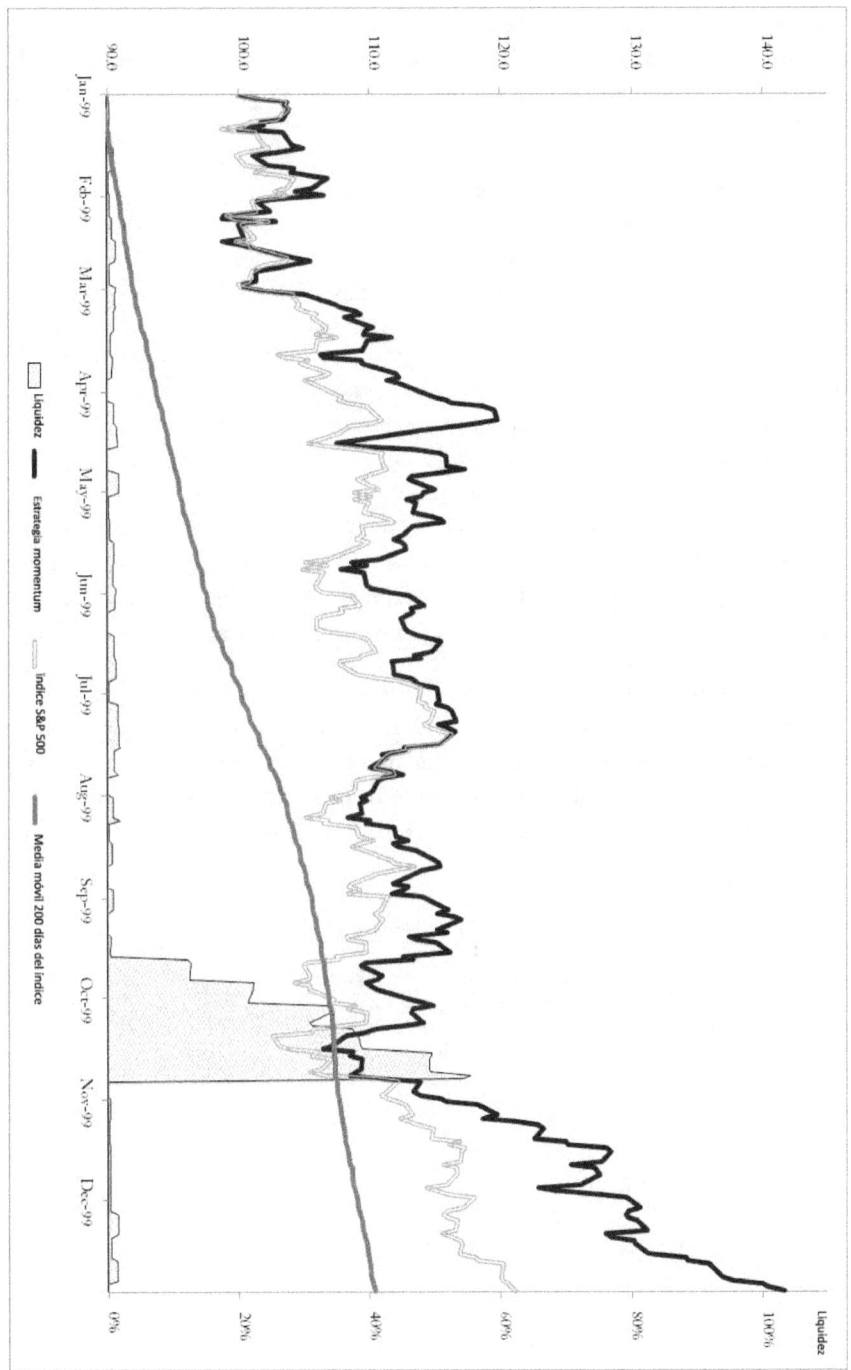

Figura 13-2 Evolución, 1999

Sí, eso es lo que estábamos haciendo. Recuperamos la tabla de clasificación y empezamos a comprar desde arriba hasta que nos quedamos sin dinero. Con la tendencia en verde el último día de octubre, compramos 19 nuevas posiciones desde lo alto de la lista.

De repente, esta nueva cartera reconstruida despegó a lo grande. El índice se recuperó bien, pero nuestros valores lo hicieron mucho mejor. Mientras el índice terminó el año en +20%, la increíble recuperación de fin de año llevó nuestra cartera a más del 40%. Aquellas dudas persistentes de octubre por fin podían apartarse.

Hubo múltiples valores responsables del espectacular impulso en el rendimiento de final de año. Uno de ellos fue Enterasys Networks, ilustrado en la Figura 13-3. Este es un ejemplo perfecto de lo que queremos encontrarnos. El precio de la acción había estado avanzando durante unos meses y el valor estaba alto en la clasificación. La posición en la lista se muestra en el panel de abajo. Cuanto más bajo es el número, mejor es la clasificación momentum. En el reequilibrio del 29 de octubre, todos los sistemas estaban listos y compramos el valor a 80,50 dólares. El valor no esperó a nadie y despegó directamente. El precio continuó acelerándose y cuando estaba alcanzando el nivel de los 200 dólares protagonizó un gran gap antes de consolidarse.

¿Recuerdas cómo funciona el filtro del gap en la estrategia? En el proceso de reequilibrio, cualquier valor que haya tenido un gap reciente de más del 15% queda automáticamente descalificado, aunque el gap sea a nuestro favor. En este caso, significó que vendimos el valor en el siguiente reequilibrio. Y resultó un momento perfecto para vender. Si todas las operaciones fueran tan buenas...

Tabla 13-2 Resultados 1999

	Estrategia momentum	S&P 500 Total Return Index
Retorno 1999	41,0%	21,1%
Máx drawdown 1999	-11,1%	-11,8%

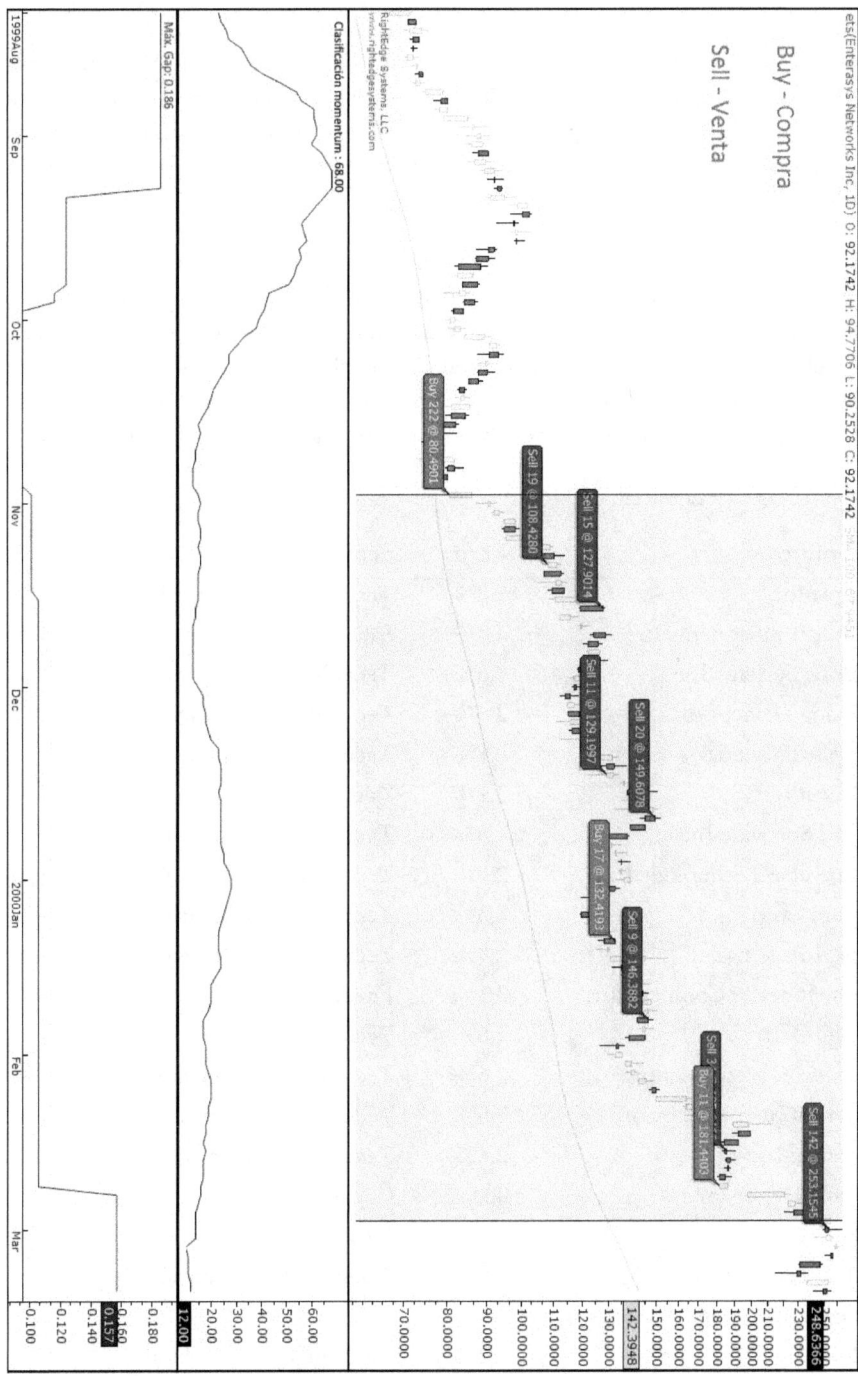

Figura 13-3 Enterasys Networks

2000

Empieza el año 2000 y no hay señales a la vista de una reversión en el mercado. Tenemos un prolongado mercado alcista a nuestras espaldas y no hay razón para pensar que vaya a terminar pronto. Los índices se han ralentizado un poco y nos acercamos a la media móvil de 200 días. Esto ya ha pasado antes y por sí mismo no es muy preocupante.

Así que entramos en el nuevo milenio con la cartera completamente cargada. La cartera está todavía sobreponderada con compañías de tecnología de la información, con la mitad del valor total situado en este sector. El resto de la cartera está repartida en múltiples sectores, sobre todo el de salud. Con el conocimiento retrospectivo de lo que ocurrió con los valores tecnológicos en la década, la distribución inicial parece de mal agüero. ¿Será el año en el que veremos el desplome de nuestra cartera?

Tabla 13-3 Cartera inicial, 2000

Nombre	Peso	Sector
Apple Inc	1,8%	Tecnología información
Applied Biosystems Inc	4,4%	Salud
Adobe Systems Inc	1,6%	Tecnología información
Analog Devices Inc	2,4%	Tecnología información
Applied Materiales Inc	2,1%	Tecnología información
Amgen Inc	3,1%	Salud
BMC Software Inc	1,8%	Tecnología información
Comverse Technology Inc	2,8%	Tecnología información
3Com Corp	1,3%	Tecnología información
Cisco Systems Inc	2,9%	Tecnología información
Dow Jones & Company Inc	3,7%	Finanzas
EMC Corp	2,8%	Tecnología información
Enterasys Networks Inc	1,6%	Tecnología información
General Instrument Corp	2,5%	Tecnología información
Corning Inc	2,6%	Tecnología información
Home Depot Inc	4,1%	Consumo discrecional
Oracle America Inc	2,3%	Tecnología información
KLA-Tencor Corp	2,0%	Tecnología información
Lehman Brothers Holdings Inc	3,0%	Finanzas
Molex Inc	2,4%	Tecnología información
Morgan Stanley	3,6%	Finanzas

Motorola Solutions Inc	2,5%	Tecnología información
Nortel Networks Corp	2,3%	Tecnología información
Nextel Communications Inc	1,6%	Telecomunicaciones
Oracle Corp	2,1%	Tecnología información
Paychex Inc	1,9%	Tecnología información
Procter & Gamble Co	3,9%	Consumo básico
PerkinElmer Inc	3,0%	Salud
Qualcomm Inc	2,5%	Tecnología información
Sprint Corp	3,2%	Telecomunicaciones
Solectron Corp	2,8%	Industria
Sysco Corp	3,8%	Consumo básico
Tenet Healthcare Corp	2,6%	Salud
Time Warner Inc	1,6%	Consumo discrecional
Texas Instruments Inc	2,1%	Tecnología información
Warner-Lambert Company LLC	3,1%	Salud
Wal-Mart Stores Inc	3,1%	Consumo básico
Xilinx Inc	1,6%	Tecnología información

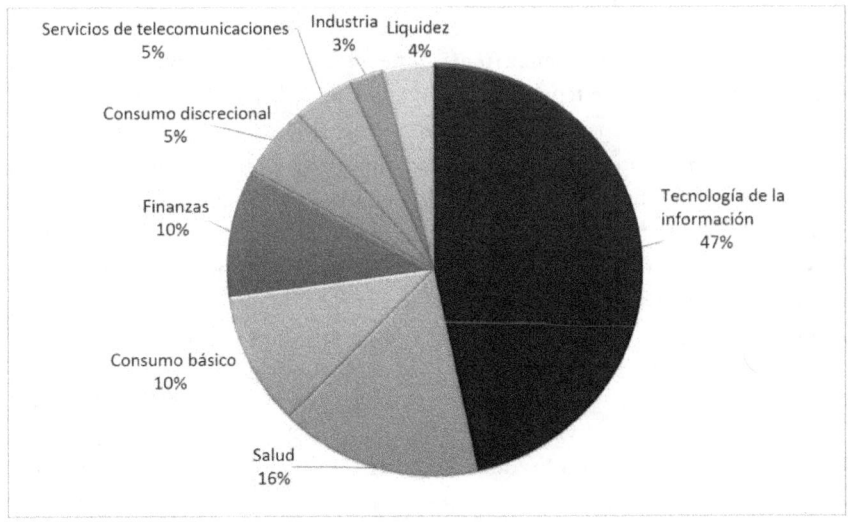

Figura 13-4 Distribución inicial por sectores, 2000

El año empezó con algo de volatilidad bastante preocupante. En los primeros tres días operativos del nuevo año, el índice S&P 500 perdió casi el 7% y nuestra estrategia momentum perdió el 8%. Eso es bastante dramático. Si hubieras lanzado la estrategia este año en vez del anterior, estarías perdonado por tirar la toalla después de esta primera semana. No se puede subestimar la importancia de estos drawdowns. Es muy fácil mirar atrás a una curva de resultados de 15 años y decir que estos pequeños retrocesos no son importantes. La situación es completamente diferente cuando estás operando con dinero real y ves pérdidas reales. Cuando miras esas simulaciones de largo plazo sabes cómo va a terminar la historia. Pero cuando estás en medio de una situación real así, no tienes ni idea. Todo lo que sabes es que puedes tener otra pérdida del 8% antes de que la semana termine. Quizás la semana siguiente sea aún peor que esta. Y el problema es que estas situaciones son mucho más comunes de lo que uno pueda pensar.

Por eso es que este capítulo en particular está incluido en el libro. La idea es mostrar estos problemas y que estés preparado para lo que pueda ocurrir. Después de perder el 8% en esos primeros tres días, cualquiera estaría tentado de anular las reglas o incluso de cerrar toda la operativa.

En este caso, sin embargo, todo fue bastante bien. La volatilidad de la cartera al principio fue enorme, pero a las dos semanas de empezar el año habíamos regresado a la línea cero. Las condiciones caóticas del mercado continuaron unas semanas más y se vieron grandes oscilaciones en el balance. Pero en febrero, la estrategia momentum despegó de verdad.

Múltiples valores empezaron a subir frenéticamente, acumulando rápidos beneficios. Al final del primer trimestre teníamos un rendimiento de la cartera del 15% desde el comienzo del año. De repente nadie recordaba que habíamos empezado en -8%. Cuando ves esos retornos espectaculares tan temprano, es natural que empieces a calcular el resultado a fin de año, asumiendo que mantendrás ese rendimiento todo el tiempo. Un 15% en tres meses sería un 75% en un año. Sí, no es una errata. No es 60%, sino 75%, como $1,15^4$. Es muy tentador hacer este tipo de cálculos, pero también puede ser bastante peligroso. Es muy improbable que ese escenario vaya a ocurrir y solo servirá para que tus expectativas sean muy poco realistas.

Como se ve en la Figura 13-5, los resultados estelares de este año no duraron mucho. Según empezaron a caer los valores tecnológicos y el mercado volvió de repente a preocuparse de conceptos pasados de moda como 'beneficios', nuestra cartera sufrió rápidas caídas. Ya en abril, otra vez regresamos de nuevo a la línea cero, esa que veíamos tan distante.

Fíjate cómo la liquidez comienza a acumularse a partir de marzo. En mayo habíamos liquidado más del 30% de la cartera. Las acciones empezaron a caer en todos los mercados y de pronto no había muchos valores que fueran posibles candidatos. La mayoría de los valores estaban por debajo de su media móvil de 100 días y por lo tanto descalificados para comprarlos. Muchos además habían hecho movimientos diarios de más del 15%, saliendo de la lista de candidatos.

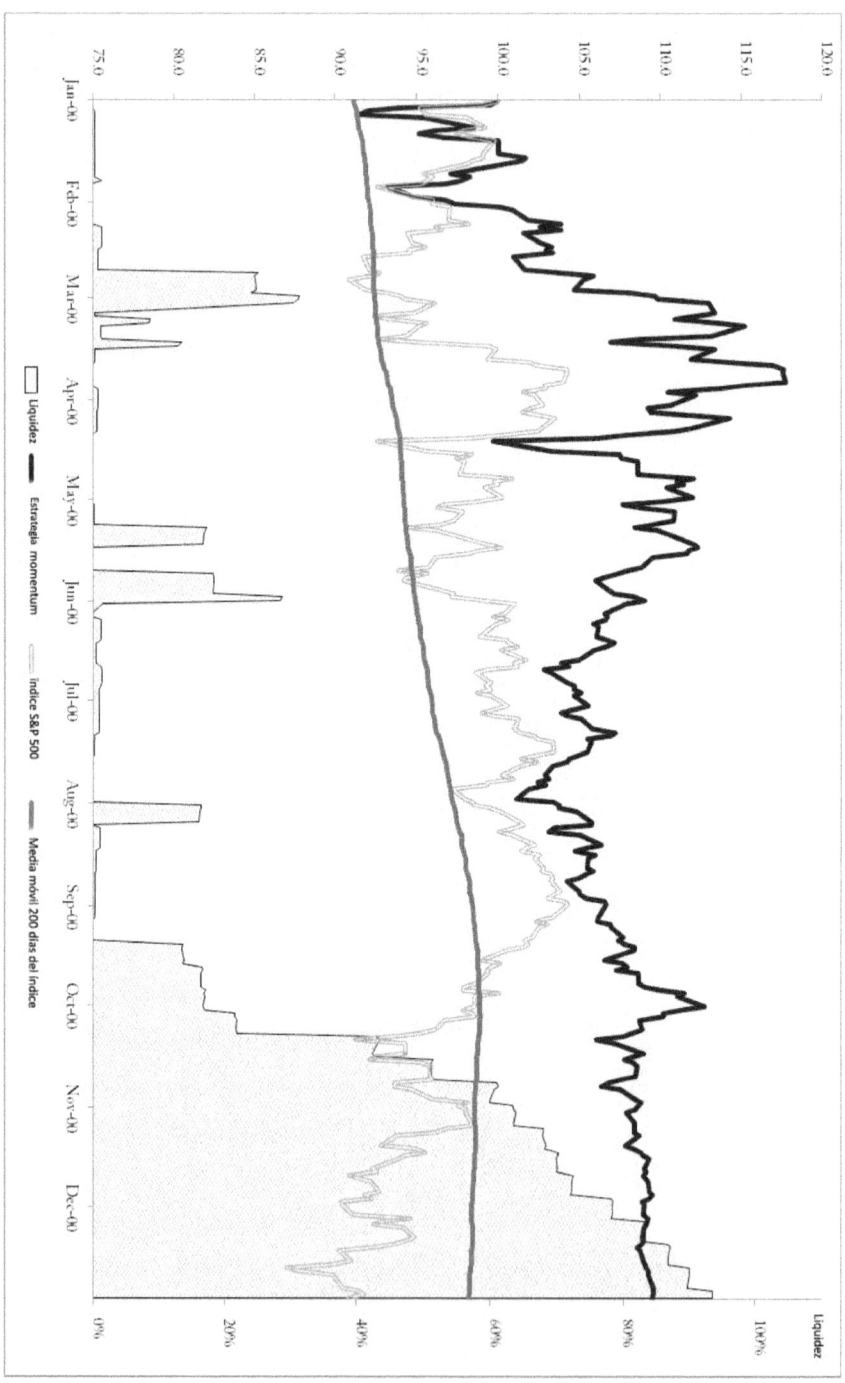

Figura 13-5 Evolución anual, 2000

Después de esto, casi todo el año se mantuvo lateral. Empezamos a reconstruir la cartera durante el verano, a medida que el índice subía un poco y había más valores disponibles para comprar. Esta vez, sin embargo, la distribución por sectores se presentaba muy diferente. Al comienzo del año, los valores de la tecnología de la información habían dominado las listas clasificatorias. A mediados de 2000, en cambio, estos valores estaban hundidos y las compañías más tradicionales recuperaron su buen aspecto. A pesar de que estaban obteniendo beneficios.

La cartera que formamos en ese tiempo tenía poca proporción de valores tecnológicos, pero por lo demás estaba bastante equilibrada. Estaban representados los sectores de consumo discrecional, consumo básico, energía, industria, finanzas y materiales. Esa es la razón de que al final del año tuviéramos un resultado mejor que el índice.

Los mercados empezaron a caer rápidamente a finales de 2000, pero el declive estaba liderado por los valores tecnológicos. Como nuestra exposición a este sector ya era cero, no experimentamos las pérdidas que afectaron al índice. Tampoco es que ganáramos mucho de todos modos.

En cada reequilibrio, algunos valores salían de nuestra cartera. Como el índice ya estaba bajo el agua, no se podían realizar nuevas compras y la liquidez seguía aumentando. Al final del año la cartera estaba casi completamente en liquidez.

Después de un año tan duro terminamos con un resultado positivo de casi el 10%, mientras que el índice perdió más o menos el mismo porcentaje. Puede parecer una derrota terminar con un miserable 10%, pero se trata de un rendimiento bastante respetable, en particular en un año tan duro como este. Recuerda que usamos el índice S&P 500 como nuestra referencia. La mayoría de las personas seguían manteniendo sus valores tecnológicos y sus pérdidas fueron significativamente peores que ese 10%.

La operación con Motorola de la Figura 13-6 muestra cómo entramos en ese valor después de la fuerte subida de finales de 1999. Compramos en diciembre de 1999 y todo parecía ir bien por unos meses. Cuando el valor empezó a caer en marzo, lo mantuvimos hasta que se hundió por debajo de su media móvil de 100 días. Esa fue la señal de salida en este caso y salimos. Resulta que fuimos afortunados esta vez, porque tuvo un gran gap negativo apenas unos días después.

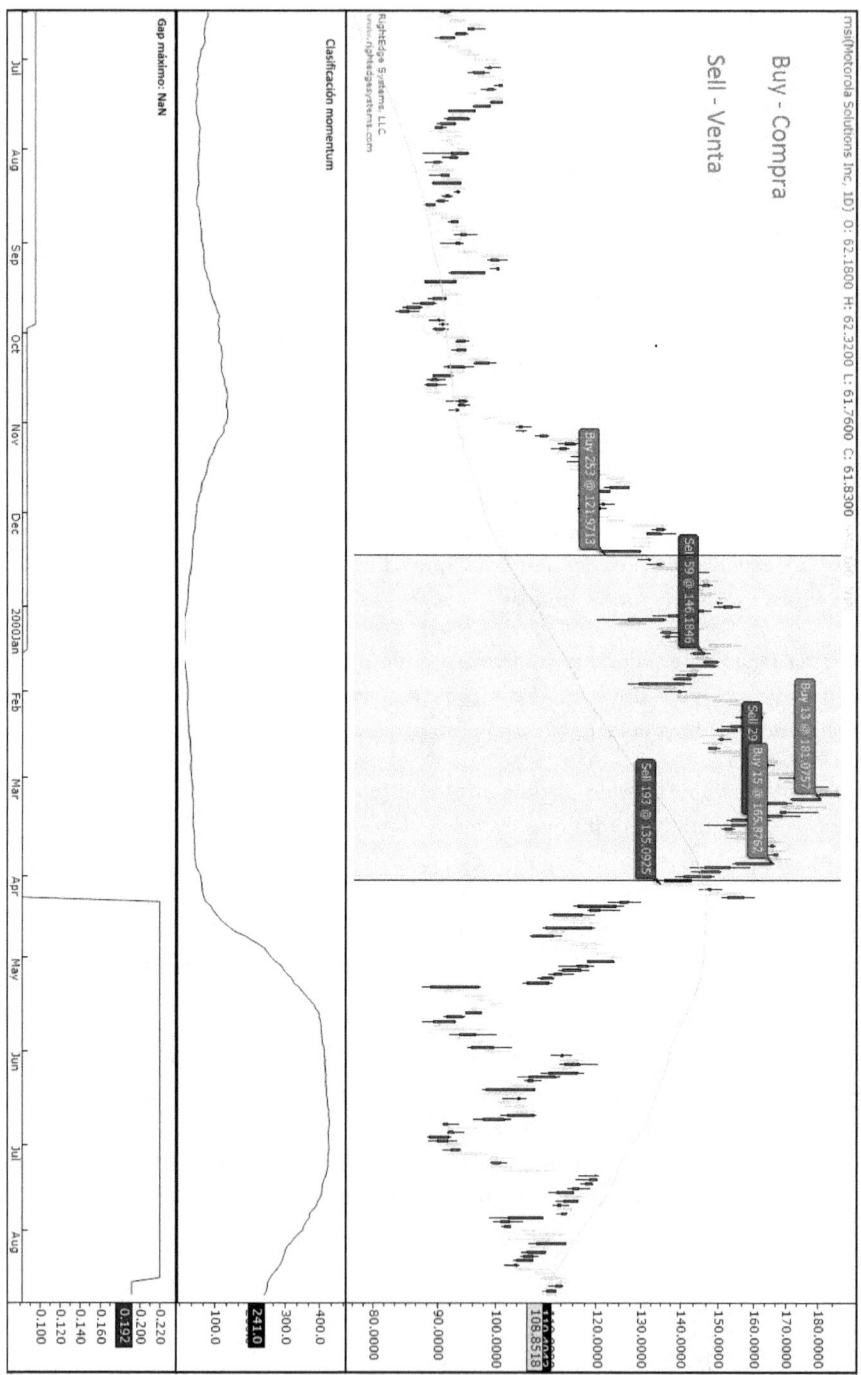

Figura 13-6 Motorola

Si miras atentamente la clasificación momentum en el panel del medio, verás que subió hasta el nivel crítico al mismo tiempo que el valor cayó por debajo de la media móvil. Así que en este caso particular, hubiéramos salido de cualquiera de las dos maneras, bien aplicando la regla de la media móvil o bien la regla de la clasificación. Fíjate cómo cerramos la posición en una bajada. Unos días después de esa salida podría parecer que fue una mala idea. El precio dio un salto hacia arriba y resurgió por encima de la media móvil. Entonces, justo cuando te habrías machacado la cabeza contra el teclado por vender demasiado pronto, el valor tuvo un sorprendente gap negativo del 22%.

Nunca vas a entrar en el mejor lugar y nunca vas a salir en el mejor lugar. Pero la buena noticia es que no hay necesidad de ello. Una estrategia momentum como esta funciona estupendamente sin necesidad de acertar con los máximos y mínimos exactos.

Casi toda la cartera estaba en liquidez, pero habíamos consolidado un buen comienzo desde principios de 1999. La Figura 13-7 muestra la evolución de nuestra cartera momentum desde el comienzo, comparada con el índice S&P 500 Total Return. Tuvimos un segundo año lento, pero por el momento todo iba bien.

Tabla 13-4 Resultados 2000

	Estrategia momentum	S&P 500 Total Return Index
Retorno 2000	9,6%	-8,1%
Máx drawdown 2000	-15,4%	-16,6%
Retorno anual desde 1999	24,3%	5,4%
Máx drawdown desde 1999	-15,4%	-16,6%

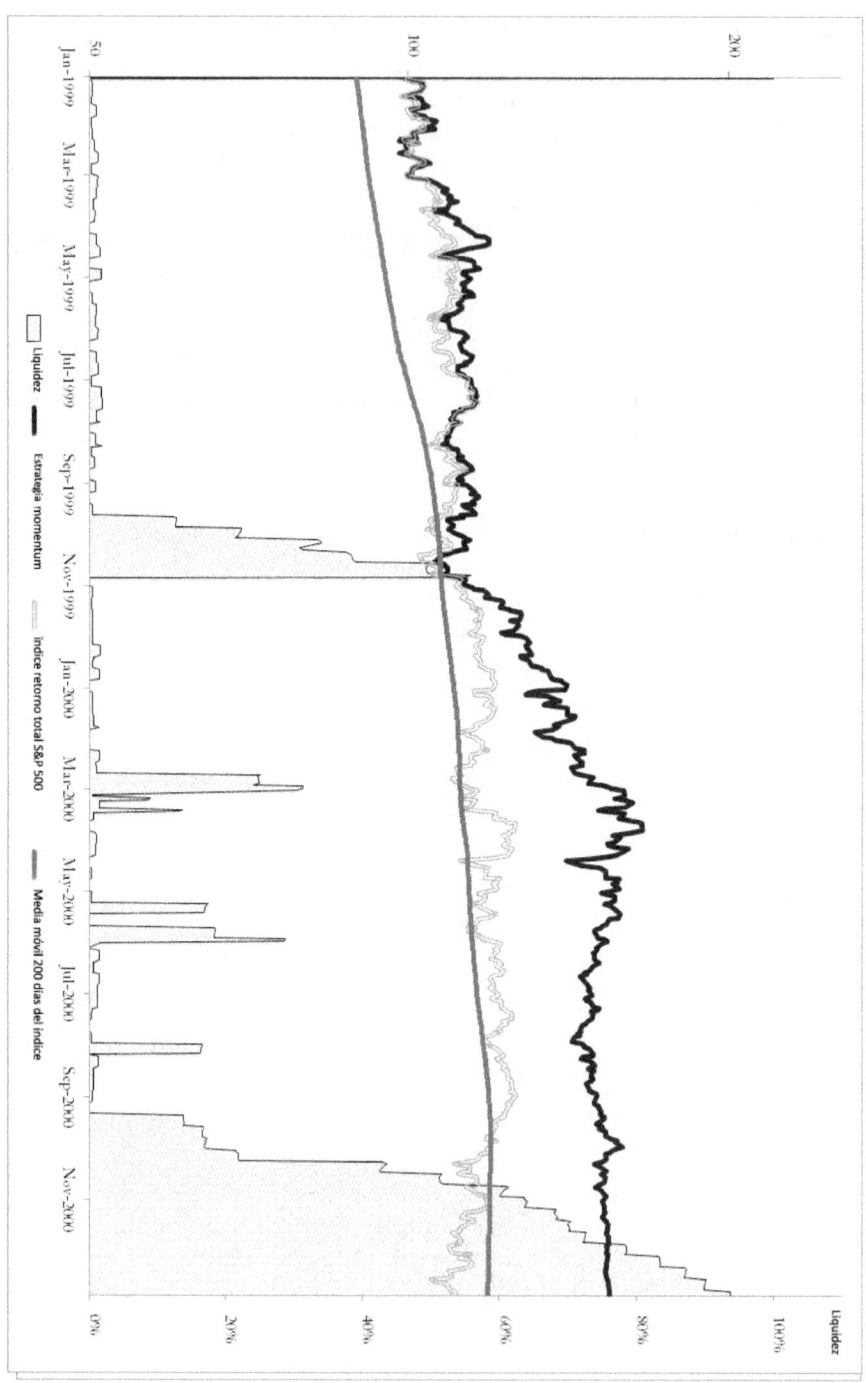

Figura 13-7 Evolución 1999 to 2000

2001

Llegamos al año 2001 habiendo dejado a nuestras espaldas, sorprendentemente, una oportuna salida escalonada de los mercados. Cuando empezamos este año solo tenemos dos valores en cartera. Dos bravos soldados supervivientes de la matanza del año anterior. Eso supone que empezamos el año con una cartera que prácticamente está en liquidez. United Health Group y Entergy Corp pasaron las celebraciones de año nuevo, pero a las dos semanas de empezar enero también las vendimos. Después de eso, no hicimos ninguna operación en todo el año.

Tabla 13-5 Cartera inicial, 2001

Nombre	Peso	Sector
UnitedHealth Group Inc	3,1%	Salud
Entergy Corp	3,3%	Servicios públicos

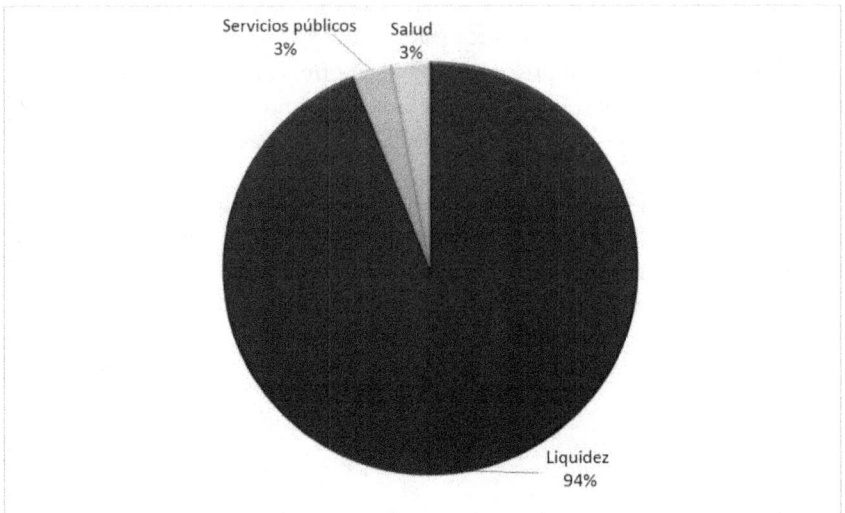

Figura 13-8 Distribución inicial por sectores, 2001

Mientras que este año fue muy dramático para la mayoría de la gente, en lo que concierne a nuestra estrategia fue un año muy aburrido. Asumimos una pérdida de menos de un punto porcentual en enero antes de que se cerraran nuestros dos únicos valores. Después solo hubo una línea plana. Esto es algo que puede ocurrir fácilmente en teoría, pero es más difícil que suceda en la realidad. Mirando hacia atrás a los resultados de largo plazo, tiene sentido haber estado fuera del mercado este año. La mayoría de la gente hubiera estado tentada de operar.

Alguien puede preguntarse por qué no nos pusimos cortos ese año. ¿Por qué no localizar los valores que más caen y venderlos en corto? Un enfoque momentum revertido. La respuesta es simple. Esa estrategia tiene muy pocas posibilidades de éxito. Operar en corto es mucho más difícil y peligroso de lo que pueda parecer. Muy poca gente gana dinero operando en corto con acciones.

Esos valores que han estado cayendo el último mes pueden de repente protagonizar un salto enorme hacia arriba. La propensión a una expansión en la volatilidad es muchísimo más alta en un mercado bajista. Evita la tentación de operar en ese tipo de mercado. No compres valores ni los vendas en corto. Estás en medio de una matanza y tu trabajo es sobrevivir. Habrá oportunidades para obtener beneficios, pero ahora no es el momento.

Si lo que buscas es acción, es probable que la encuentres. Pero los que buscan acción es improbable que encuentren beneficios. Aprender a esperar tranquilamente y mantener el riesgo al mínimo es clave para convertirse en un inversor profesional.

La Figura 13-10 muestra uno de nuestros valores supervivientes a principios de 2001. United Health Group se comportó admirablemente frente a un mercado en declive. Debajo del panel del precio puedes ver el índice y cómo continuó cayendo. Muy pocos valores son capaces de seguir subiendo mientras el mercado cae así.

Pero incluso este valor tan fuerte empezó a declinar en diciembre de 2000, y cuando tocaba reequilibrar a principios de 2001, el precio estaba por debajo de su media móvil de 100 días. Esa es nuestra señal de salida y el momento de vender. Como el índice estaba claramente en modo bajista, no reemplazamos el valor, así que antes de finalizar enero ya no teníamos en cartera sino dinero.

Tabla 13-6 Resultados 2001

	Estrategia momentum	S&P 500 Total Return Index
Retorno 2001	-0,7%	-10,9%
Máx drawdown 2001	-0,8%	-29,1%
Retorno anual desde 1999	15,3%	-0,7%
Máx drawdown desde 1999	-15,4%	-35,7%

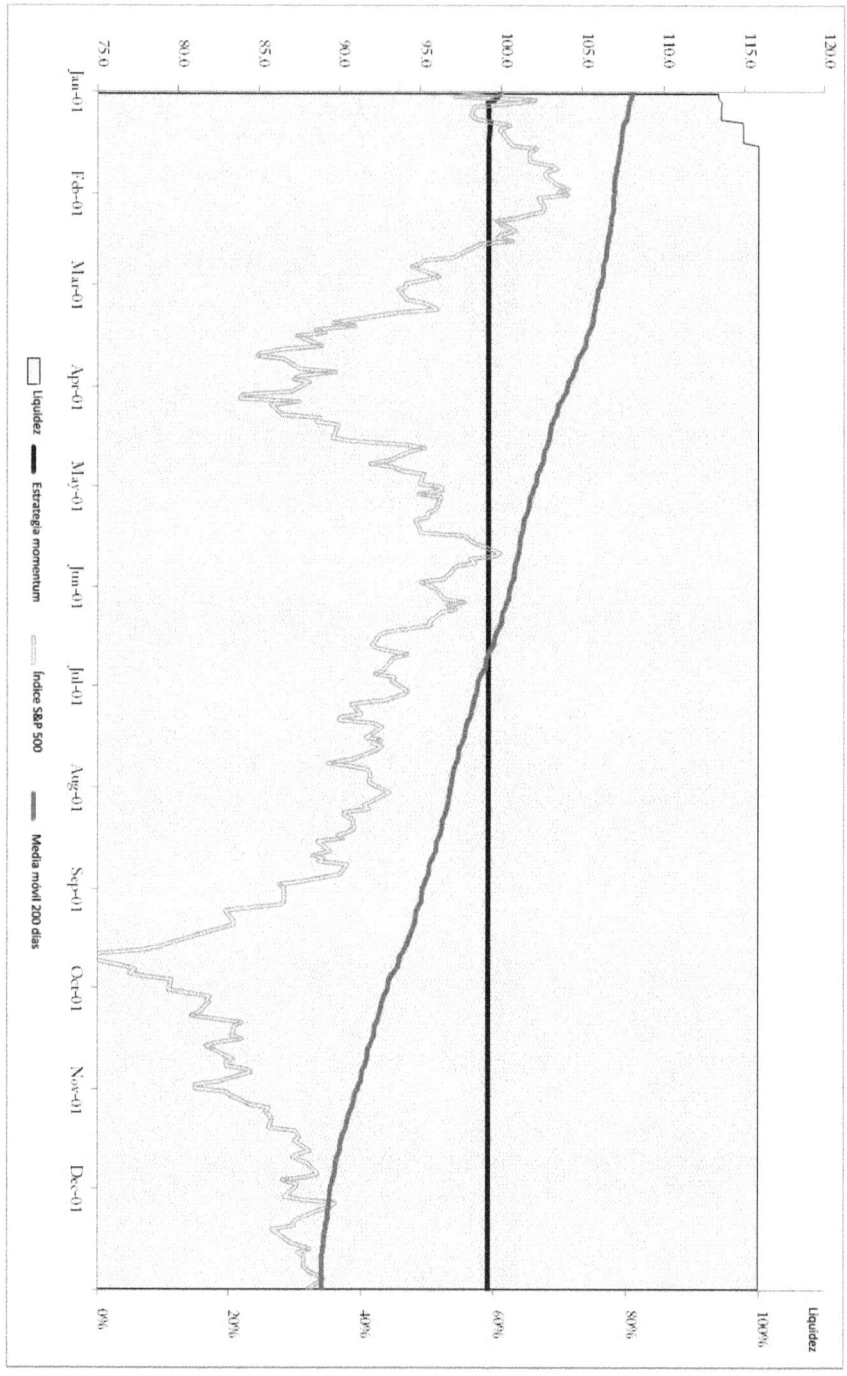

Figura 13-9 Evolución, 2001

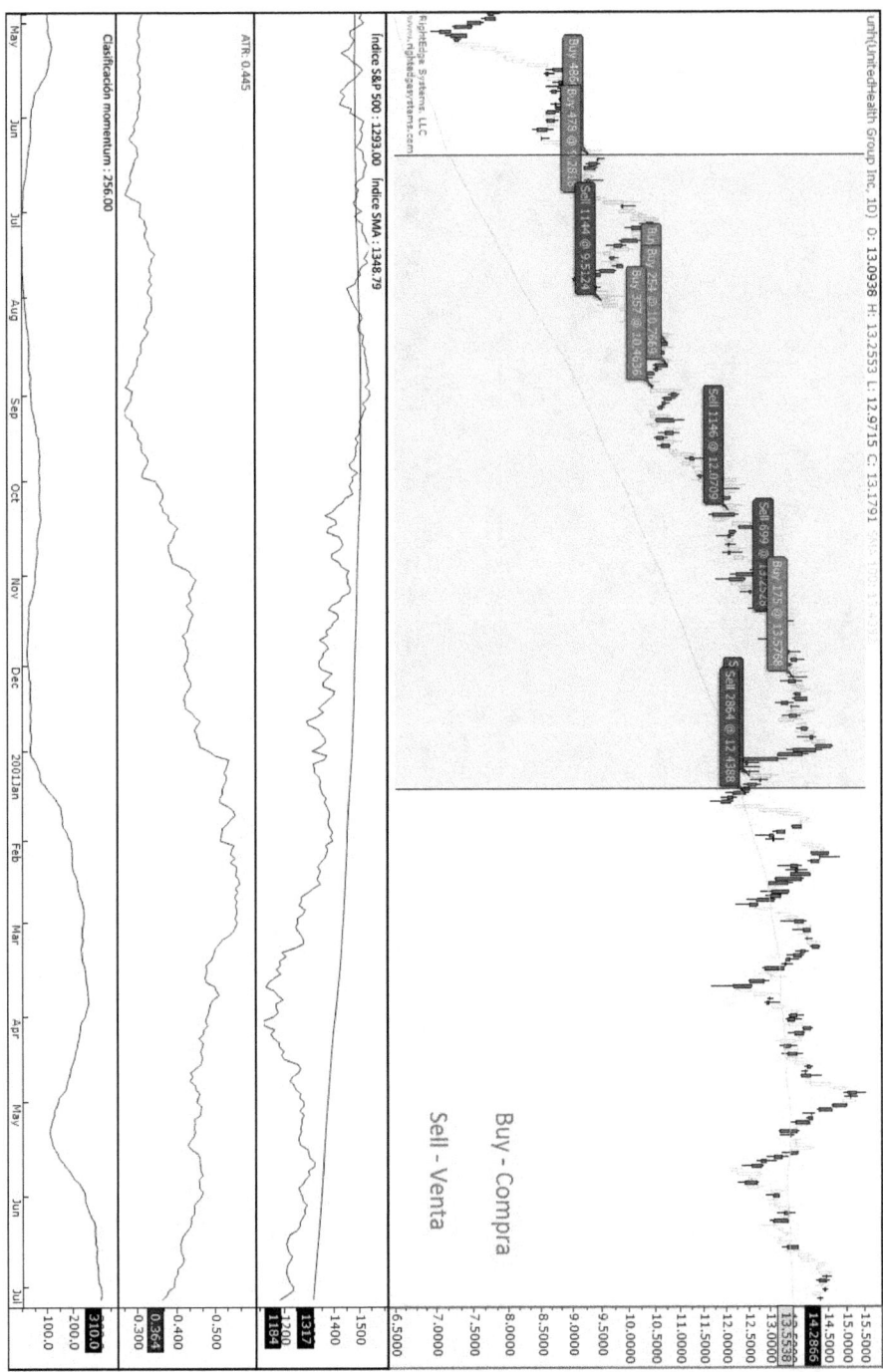

Figura 13-10 United Health Group

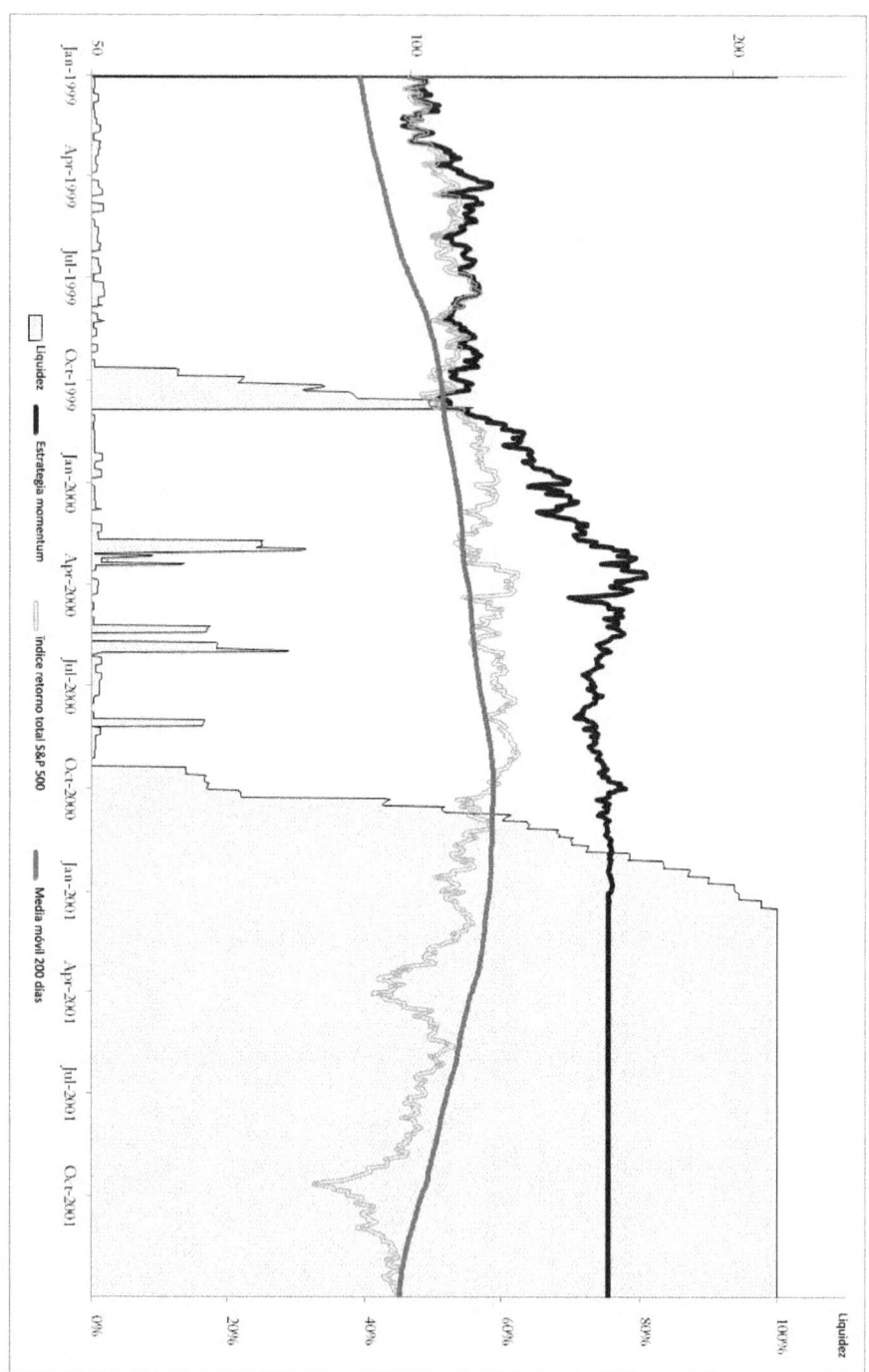

Figura 13-11 Evolución 1999-2001

2002

Empieza 2002 y tenemos exactamente cero valores. La cartera completa está en liquidez. Vamos a aprovechar este contexto para subrayar que el dinero en estas situaciones nunca debería estar realmente en efectivo. Es solo una expresión. No me refiero solamente al hecho obvio de que no mantienes tu cartera en billetes físicos guardados en un maletín plateado encadenado a tu muñeca. Tampoco deberías mantener la liquidez en una cuenta bancaria.

El problema con el efectivo, incluso en una cuenta bancaria, es la inseguridad. Si tu banco o tu broker estallan de repente, el dinero es el problema. Al menos si tu cuenta supera la garantía de depósito de tu gobierno. En 2002, mucha gente todavía pensaba que los bancos no estallaban, pero en años más recientes hemos aprendido cosas diferentes. Si tu banco o tu broker siguen el camino del pájaro dodo, lo más probable es que recuperes todos tus valores. Quizás después de algunos retrasos y batallas legales, pero aun así es probable que los recuperes. Los títulos están registrados a tu nombre y quedan separados de potenciales reclamaciones de quiebra. El efectivo, en cambio, se esfuma en el mismo instante en que tu banco o tu broker fallan.

Lo que en realidad hay que hacer es colocar el exceso de liquidez en instrumentos del mercado monetario o del tesoro, en función del tiempo que esperes mantener ese 'efectivo'. Es cuestión de sentido común.

Aunque en 2002 no hubo mucha actividad en nuestras operaciones, tuvimos una fase interesante. No es que estuviéramos en liquidez todo el año. En marzo el índice alzó el periscopio por encima de la superficie y mientras estuvo más alto que la media móvil de 200 días por supuesto que tuvimos que empezar a comprar.

Esta tabla con la composición de la cartera no es del principio de 2002. Hubiera sido una tabla vacía y sería bastante tonto. No, la Tabla 13-7 muestra la lista de valores que compramos en marzo de 2002, cuando el índice empezaba a mejorar.

Tabla 13-7 Cartera marzo 2002

Nombre	Peso	Sector
American Airlines Group Inc	2,5%	Industria
Boeing Co	3,4%	Industria
Brunswick Corp	4,6%	Consumo discrecional
Black & Decker Corp	4,2%	Consumo discrecional
Big Lots Inc	3,2%	Consumo discrecional
Ball Corp	5,2%	Materiales
Cooper Tire & Rubber Co	3,3%	Consumo discrecional
Deluxe Corp	5,6%	Industria
Darden Restaurants Inc	2,9%	Consumo discrecional
Ecolab Inc	5,4%	Materiales
Golden West Financial Corp	5,0%	Finanzas
Goodrich Corp	4,3%	Industria
W W Grainger Inc	4,3%	Industria
Nordstrom Inc	3,2%	Consumo discrecional
KB Home	2,3%	Consumo discrecional
L Brands Inc	3,1%	Consumo discrecional
Masco Corp	3,4%	Industria
Mcdermott International Inc	2,4%	Energía
Parker Hannifin Corp	4,1%	Industria
PulteGroup Inc	3,0%	Consumo discrecional
Ryder System Inc	4,5%	Industria
Rockwell Automation Inc	3,4%	Industria
Siebel Systems Inc	1,7%	Tecnología información
Tiffany & Co	3,0%	Consumo discrecional
T, Rowe Price Group Inc	3,9%	Finanzas
Sabre Holdings Corp	3,3%	Tecnología información
Xerox Corp	2,5%	Tecnología información

Esta cartera tenía mucho peso de valores industriales y de consumo discrecional. Los valores tecnológicos todavía no habían obtenido el perdón de los mercados, asi que solo participaban con el 8%. Parecía una cartera razonable, dadas las condiciones de mercado. No era una posición muy agresiva, pero tampoco estaba llena de valores defensivos de servicios públicos ni de consumo básico.

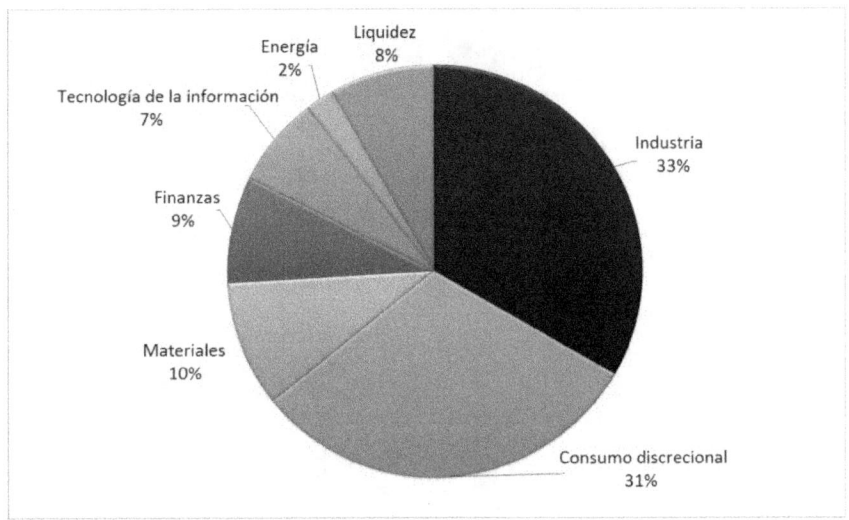

Figura 13-12 Distribución por sectores, marzo 2002

Fue un buen intento, pero desgraciadamente falló. El índice no se mantuvo mucho tiempo por encima de la media móvil. Después de solo unas semanas, el índice se despidió de la media y ambos apenas volvieron a verse por el resto del año.

Como resultado, nuestra cartera se fue reduciendo mediante el proceso de reequilibrio. El más damnificado por el índice fue el sector tecnológico y nuestros valores de hecho no lo hicieron tan mal. El largo tiempo que llevó deshacer las posiciones es un testimonio sobre lo bien que se mantuvieron bajo la fuerte presión del mercado. Estuvimos vendiendo valores despacio, según caían por debajo de su media móvil, sufrían grandes gaps o incumplían los otros criterios. No fue hasta julio cuando regresamos a una cartera completamente en liquidez.

La evolución en el año fue bastante aburrida, a pesar de haber comprado una cartera completa de valores en medio de un mercado bajista. Al final terminamos perdiendo un 3% aproximadamente, mientras que el índice perdió la friolera de un 22%.

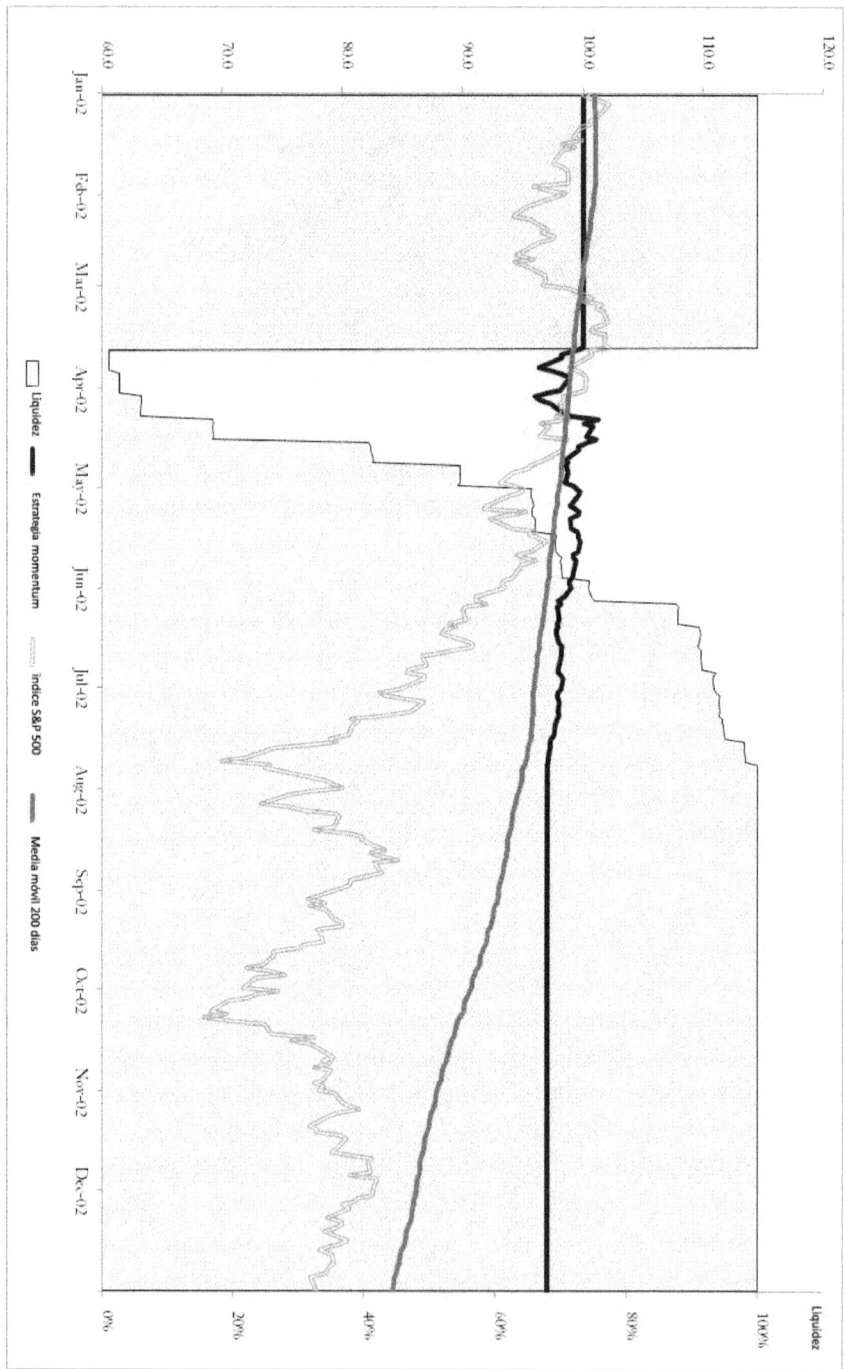

Figura 13-13 Evolución, 2002

Pasamos otro año casi entero sin hacer nada, pero recuerda que en relación a la mayoría de la gente, la evolución fue muy buena. Perder un pequeño porcentaje mientras los mercados estaban patas arriba no es para estar avergonzados.

Lo que vemos en la Figura 13-14 es más o menos lo que pasó con todos los valores comprados en 2002. El mercado bajista estaba empezando a ralentizarse y el índice había estado moviéndose lateralmente el tiempo suficiente como para que subiera brevemente por encima de la media móvil de largo plazo. Eso nos dio luz verde para comprar nuevas posiciones, y comprar es lo que hicimos.

Los valores, en este caso Boeing, también tuvieron una buena recuperación y empezaron nuevamente a parecer prometedores. Entramos en el valor en marzo y para mediados de abril ya habíamos salido. La siguiente ronda de liquidaciones en el índice no tardó en llegar y, retrospectivamente, la entrada en Boeing fue muy inoportuna. En fin, no se puede ganar siempre.

Después de cuatro años teníamos una curva de rendimiento bastante extraña, como ves en la Figura 13-15. Al principio todo parecía ir muy bien. Muy pronto conseguimos elevados retornos y superamos al índice con holgura. Pero una vez que el mercado bajista comenzó, nos fuimos a liquidez y nos mantuvimos así casi todo el tiempo.

Tabla 13-8 Resultados 2002

	Estrategia momentum	S&P 500 Total Return Index
Retorno 2002	-3,0%	-22,1%
Máx drawdown 2002	-4,2%	-33,0%
Retorno anual desde 1999	10,4%	-6,8%
Máx drawdown desde 1999	-15,4%	-47,4%

Ya llevábamos dos años en los que prácticamente no habíamos hecho otra cosa más que guardar el dinero. ¿Qué clase de estrategia es esa?

Sé que es duro. La mayoría de los traders buscan acción y sienten picor en los dedos. Cuando ven que el mercado declina quieren entrar, bien con ventas en corto o bien comprando barato. Confía en mí, en estas condiciones de mercado es una muy mala idea. Muy poca gente consigue dinero en un mercado de acciones en estas condiciones. Retrospectivamente todos saben lo que se debería haber hecho. Pero en la realidad, son tiempos muy peligrosos y si simplemente eres capaz de preservar tu capital mientras todos los demás pierden, terminarás muy por delante.

No es tiempo de asumir riesgos. Quédate tranquilo y resiste.

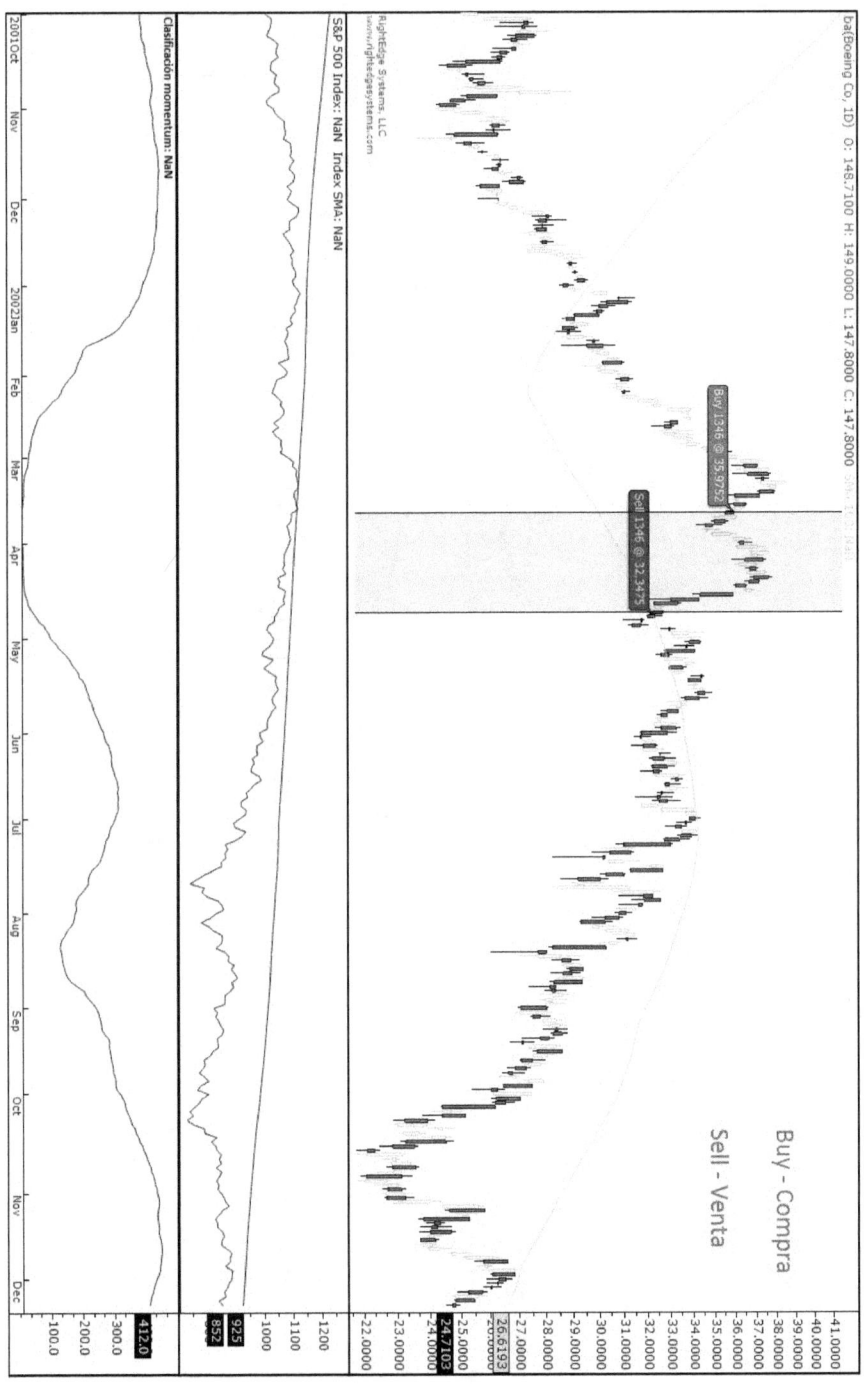

Figura 13-14 Boeing

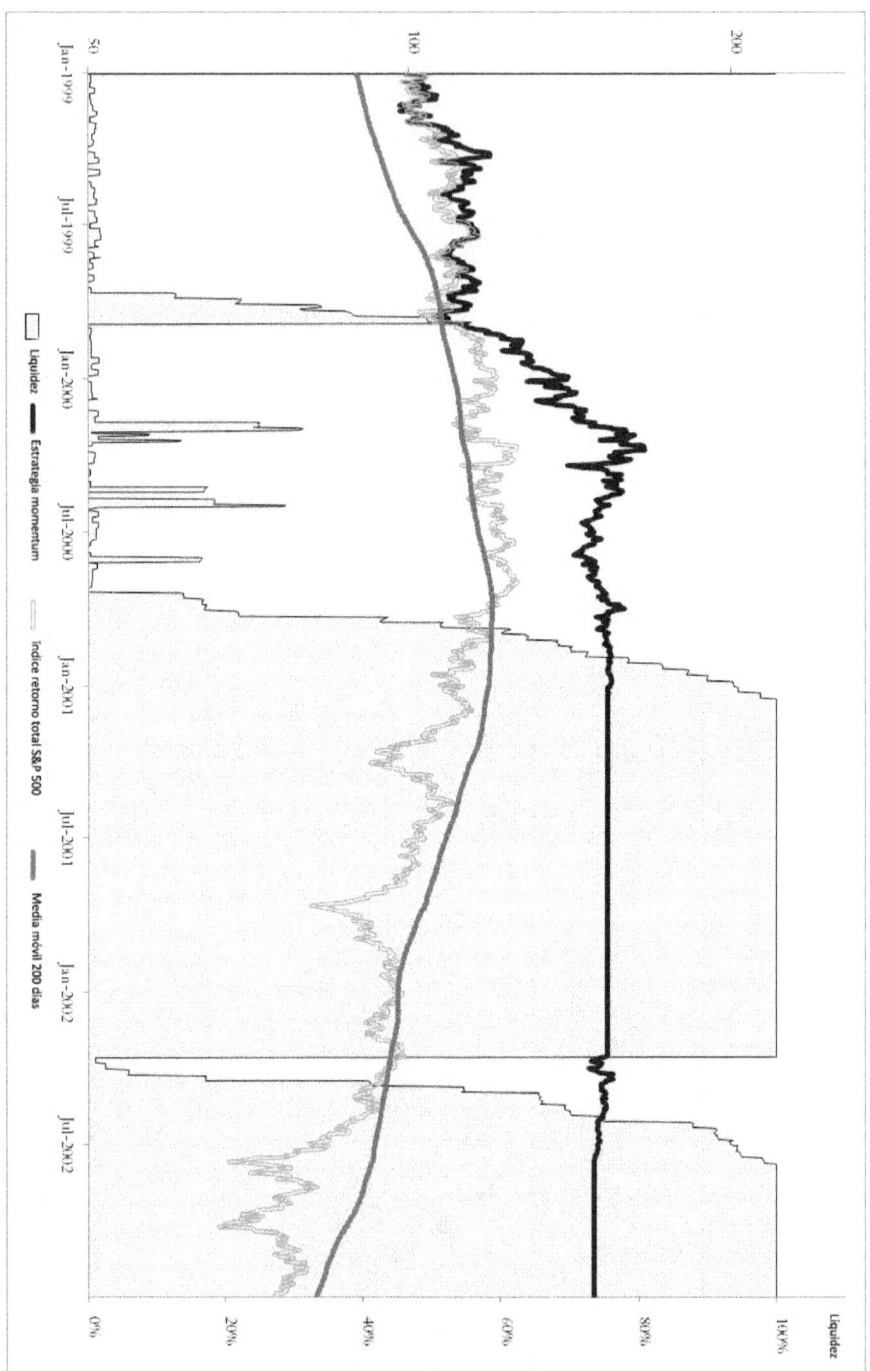

Figura 13-15 Evolución 1999-2002

2003

Tras los dos difíciles años que hemos dejado atrás, la mayoría de los traders de acciones momentum han abandonado ya el juego. Lo mejor que se puede decir de los dos últimos años es que no perdimos mucho dinero, mientras que muchos otros sí. Hay otra estrategia que podría haber tenido un resultado igual de bueno, y se llama "manténte alejado". Para que nuestra estrategia momentum tenga sentido, necesitamos ver pronto algún rendimiento. Batir al índice en un mercado bajista es sencillo. Necesitamos ver cómo se comporta la estrategia cuando las cosas mejoren.

Al comienzo de 2003, nuestra cartera era idéntica a la que teníamos al empezar el año anterior. O sea, no teníamos ni un solo valor. En los primeros meses, pareció ser una muy buena idea. El mercado había caído un 10% a principios de marzo y nosotros nos mantuvimos planos. Pero entonces el mercado empezó a resurgir, consiguiendo grandes ganancias sin nosotros. Pero no hay que preocuparse, esa media móvil se acercaba rápidamente. Finalmente, en abril el índice dio luz verde para empezar a construir una nueva cartera.

La cartera en la Tabla 13-9 muestra los valores que compramos esta vez. En general era una cartera bastante equilibrada, pero con una clara sobreponderación en el sector salud. Aunque la cartera cambió un poco en el curso del año, mostró una evolución muy interesante.

Tabla 13-9 Cartera abril 2003

Nombre	Peso	Sector
Adobe Systems Inc	2,6%	Tecnología información
Aetna Inc	3,8%	Salud
Allergan Inc	4,6%	Salud
Amgen Inc	4,6%	Salud
Apollo Education Group Inc	3,8%	Consumo discrecional
Best Buy Co Inc	2,4%	Consumo discrecional
Becton Dickinson and Co	4,0%	Salud
Brown-Forman Corp	6,4%	Consumo básico
Avis Budget Group Inc	3,0%	Industria
eBay Inc	4,6%	Tecnología información
Fluor Corp	3,2%	Industria
Guidant LLC	3,2%	Salud
Hasbro Inc	4,2%	Consumo discrecional
Mattel Inc	4,0%	Consumo discrecional
Medimmune LLC	2,9%	Salud

Marathon Oil Corp	5,0%	Energía
Nike Inc	3,9%	Consumo discrecional
Public Service Enterprise Group Inc	5,3%	Servicios públicos
Progressive Corp	4,7%	Finanzas
Pall Corp	3,8%	Industria
Reebok International Ltd	4,5%	Consumo discrecional
Starbucks Corp	3,4%	Consumo discrecional
St, Jude Medical Inc	4,6%	Salud
Yahoo! Inc	2,6%	Tecnología información
Zimmer Holdings Inc	3,7%	Salud

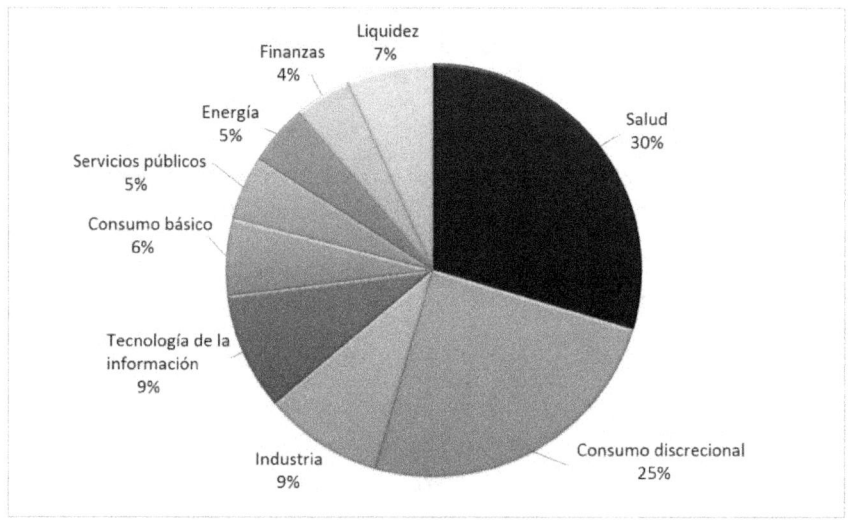

Figura 13-16 Distribución por sectores, abril 2003

Al contrario que el año pasado, esta vez el índice mantuvo el rumbo cuando atravesó la media móvil. El cruce se produjo a mediados de abril y posteriormente el índice continuó aumentando la distancia respecto a la media. Nuestra estrategia momentum también lo hizo bastante bien. Al principio solo copiaba al índice, manteniendo el mismo paso durante unos meses. El índice avanzaba muy bien, así que copiar su evolución en esa fase no estaba mal.

Entonces, al final del verano, nuestros valores empezaron a acelerarse. Para entonces ya habíamos conseguido un 20% de beneficio en el año, pero no era suficiente. Por primera vez en años, el optimismo regresaba a los mercados. La gente compraba valores como si se fueran a acabar. Ese es precisamente el tipo de entorno en el que brilla la inversión en momentum.

El índice quedó atrás, sepultado en el polvo, y aunque terminó el año en un respetable +28% nosotros conseguimos la friolera de +42%. No está nada mal. A no ser, claro, que te dieras por vencido después de los dos mediocres años anteriores y hubieras dejado de operar.

Este año marcamos unos cuantos tantos espectaculares. En la Figura 13-18 se ve lo que ocurrió después de comprar Sanmina en junio de 2003. Antes de venderlo a principios de 2004, el precio se había duplicado. Fíjate además en todas esas operaciones que se ven en la figura en ese tramo. Ya deberías haberte acostumbrado a esto. Todas esas operaciones son los pequeños reequilibrios para compensar el cambio en la volatilidad. Las operaciones se hacen para tratar de mantener los riesgos constantes, ya que el riesgo de la posición siempre está cambiando.

Este es exactamente el tipo de operación que queremos ver con una estrategia momentum. En un buen año conseguimos varios de estos valores con un gran comportamiento.

Al final de 2002 parecía que nuestra estrategia solo valía para mantenerse en liquidez. Habíamos tenido dos años de evolución casi plana. Después de este año, debería quedar claro cómo funciona esta estrategia de largo plazo. Sin unas reglas claras sobre cuándo entrar y salir del mercado, te arriesgas tanto a perder demasiado en mercados bajistas como a perderte la inevitable recuperación.

Tabla 13-10 Resultados 2003

	Estrategia momentum	S&P 500 Total Return Index
Retorno 2003	41,8%	28,7%
Máx drawdown 2003	-7,2%	-13,8%
Retorno anual desde 1999	16,1%	-0,6%
Máx drawdown desde 1999	-15,4%	-47,4%

Entramos en un buen momento y según se recuperaba el mercado nos situamos en los sectores correctos y en los valores correctos. Entonces, después de cinco años, podíamos mostrar una superación sustancial respecto al mercado y retornos absolutos muy potentes.

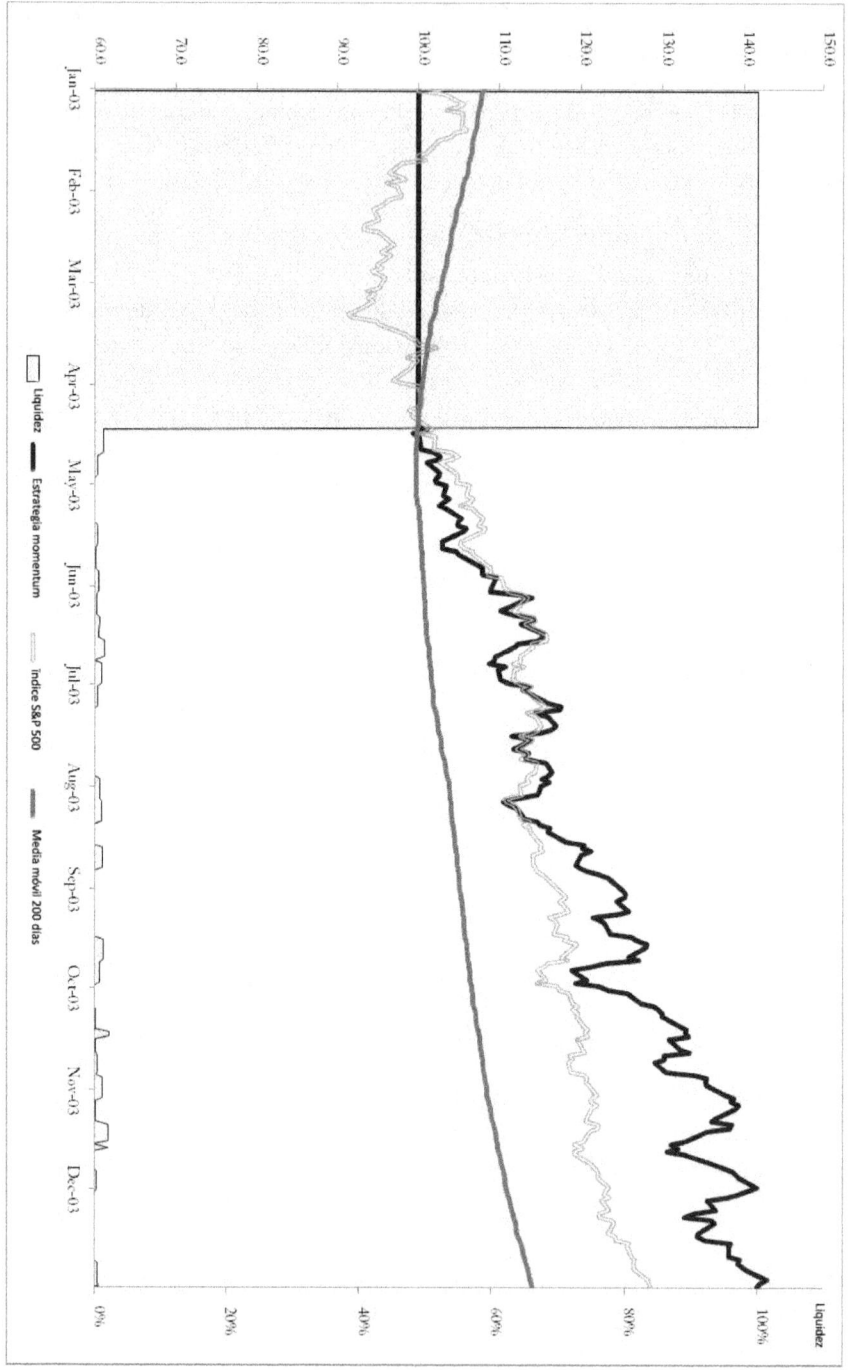

Figura 13-17 Evolución, 2003

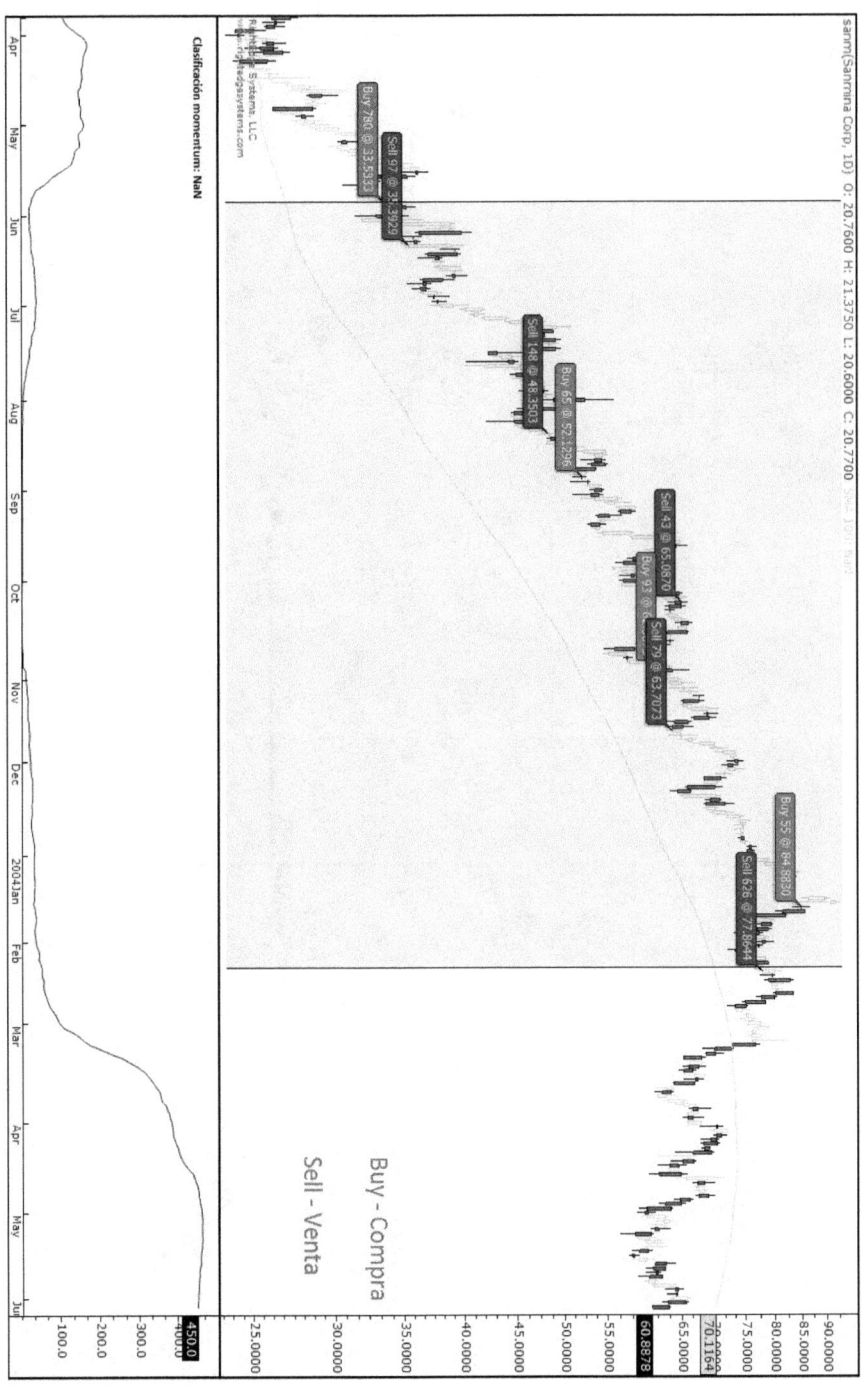

Figura 13-18 Sanmina Corp

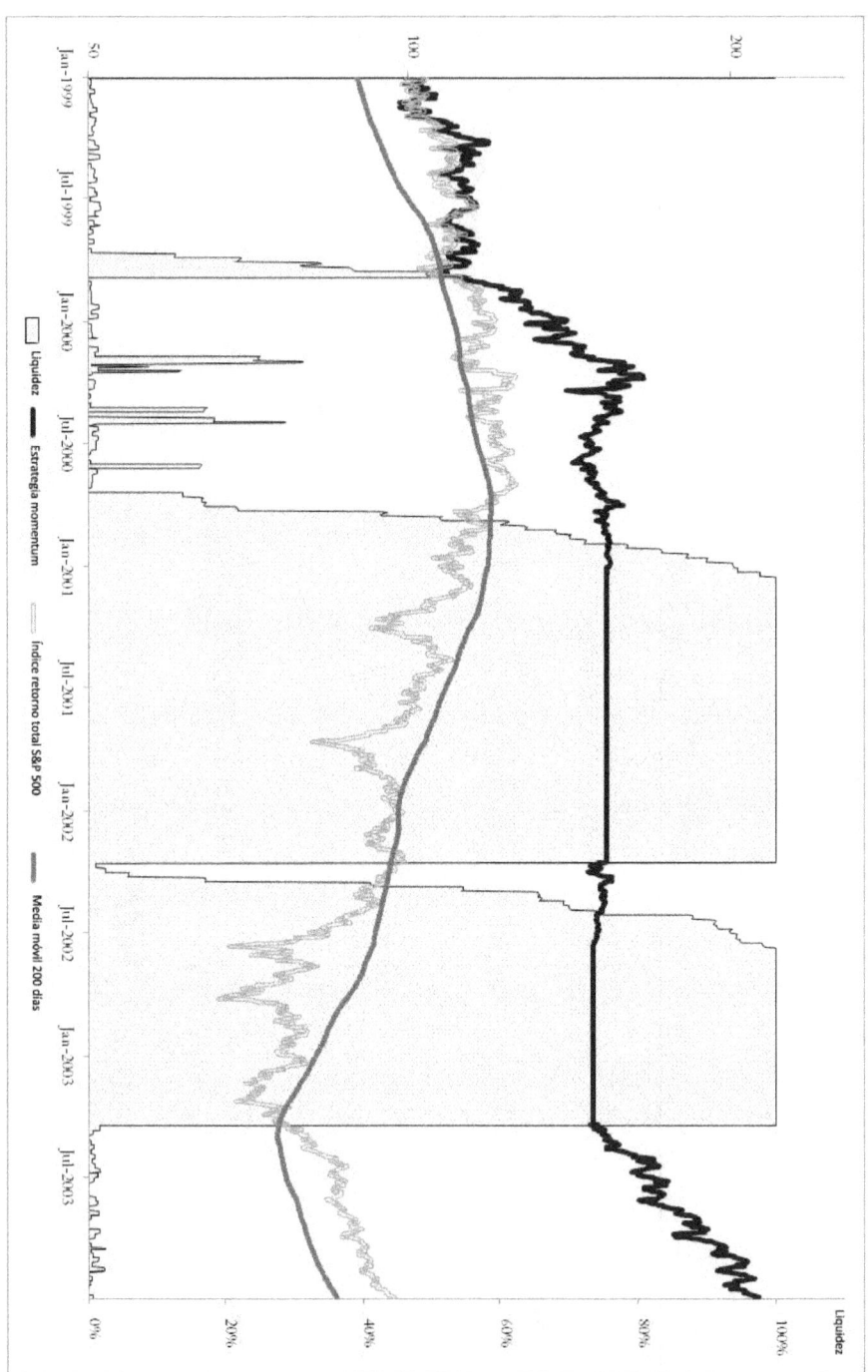

Figura 13-19 Evolución 1999-2003

2004

Por fin tenemos un comienzo de año un poco más normal. En enero de 2004 el estallido de las punto com ya se pierde en la memoria y la recuperación está en marcha. Acabamos de tener medio año con una evolución espectacular y los mercados no parecen querer dejar de subir. Al comienzo del año tenemos una amplia cartera con 27 valores que cubren todos los sectores excepto el financiero. Incluso hemos regresado a los valores tecnológicos con una asignación del 26%. El año pasado tuvimos ganancias descomunales, así que el ánimo está alto y la cartera completa.

Tabla 13-11 Cartera inicial, 2004

Nombre	Peso	Sector
Sanmina Corp	2,2%	Tecnología información
Humana Inc	4,0%	Salud
Freeport-McMoRan Inc	2,7%	Materiales
Louisiana-Pacific Corp	3,6%	Materiales
Georgia-Pacific LLC	4,7%	Materiales
Advanced Micro Devices Inc	2,3%	Tecnología información
Nordstrom Inc	4,3%	Consumo discrecional
Motorola Solutions Inc	3,2%	Tecnología información
Freeport-Mcmoran Corp	4,2%	Materiales
Texas Instruments Inc	3,1%	Tecnología información
Alcatel-Lucent USA Inc	2,3%	Telecomunicaciones
Yahoo! Inc	3,1%	Tecnología información
PMC-Sierra Inc	2,1%	Tecnología información
United States Steel Corp	4,3%	Materiales
PulteGroup Inc	4,0%	Consumo discrecional
Broadcom Corp	2,3%	Tecnología información
Reynolds American Inc	4,7%	Consumo básico
Siebel Systems Inc	3,0%	Tecnología información
AES Corp	3,0%	Servicios públicos
Teradyne Inc	2,6%	Tecnología información
International Game Technology	4,6%	Consumo discrecional
Nextel Communications Inc	3,7%	Telecomunicaciones
Autodesk Inc	3,7%	Tecnología información
Altria Group Inc	7,3%	Consumo básico
Zimmer Holdings Inc	5,6%	Salud

| Schneider Electric IT Corp | 3,3% | Energía |
| Rockwell Automation Inc | 5,3% | Industria |

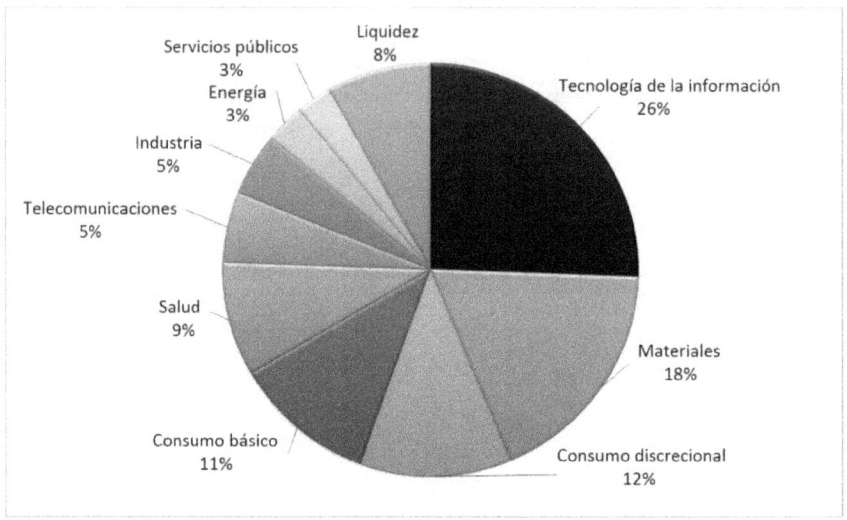

Figura 13-20 Distribución inicial por sectores, 2004

La mayor parte de 2004 no fue ni mucho menos tan divertida como el año anterior. La volatilidad de la cartera fue bastante elevada, con el balance subiendo rápidamente hasta +7% solamente para perderlo todo. Durante varios meses se mantuvo este comportamiento tan agitado, oscilando arriba y abajo. Entonces, en agosto el mercado empezó a caer de nuevo y nosotros detrás del índice.

El mercado cayó por debajo de la media móvil al final del verano, dando la señal para parar nuevas compras. El valor de nuestra cartera cayó aún más y fuimos saliendo de las posiciones según las normas de reequilibrio. En el peor momento tuvimos una pérdida del 9% en agosto, mientras que el mercado solo llegó a perder el 3%. No era una situación divertida. Acabábamos de recuperar la confianza en la estrategia el año anterior, así que era comprensible que de nuevo dudáramos de todo esto. Habíamos estado operando todo el año, haciendo todo el trabajo, y en agosto todo lo que podíamos mostrar era una cartera volátil de bajo rendimiento con una pérdida cercana a los dos dígitos.

Tienes que recordar que la inversión en momentum es de largo recorrido. Es una forma de batir a los mercados en el largo plazo. Algunos años funciona y otros no. Con el tiempo, siempre lo ha hecho mucho mejor que los mercados de acciones y siempre ha producido retornos atractivos. Vamos a seguir con nuestra estrategia un poco más para ver qué pasa.

Resultó que esa lectura de agosto fue la peor que vimos ese año. De hecho, después vimos una recuperación increíble. Partiendo de -9% a principios de agosto, despegamos como un cohete. El índice volvió a superar la media móvil, lo que nos permitió recomprar una cartera completa y resultó que fue con los valores correctos.

Desde entonces, avanzamos con rapidez en una recuperación que duró el resto del año. Para diciembre, teníamos una ganancia del 14%, consiguiendo batir al índice y también un fuerte retorno absoluto. Algunos pueden pensar que ese 14% es un resultado pobre. Normalmente, esa actitud es popular en los foros anónimos de trading, en los que todos proclaman que consiguen cientos o incluso miles de puntos porcentuales al año. Esas cifras están muy bien para conversaciones basura en los foros anónimos de internet, pero en el mundo real muy poca gente es capaz de obtener rendimientos compuestos del 14% por largos periodos de tiempo.

La posición en Autodesk en la Figura 13-22 muestra una gran operación de largo plazo. En este caso no se muestran las operaciones de reequilibrio, pero solo porque he quitado las etiquetas para que se vea mejor el gráfico. En un periodo tan largo se acumulan tantas etiquetas de las operaciones que apenas se puede ver el precio.

Esta posición se abrió en diciembre de 2003, se mantuvo todo 2004 y se vendió al final de enero de 2005. En este periodo, el precio se triplicó, lo que contribuyó en gran medida a la evolución de nuestra cartera.

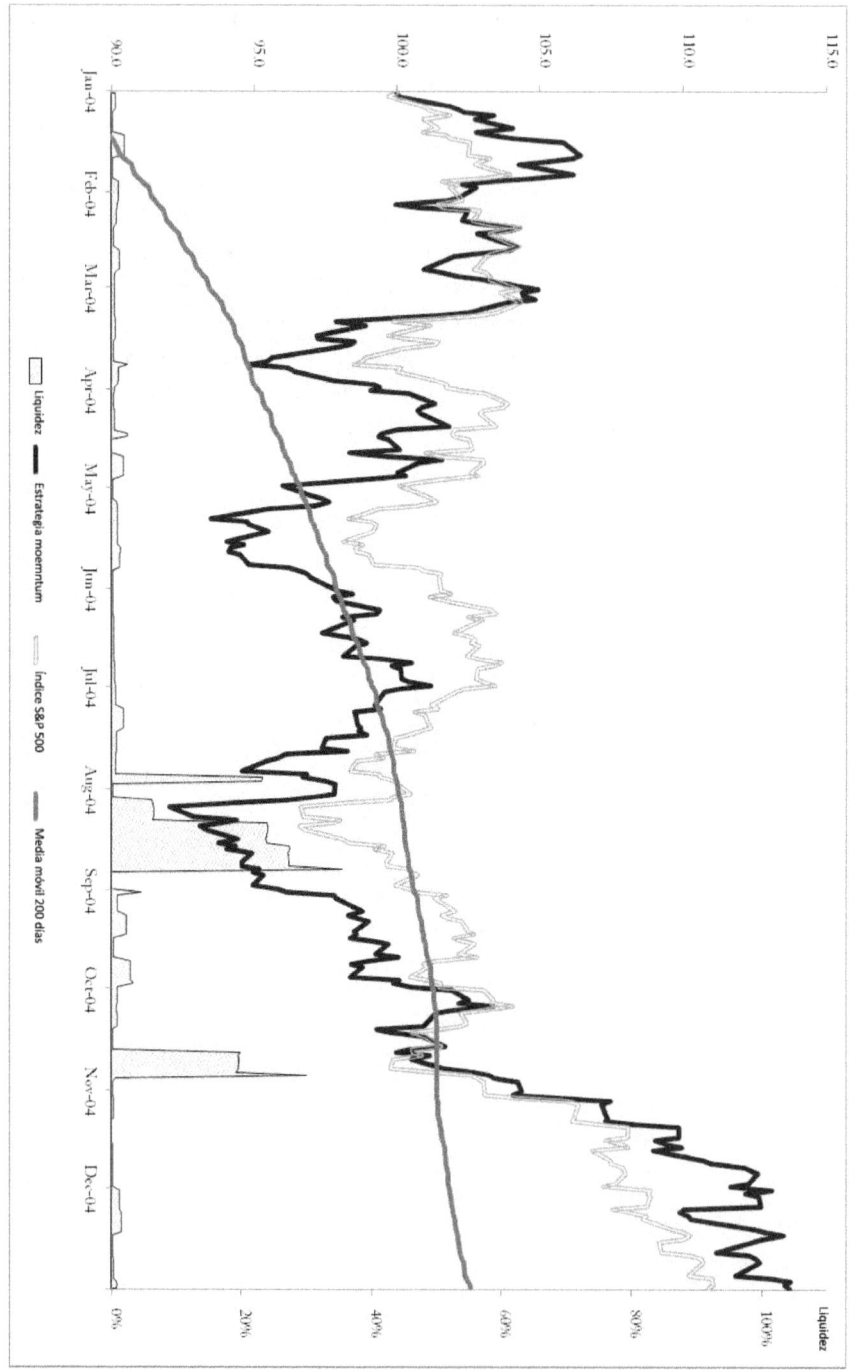

Figura 13-21 Evolución, 2004

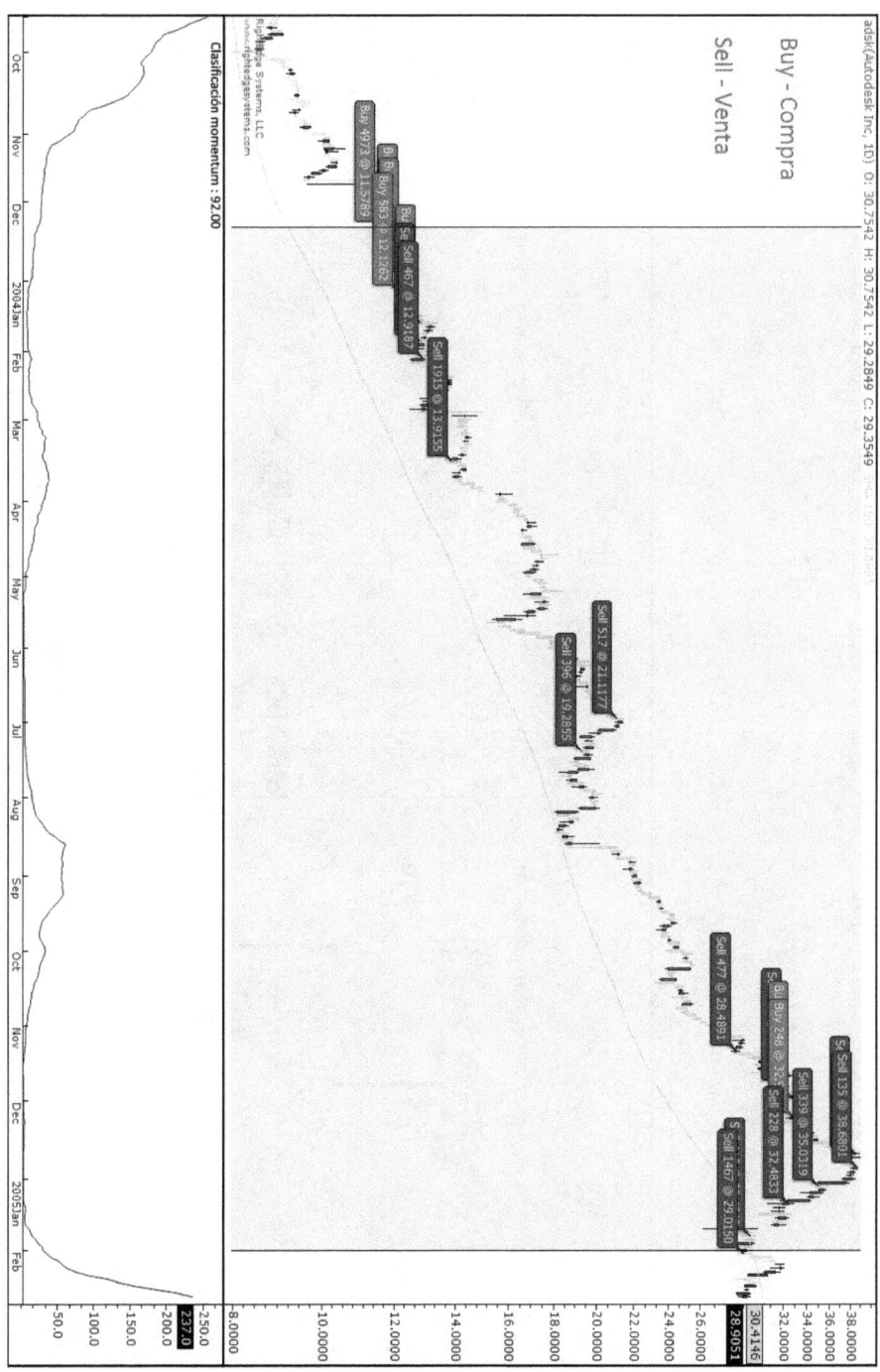

Figura 13-22 Autodesk

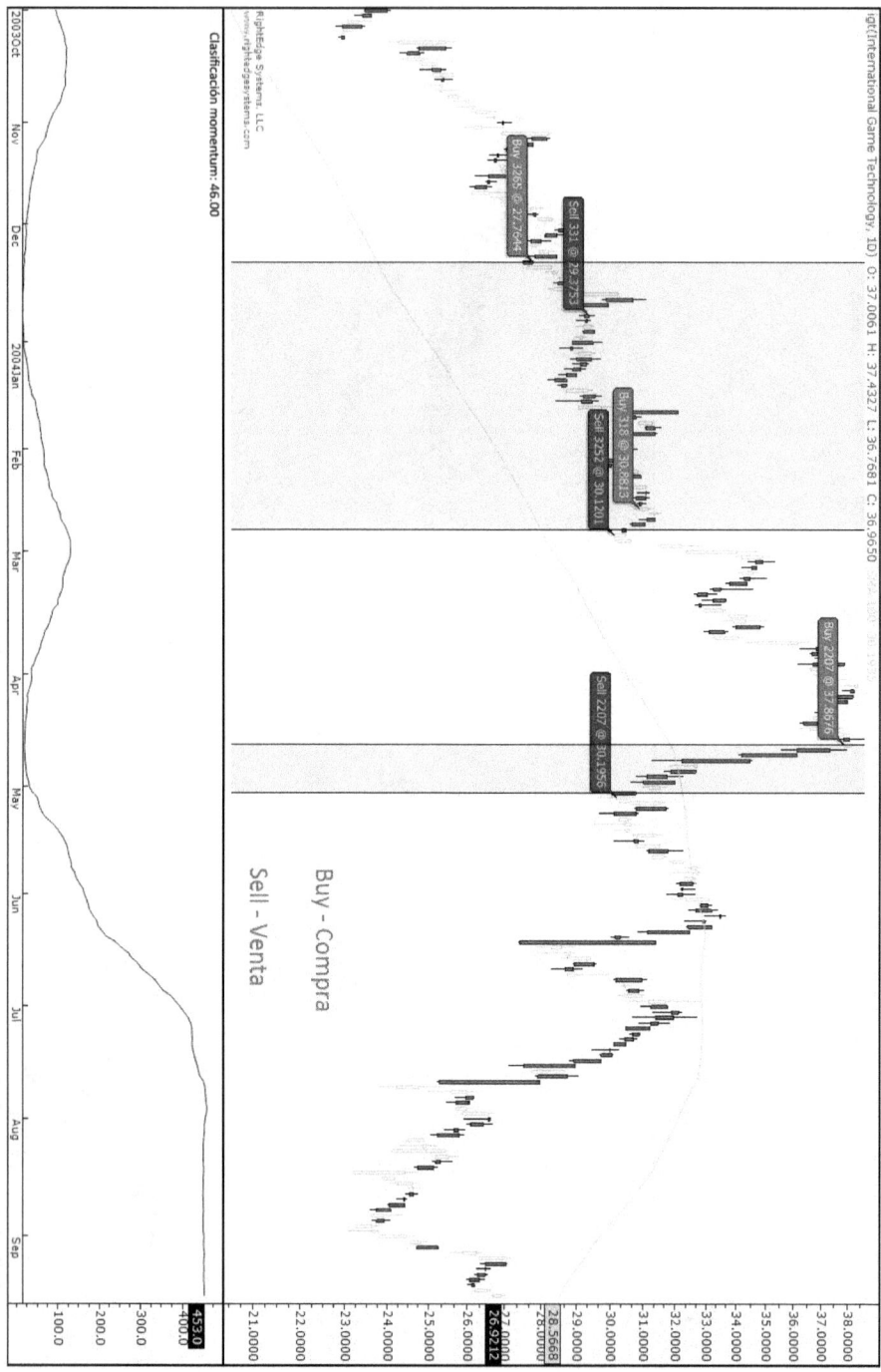

Figura 13-23 International Game Technology

No todas las operaciones son tan divertidas como la de Autodesk, claro. Incluso en los años buenos hay muchas operaciones malas. La operación con IGT que se muestra en la Figura 13-23 es un buen ejemplo. Ya habíamos operado con este valor a finales de 2003 con resultados aceptables. No fueron excelentes, pero salimos con un pequeño beneficio. Para abril de 2004, IGT era una de las acciones momentum mejor clasificadas y la compramos de nuevo. Esta vez, se desplomó al día siguiente de comprarla. El precio de la acción cayó en picado, atravesó la media móvil y en el siguiente reequilibrio salimos con pérdidas.

Esto pasa continuamente, pero no hay de qué preocuparse. Es el coste de hacer negocios. Fue una entrada válida, pero simplemente no funcionó. A pesar de todo nos fue bien ese año.

A estas alturas, hemos superado en mucho al índice y nuestra estrategia momentum ha probado su valía. Ya deberías empezar a ver la pauta de la estrategia en el largo plazo: mejor en mercados alcistas, defensiva en mercados bajistas.

Si hubieras invertido 100 dólares siguiendo el índice a principios de 1999, tendrías ahora 106 dólares. Si por otra parte hubieras invertido en este enfoque momentum, ya habrías más que doblado tu dinero.

Tabla 13-12 Resultados 2004

	Estrategia momentum	S&P 500 Total Return Index
Retorno 2004	13,7%	10,9%
Máx drawdown 2004	-13,5%	-7,4%
Retorno anual desde 1999	15,7%	1,3%
Máx drawdown desde 1999	-15,4%	-47,4%

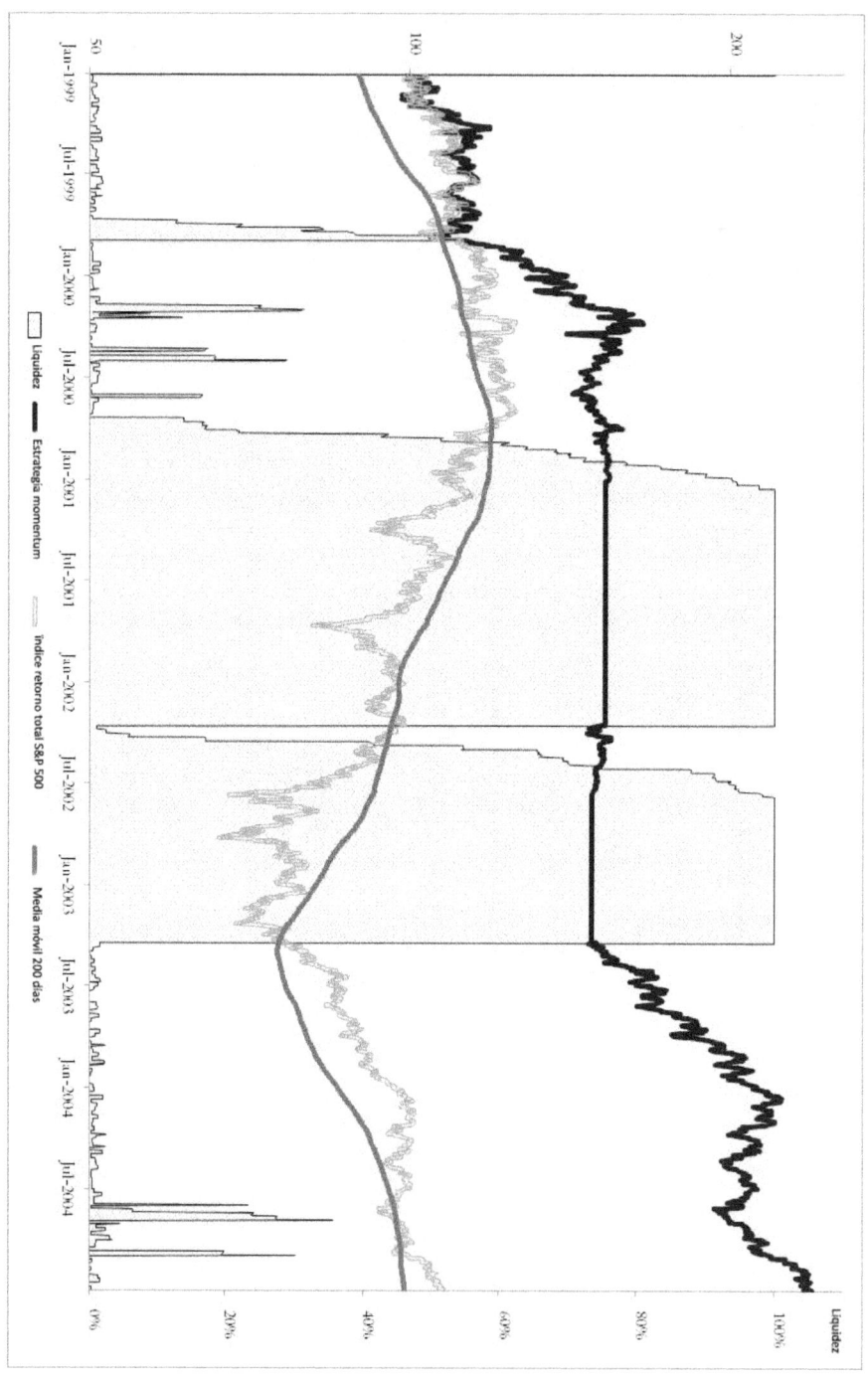

Figura 13-24 Evolución 1999-2004

2005

En 2005, los valores tecnológicos están en boga de nuevo, y a lo grande. De hecho, la mitad de nuestra cartera inicial en este año está en el sector de la tecnología de la información. Esta distribución tan elevada en un solo sector tiene un claro significado. Quiere decir que hay una tendencia principal en ese espacio en particular y nosotros estamos ahí. Los valores tecnológicos han pasado de ser los parias de los mercados a ser de nuevo sus principales guías. Aparte de los valores tecnológicos, tenemos una exposición significativa a los sectores industrial, consumo discrecional y energético.

Tabla 13-13 Cartera inicial, 2005

Nombre	Peso	Sector
Autodesk Inc	3,9%	Tecnología información
Apple Inc	3,1%	Tecnología información
Energy Future Holdings Corp	5,2%	Energía
Norfolk Southern Corp	5,5%	Industria
Black & Decker Corp	6,5%	Consumo discrecional
PACCAR Inc	4,6%	Industria
Transocean Ltd	3,8%	Energía
KB Home	3,5%	Consumo discrecional
Brunswick Corp	4,8%	Consumo discrecional
Adobe Systems Inc	4,2%	Tecnología información
Franklin Resources Inc	6,6%	Finanzas
Gateway Inc	2,3%	Tecnología información
Citrix Systems Inc	3,4%	Tecnología información
Advanced Micro Devices Inc	2,7%	Tecnología información
eBay Inc	4,6%	Tecnología información
Comverse Technology Inc	2,8%	Tecnología información
Monster Worldwide Inc	4,1%	Tecnología información
QLogic Corp	3,2%	Tecnología información
Andrew LLC	3,1%	Tecnología información
Oracle America Inc	2,8%	Tecnología información
Parker Hannifin Corp	5,7%	Industria
NVIDIA Corp	2,8%	Tecnología información
Compuware Corp	2,4%	Tecnología información
NCR Corp	4,8%	Tecnología información
Williams Companies Inc	3,6%	Energía

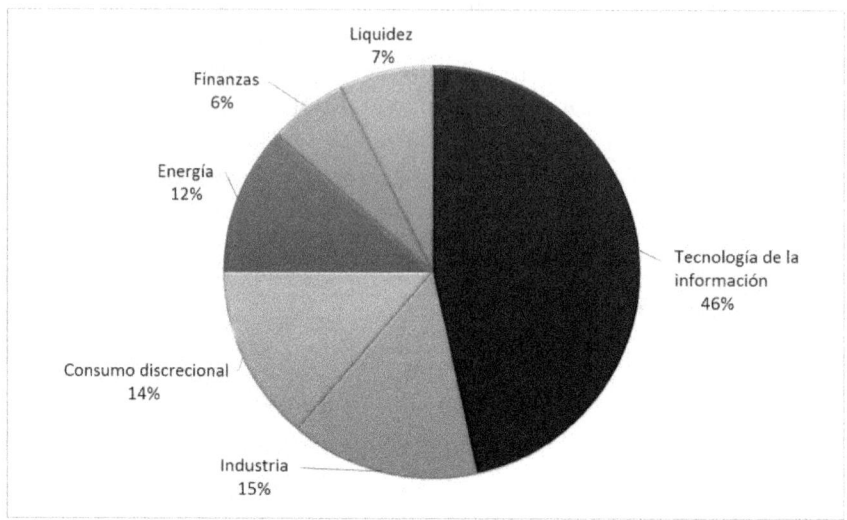

Figura 13-25 Distribución inicial por sectores, 2005

Al final del año anterior tuvimos una recuperación que duró varios meses, y nuestra cartera mostró ganancias significativas desde agosto a diciembre. Con esos increíbles meses a nuestras espaldas, todo el mundo tenía grandes expectativas al comienzo de 2005. Este año, sin embargo, el comienzo fue duro. Ya en los primeros días caíamos algunos puntos porcentuales. Aunque no era muy preocupante, nunca es divertido estar cuatro puntos abajo en la primera semana del año. En fin, como ya hemos experimentado antes la volatilidad, quizás no fuera tan preocupante.

Pero dos semanas después, cuando enero casi se estaba terminando, nos encontramos en un agujero del seis por ciento y la cosa ya no tenía ninguna gracia. Estas situaciones pueden parecer triviales cuando tienes delante un gráfico con la evolución a largo plazo y miras lo que puede parecer un retroceso sin importancia. Pero esos retrocesos son algo completamente diferente cuando de verdad ocurren con dinero auténtico, cuando no tienes ni idea de lo que te depara el futuro. Es muy natural pararte a pensar qué va a pasar si continúas en la misma tónica. Si cada mes perdieras un seis por ciento, acabarías el año con un retroceso del 50%. No es saludable hacer ese tipo de cálculos, pero todos lo hacemos.

Lo que ocurrió después es que el mercado se recuperó y las acciones que teníamos fueron las que se recuperaron más rápido. A medida que el mercado se normalizaba y subía durante los siguientes meses, tuvimos un empujón en el rendimiento de nuestra cartera. Desde el suelo de -6% nos recuperamos hasta un +7% en marzo. Este tipo de meneos pueden ser duros desde un punto de vista psicológico. Si tenías

100.000 dólares duramente ganados en esta cartera al principio del año, primero habrías perdido 6.000 en unas cuantas semanas y después habrías ganado 11.000 en los siguientes meses. Ahora estás en la cima del mundo de nuevo haciendo tus cálculos sobre el retorno compuesto. Acabas de conseguir un 11% en dos meses y si continúas así habrás llegado al 87% al final del año. Empezando con 100.000, eso serían 87.000 dólares.

Es tentador pensar así, pero intenta no hacerlo. Nunca va a resultar de esa manera. Ni siquiera por aproximación. Ni el -40% que temías en enero ni el 87% que soñabas en marzo.

El año continuó como una montaña rusa. Mientras los mercados retrocedían un poco en el segundo trimestre, nuestras acciones continuaron demostrando su elevada beta. Desde la lectura máxima de +7% caímos hasta -6% a mitad del año. Estas situaciones son extremadamente frustrantes. Has visto beneficios decentes este año y los has visto marchar. Has trabajado todo el año con tus modelos momentum, con tus cálculos y tus reequilibrios y lo único que puedes mostrar son pérdidas.

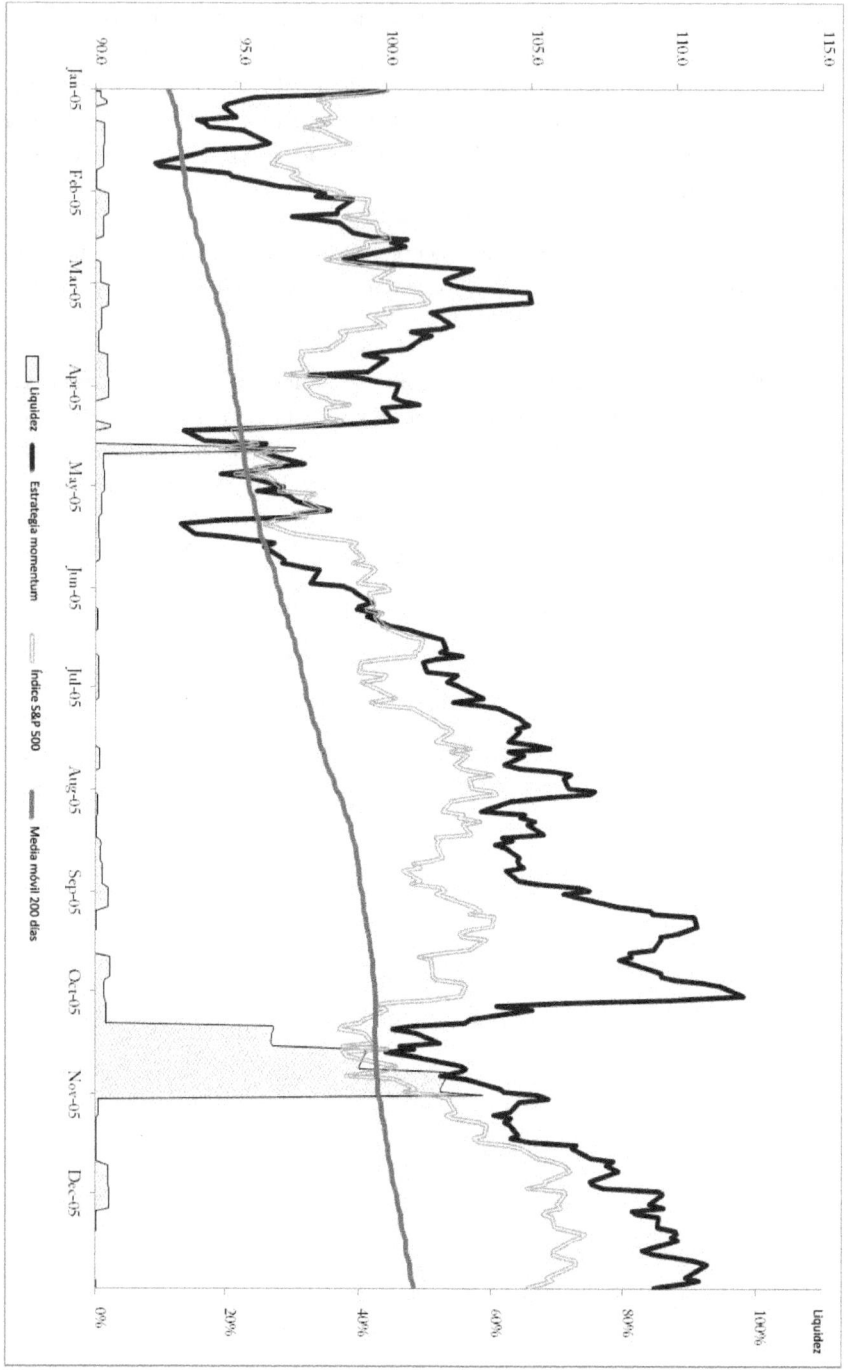

Figura 13-26 Evolución, 2005

Pero la montaña rusa de 2005 estaba lejos de haber terminado. El año fue pura tensión, con una segunda recuperación fuerte desde mayo a septiembre que movió nuestra cartera desde -6% hasta +13%. Eso es más de un 20% en unos pocos meses. No está nada mal. El único problema es que después de esto hubo una gran pérdida en muy poco tiempo. Nuestro retorno se desplomó desde el 13% a cero en cuestión de semanas. Este movimiento no fue tan drástico en el índice, pero nuestra cartera, formada por valores con beta elevada, recibió una buena paliza en un plazo muy corto.

El índice perdió de nuevo la media móvil de 200 días, así que ya no estábamos autorizados a reemplazar los valores salientes. La liquidez empezó a acumularse y cuando llegó noviembre estábamos perdiendo menos de medio punto porcentual. Más de la mitad de la cartera estaba en liquidez.

Pero resultó ser el momento equivocado para reducir posiciones. Eso es muy fácil decirlo después de los hechos. El índice se sumergió por debajo de la media solo para emerger enseguida y remontar. Nosotros andábamos rezagados, porque solo teníamos un pie en el mercado. Increíblemente, fuimos capaces de seguir los pasos del índice en su remontada, incluso con ese nivel tan bajo de exposición. Los valores que quedaban en la cartera lo hicieron significativamente mejor que el índice y mantuvieron el ritmo del mercado.

Al analizar en la Figura 13-26 la mala sincronización de nuestra salida del mercado en octubre, es justo preguntarse si no deberíamos cambiar los parámetros. Después de todo, si hubiéramos utilizado una media móvil de 220 días habríamos evitado esta sincronización tan horrible. Es fácil caer en esta trampa de cambiar los parámetros basándonos en un conocimiento retrospectivo.

Mi intención con este libro es presentar realismo. Quiero enseñar cómo funcionan las cosas en la realidad y no voy a mostrar una prueba histórica optimizada con resultados increíbles solo para vender algunos libros más. La realidad es que estas cosas pasan, e incluso mucho peores. Hacer que la estrategia parezca mucho más rentable y darle poderes mágicos sobre el momento óptimo para operar sería fácil retrospectivamente, pero no ayudaría a ningún lector de este libro.

Por lo menos el año terminó bastante bien, después de tantas oscilaciones en el resultado y de haber salido del mercado en el peor momento. El índice mismo terminó el año con alrededor de +5%, mientras que nosotros terminamos con +9%. No es un mal resultado. A lo largo del tiempo se van sumando los resultados superiores al índice. La consistencia es lo que buscamos.

Tabla 13-14 Resultados 2005

	Estrategia momentum	S&P 500 Total Return Index
Retorno 2005	9,3%	4,9%
Máx drawdown 2005	-11,4%	-7,0%
Retorno anual desde 1999	14,8%	1,8%
Máx drawdown desde 1999	-15,4%	-47,4%

La operación con Anthem en la Figura 13-27 demuestra una situación frustrante que ocurre frecuentemente con esta estrategia. Compramos este valor después de una fuerte subida, como suele ocurrir. Fíjate en el panel inferior cómo el valor se mantiene escalando la lista de clasificación. Cuando lo compramos, estaba clasificado en el número 12 entre los 500 valores del índice. Justo después de comprarlo, sin embargo, el momentum se esfumó. No es que cayera, sino que se paró el movimiento. Finalmente salimos sin nada de qué presumir en una posición mantenida cerca de cuatro meses. Para empeorar las cosas, justo después de venderlo, el valor decidió que era el momento de comenzar a subir de nuevo. Por supuesto, para entonces la clasificación del valor había empeorado lo suficiente como para sacarlo de lo alto de la lista y reemplazarlo por otro completamente ajeno.

Bien, repito que este es el coste de hacer negocios. No todas las operaciones son ganadoras. Ten siempre presente que cualquier posición individual es completamente irrelevante. Nosotros estamos en una cartera, no en una posición. Esta estrategia, como la mayoría de las estrategias de trading, no está diseñada para ganar en cada operación. Está diseñada para ganar en el largo plazo sobre la base de la cartera.

Por otro lado, Aetna, en la Figura 13-28 fue una operación más alentadora. En este caso, aunque fue suerte, compramos en un momento muy bueno, justo antes de que el valor iniciara un nuevo impulso.

Por el momento todo iba bien. Llevábamos siete años con la estrategia y aventajábamos al índice por una diferencia enorme. Este año en particular tuvimos más o menos el rendimiento del mercado, pero dada nuestra inicial ventaja no estaba nada mal.

Figura 13-27 Anthem

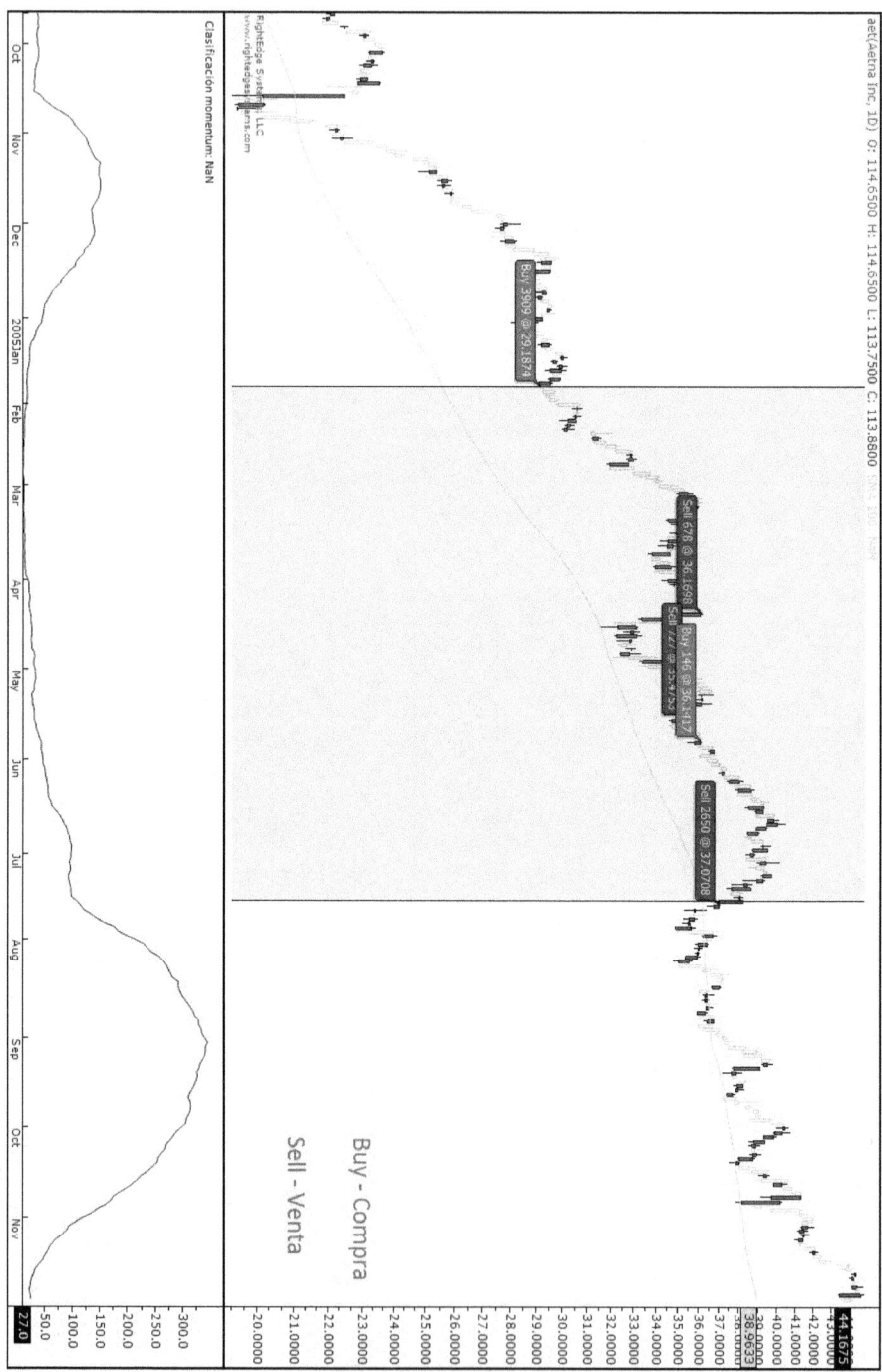

Figura 13-28 Aetna

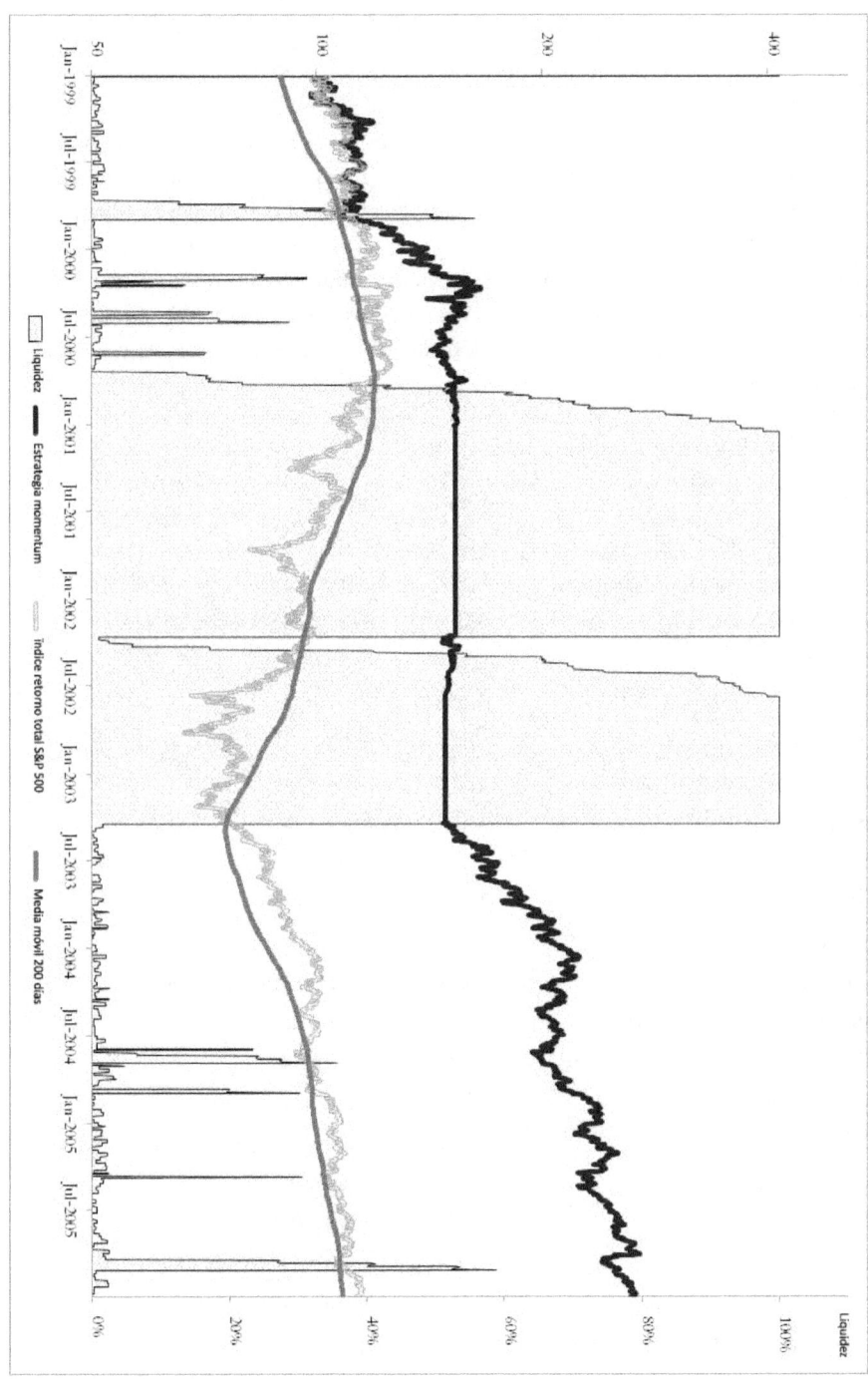

Figura 13-29 Evolución 1999-2005

2006

Acabamos de dejar atrás un año duro pero rentable. Nos hemos comido las uñas, pero al final alcanzamos un retorno de casi dos dígitos. Según comienza este nuevo año, todavía estamos algo sobreponderados en tecnología, pero aun así razonablemente diversificados. Contamos con grandes participaciones en valores financieros, industriales, salud y consumo discrecional. Fíjate en la ausencia de servicios públicos y telecomunicaciones. A estos dos sectores raramente se les presta mucha atención en la inversión en momentum, puesto que no han demostrado ninguna capacidad real de producir candidatos adecuados. Tampoco tenemos valores de consumo discrecional en la alineación titular, si bien este sector tiene de vez en cuando grandes campeones.

Tabla 13-15 Cartera inicial, 2006

Nombre	Peso	Sector
Express Scripts Holding Co	3,6%	Salud
E*TRADE Financial Corp	3,3%	Finanzas
Advanced Micro Devices Inc	3,2%	Tecnología información
Robert Half	4,6%	Industria
BJ Services Company LLC	3,3%	Energía
Medimmune LLC	3,1%	Salud
Norfolk Southern Corp	5,2%	Industria
Aon PLC	5,1%	Finanzas
Applied Biosystems Inc	4,9%	Salud
Freeport-McMoRan Inc	3,8%	Materiales
Apple Inc	3,9%	Tecnología información
Novell Inc	3,2%	Tecnología información
Freeport-Mcmoran Corp	3,2%	Materiales
Burlington Northern Santa Fe	5,7%	Industria
JDS Uniphase Corp	1,7%	Tecnología información
NVIDIA Corp	2,8%	Tecnología información
Progressive Corp	5,0%	Finanzas
Citrix Systems Inc	4,6%	Tecnología información
Ciena Corp	2,0%	Tecnología información
Adobe Systems Inc	3,1%	Tecnología información
Gilead Sciences Inc	3,0%	Salud
Janus Capital Group Inc	4,0%	Finanzas
NetApp Inc	3,3%	Tecnología información

Starbucks Corp	4,2%	Consumo discrecional
Circuit City Stores Inc	3,8%	Consumo discrecional
Monster Worldwide Inc	3,9%	Tecnología información

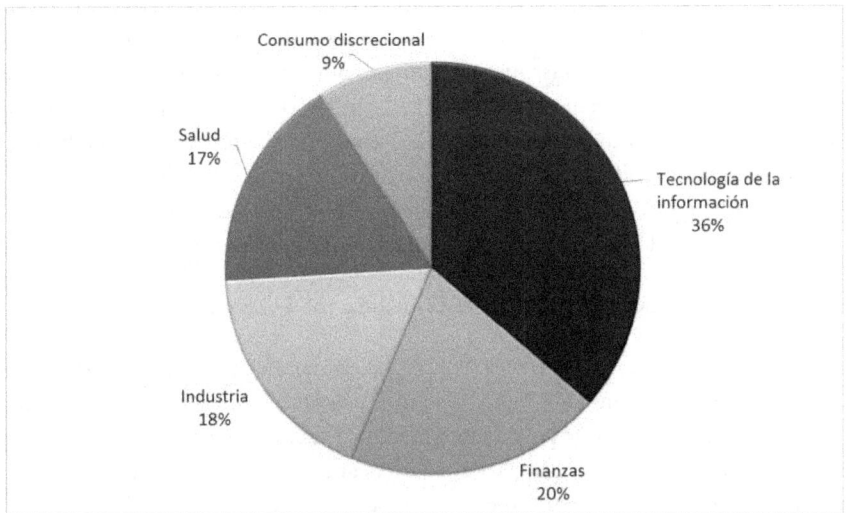

Figura 13-30 Distribución inicial por sectores, 2006

El año comenzó bien de verdad. Hubo una estupenda subida desde el comienzo que duró hasta principios de mayo. En ese punto, ya teníamos un beneficio del 19%. La cosa pintaba bien, como suele ocurrir antes de que comiencen los problemas. Resultó ser un año muy decepcionante para la inversión en momentum. Los sectores que se habían comportado mejor durante más de un año de repente se hundieron. Obtuvimos pérdidas por todos lados y la valoración de la cartera declinó rápidamente.

Para empeorar las cosas, tuvimos muy mala fortuna con la evolución de nuestra exposición durante el verano. El índice cayó por debajo de la media móvil en junio y rápidamente redujimos la exposición. Vendimos muchos valores en cada reequilibrio y a primeros de julio teníamos un 60% de liquidez. Justo entonces, llegó un repunte dentro de la tónica bajista que nos metió de nuevo en el mercado. El índice asomó la cabeza por encima del agua y lanzó señales de compra a todos los niveles. Apenas habíamos terminado de comprar acciones cuando el mercado comenzó a caer de nuevo. Al tener una exposición tan elevada sufrimos una rápida pérdida antes de salirnos otra vez, según el índice volvía a caer por debajo de la media. Y por supuesto, justo cuando de nuevo habíamos reducido la exposición a la mitad, el mercado se recuperó y empezó un rebote. Es difícil no tomárselo personalmente.

En esta ocasión, el enfoque momentum se movió con dificultad. Nos pasamos la segunda parte del año por debajo del índice, trepando despacio pero ni de lejos tanto como el mercado. ¿Qué ocurrió? ¿Cómo es que el enfoque momentum de repente dejó de funcionar?

El descenso inicial está claro. Los sectores momentum sufrieron una caída y nuestra estrategia de beta elevada sufrió una caída mayor. Eso es de esperar de vez en cuando. Más preocupante es que no conseguimos ningún rendimiento en la segunda parte del año. Pero así son las cosas algunas veces. En este periodo de tiempo concreto, el enfoque momentum no funcionó muy bien. Compramos varios valores que habían tenido un buen recorrido por algún tiempo, pero después de adquirirlos ya no caminaron tan bien. Vendimos la mayoría de ellos con pequeñas ganancias o pequeñas pérdidas, y los sustituimos por otros valores que tampoco destacaron.

No esperes de ninguna estrategia que funcione bien todo el tiempo.

La operación de Office Depot en la Figura 13-32 demuestra lo que ocurrió con muchas posiciones hacia mitad del año y por qué la evolución de la cartera retrocedió tanto. En este caso, abrimos la posición en marzo y funcionó bastante bien por unos meses, hasta que comenzó a caer. Como prácticamente todas las demás acciones también cayeron, la clasificación de este valor se mantuvo alta en relación al resto. Por eso tardamos tanto tiempo en venderla.

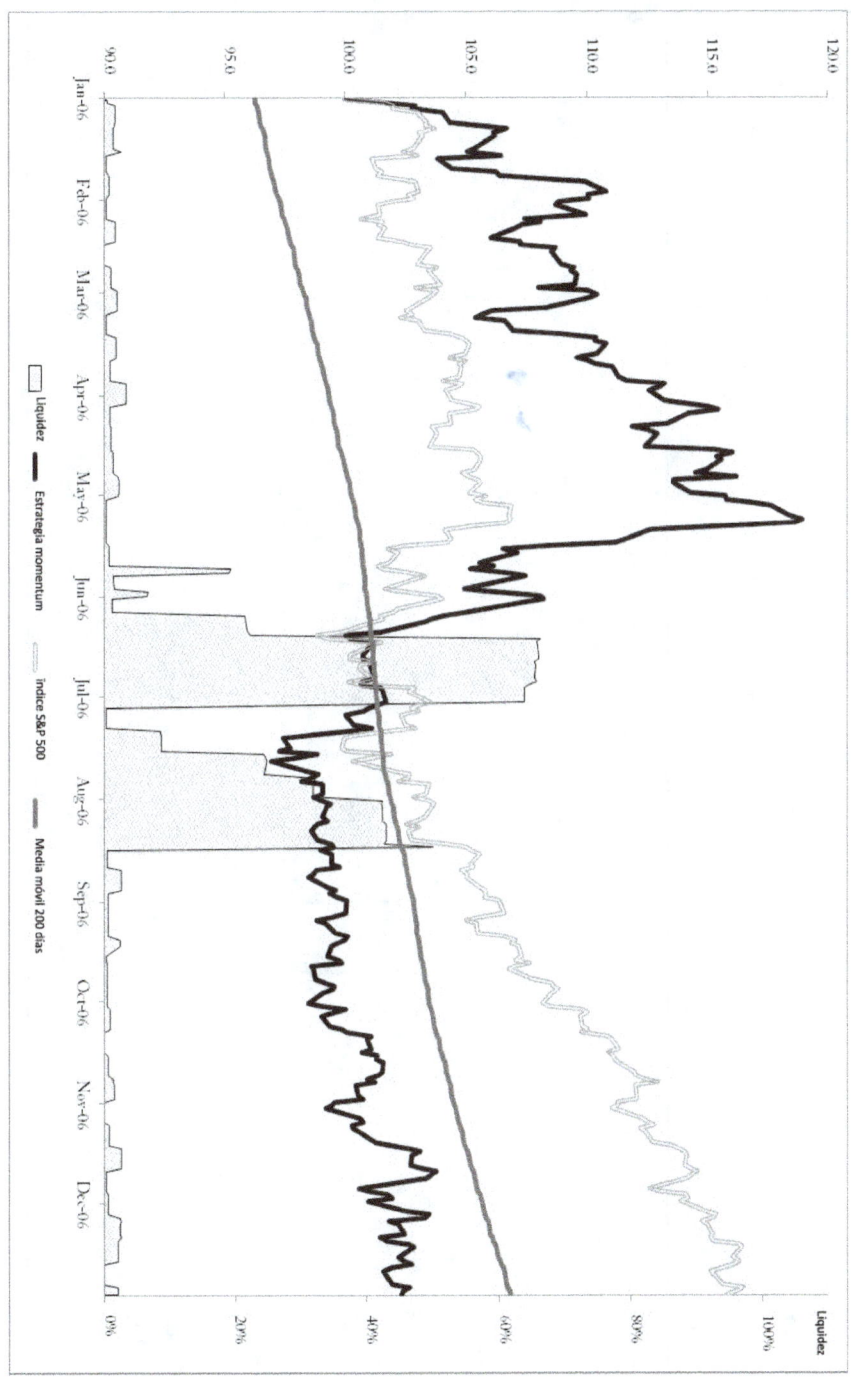

Figura 13-31 Evolución, 2006

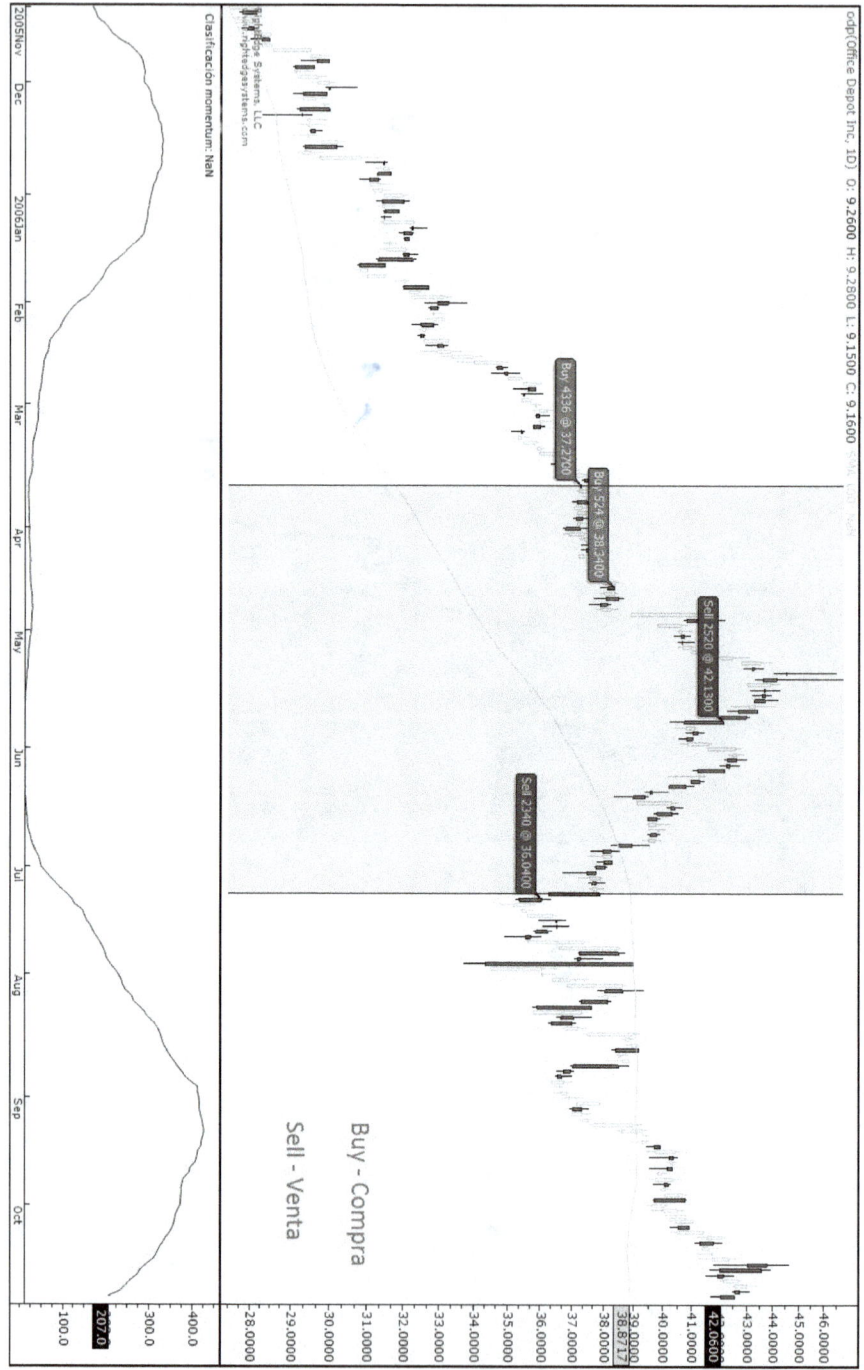

Figura 13-32 Office Depot

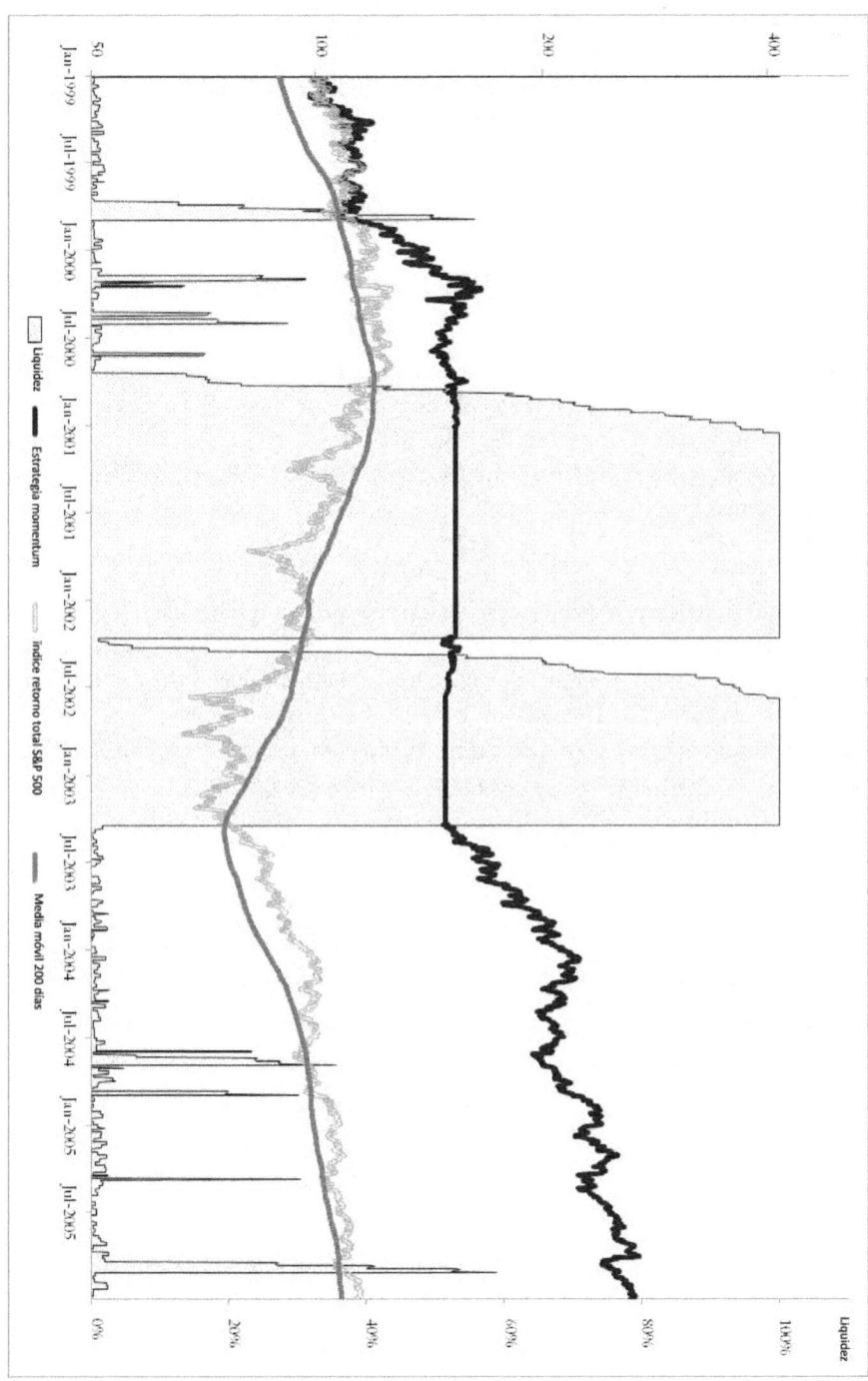

Figura 13-33 Evolución 1999-2006

Tabla 13-16 Resultados 2006

	Estrategia momentum	S&P 500 Total Return Index
Retorno 2006	2,4%	15,8%
Máx drawdown 2006	-18,5%	-7,5%
Retorno anual desde 1999	13,1%	3,4%
Máx drawdown desde 1999	-18,5%	-47,4%

El año no fue nada divertido. Aunque terminamos ligeramente por encima del nivel inicial, cedimos en el buen resultado del comienzo y perdimos bastante en relación al índice. Ten presente el gráfico de largo plazo de la Figura 13-33. Esta es una estrategia de largo recorrido. En un año dado, puede pasar cualquier cosa. En el largo plazo, ganamos.

2007

Después de un 2006 movedizo, necesitábamos ver pronto resultados para recuperar la confianza en la estrategia. El final del año anterior había sido embarazoso. De nuevo los valores tecnológicos lo habían hecho bastante bien, así que teníamos mucho peso en ese sector. De hecho, la cartera inicial este año estaba completamente dominada por dos sectores. El sector tecnológico y el consumo discrecional cubrían casi el 80% de nuestra cartera. Era una posición bastante agresiva.

Tabla 13-17 Cartera inicial, 2007

Nombre	Peso	Sector
Apple Inc	3,6%	Tecnología información
Adobe Systems Inc	3,7%	Tecnología información
Amazon,com Inc	3,7%	Consumo discrecional
Allegheny Technologies Inc	2,9%	Materiales
Autozone Inc	6,9%	Consumo discrecional
Big Lots Inc	2,8%	Consumo discrecional
BMC Software Inc	5,0%	Tecnología información
CBRE Group Inc	3,0%	Finanzas
Celgene Corp	3,2%	Salud
Coach Inc	4,1%	Consumo discrecional
Cisco Systems Inc	4,4%	Tecnología información
Eastman Kodak Co	4,1%	Tecnología información
Goldman Sachs Group Inc	5,0%	Finanzas

Goodyear Tire & Rubber Co	3,9%	Consumo discrecional
Hasbro Inc	6,2%	Consumo discrecional
Interpublic Group of Companies Inc	3,6%	Consumo discrecional
Juniper Networks Inc	2,8%	Tecnología información
Nordstrom Inc	3,7%	Consumo discrecional
NCR Corp	6,2%	Tecnología información
NVIDIA Corp	2,9%	Tecnología información
Sabre Holdings Corp	6,8%	Tecnología información
Unisys Corp	4,3%	Tecnología información
Yum! Brands Inc	5,2%	Consumo discrecional

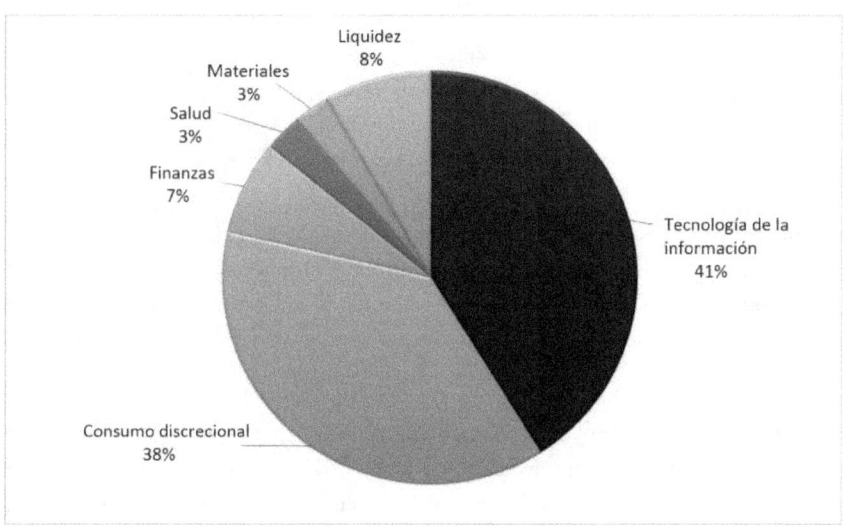

Figura 13-34 Distribución inicial por sectores, 2007

A estas alturas ya debemos estar acostumbrados a cierta volubilidad en la cartera, después de unos años de resultados mixtos. El año empezó bastante bien subiendo a +8% a finales de febrero. Después tuvimos una caída hasta terreno negativo pero no duró mucho ni fue lo suficientemente profunda como para señalar ninguna salida. Estas cosas ocurren, nada de lo que preocuparse. Así son los mercados de acciones. A partir de ahí comenzamos a subir de forma rápida y sostenida. Antes de terminar el verano habíamos llegado al 17% en el año. Era un resultado bastante respetable, particularmente porque el índice estaba solo en +10% en ese momento.

Entonces encontramos algo de volatilidad y experimentamos grandes movimientos en la cartera. Bajamos hasta una ganancia del 3% para el año por un breve periodo y remontamos hasta +20%. El mercado oscilaba bastante también, y pudimos sentir el alto componente beta. Tendemos a experimentar los movimientos del índice en una magnitud mucho más alta que una cartera media.

El índice empezó a acercarse mucho a la media y estuvimos entrando y saliendo a lo largo del año. Si viéramos otro año en el que nos salimos demasiado pronto, muchos lectores seguramente pensarán que la solución es eliminar el filtro del índice, o al menos subir la media móvil de 200 días a 300. En el capítulo 14 podrás comprobar que ninguna de las dos opciones son una buena idea. Por ahora fíate de mi palabra.

Tabla 13-18 Resultados 2007

	Estrategia momentum	S&P 500 Total Return Index
Retorno 2007	17,3%	5,5%
Máx drawdown 2007	-12,8%	-9,9%
Retorno anual desde 1999	13,6%	3,7%
Máx drawdown desde 1999	-18,5%	-47,4%

Los cambios en la exposición a lo largo del año afectaron al resultado sin duda, pero aun así llegamos a la línea de meta en diciembre con números bastante buenos. El índice terminó el año en +5,5% y nosotros lo batimos con un porcentaje de dos dígitos. La estrategia momentum terminó el año por encima de +17%, prueba de su validez después del duro año anterior.

La Figura 13-36 muestra una de las operaciones más interesantes del año. Compramos US Steel en enero, lo reequilibramos unas cuantas veces por el camino y finalmente lo vendimos tras un ligero retroceso en julio. Una operación excelente, de las que nos gusta ver a menudo.

Tuvimos un año bastante decente, con un resultado de doble dígito y batiendo al mercado. Todavía nos quedaba un poco de distancia hasta la elevada marca que habíamos dejado en 2005, pero confiábamos en llegar. Lo más importante era que estábamos consiguiendo un perfil de rendimiento de largo plazo significativamente más atractivo que comprar y mantener el índice pasivamente.

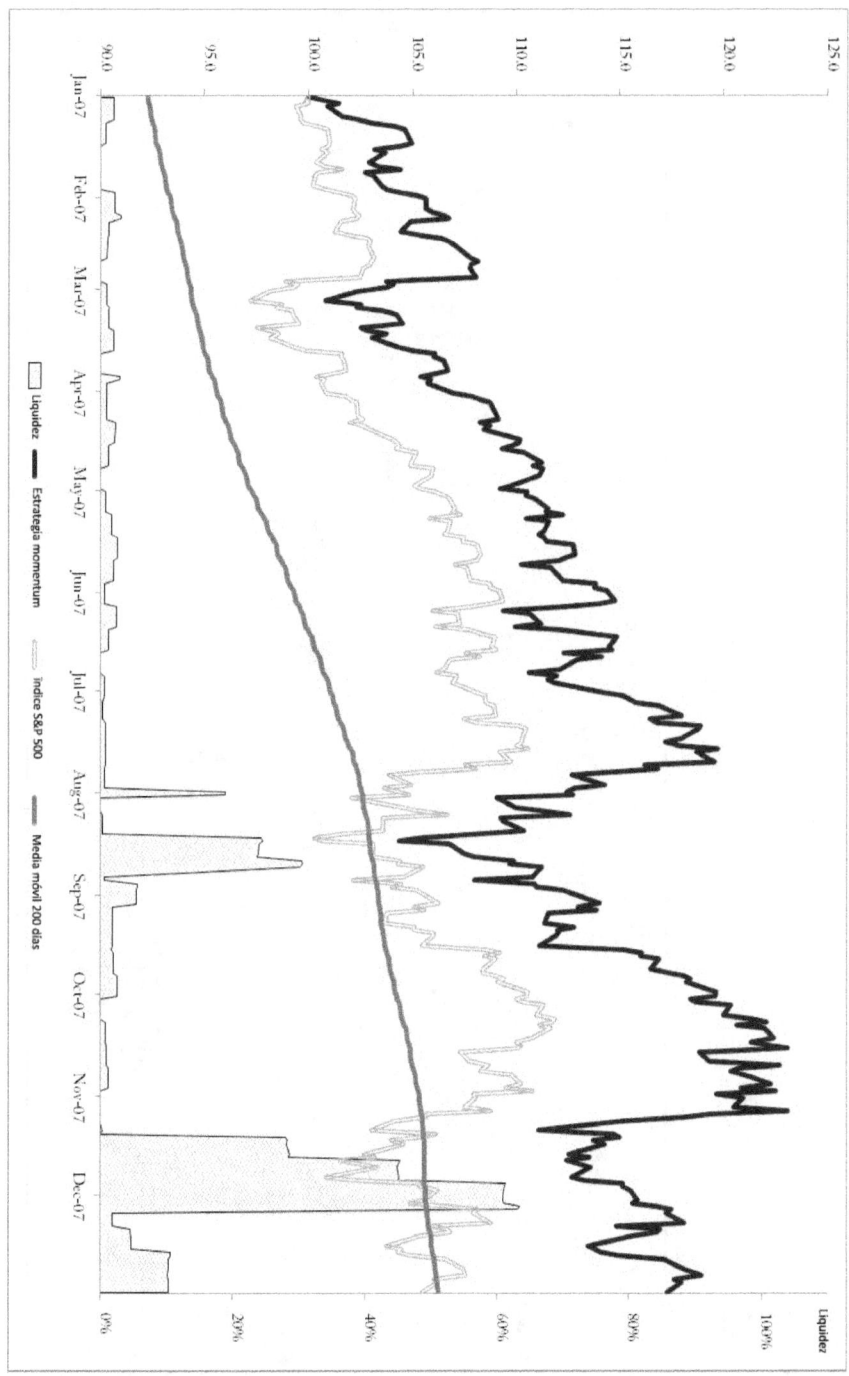

Figura 13-35 Evolución, 2007

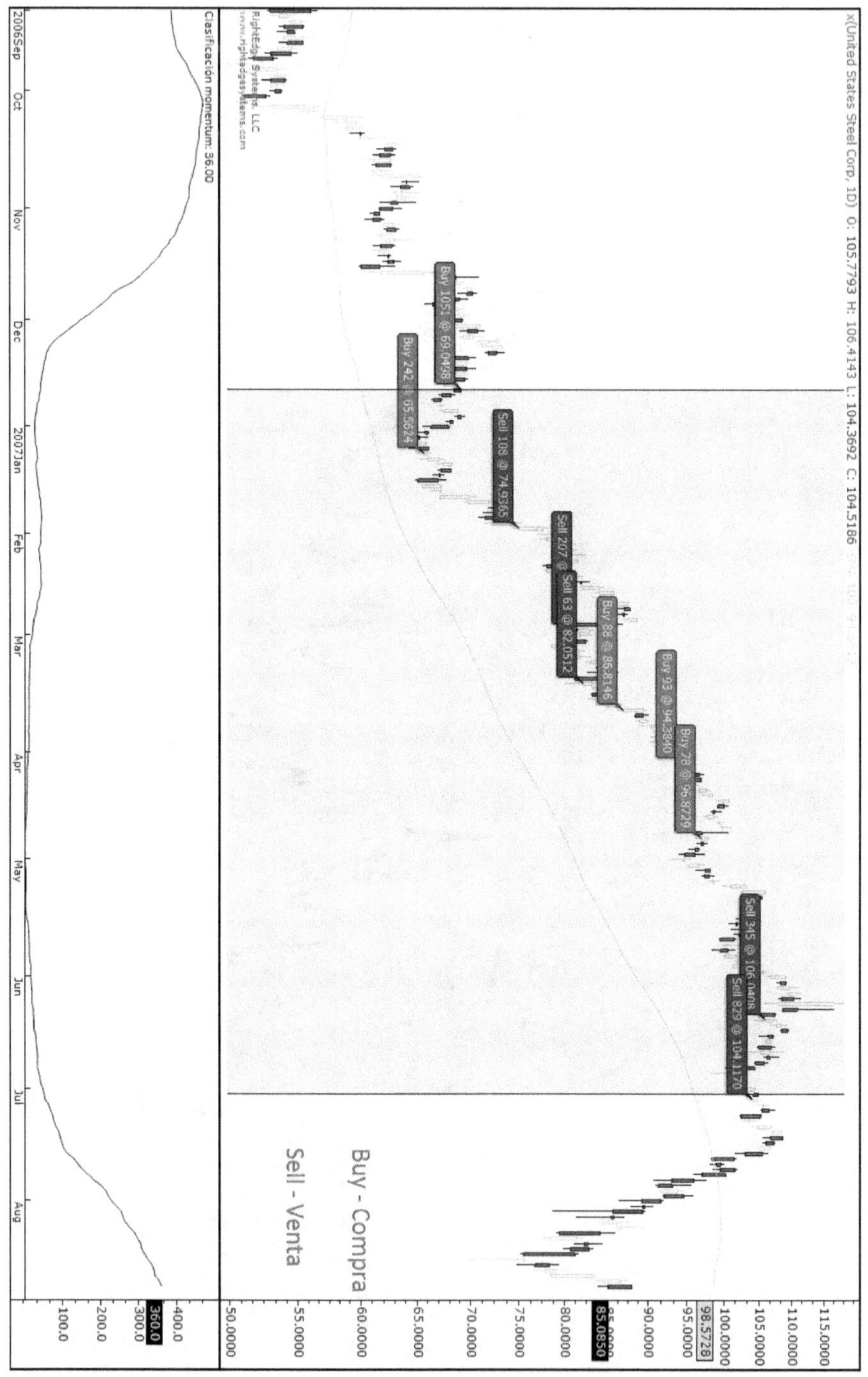

Figura 13-36 US Steel Corp

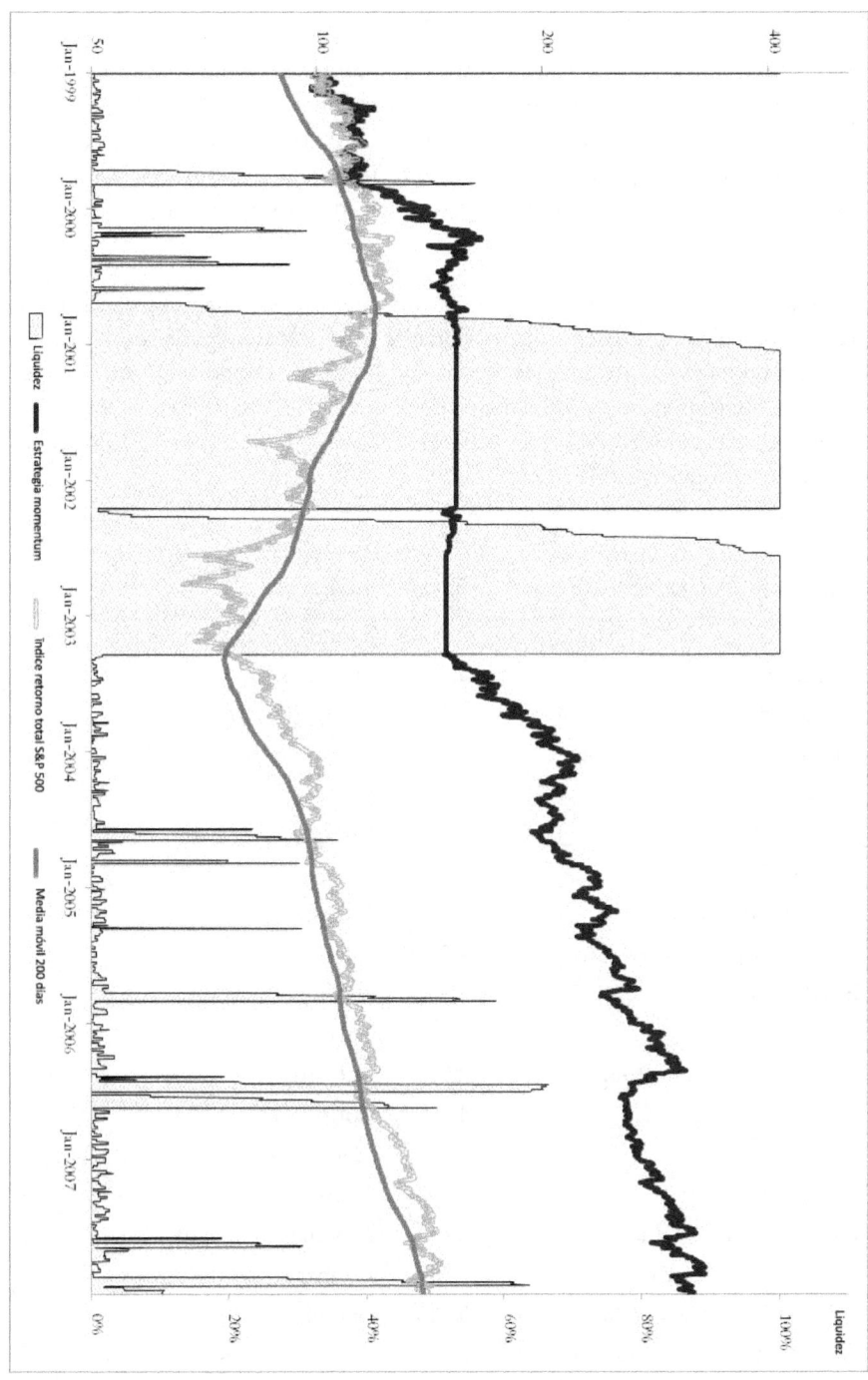

Figura 13-37 Evolución 1999-2007

2008

Si el número 2008 no te da escalofríos ni síntomas de trastorno por estrés postraumático es que probablemente tuviste la fortuna de no estar en este negocio en aquel tiempo. Fue un año increíblemente estresante. Incluso los pocos que terminaron el año con grandes resultados lo recuerdan con horror. No es que haya pasado tanto tiempo, pero se hace duro recordar lo cerca que estuvimos todos del abismo.

En ese año el sistema financiero estuvo cerca de colapsar. Cualquier banco podía quebrar en cualquier momento. La mayoría de nosotros andábamos cambiando el dinero de un banco a otro cada día, moviendo los activos líquidos al banco que en apariencia tuviera menos posibilidades de hundirse en las siguientes 24 horas. Aunque el mercado se llevó un varapalo enorme ese año, nosotros fuimos afortunados por quedarnos fuera.

Tabla 13-19 Cartera inicial, 2008

Nombre	Peso	Sector
Apple Inc	2,7%	Tecnología información
Assurant Inc	3,7%	Finanzas
Apache Corp	3,3%	Energía
Apollo Education Group Inc	2,6%	Consumo discrecional
Peabody Energy Corp	2,6%	Energía
CONSOL Energy Inc	2,9%	Energía
Deere & Co	3,0%	Industria
EOG Resources Inc	3,8%	Energía
Express Scripts Holding Co	4,0%	Salud
Gilead Sciences Inc	3,3%	Salud
Google Inc	3,2%	Tecnología información
Jacobs Engineering Group Inc	2,9%	Industria
McDonald's Corp	4,7%	Consumo discrecional
Monsanto Co	2,8%	Materiales
Murphy Oil Corp	3,7%	Energía
Newmont Mining Corp	2,7%	Materiales
Northern Trust Corp	3,2%	Finanzas
Occidental Petroleum Corp	3,0%	Energía
The Pepsi Bottling Group Inc	3,8%	Consumo básico
Procter & Gamble Co	6,1%	Consumo básico

Transocean Ltd	3,0%	Energía
Charles Schwab Corp	3,0%	Finanzas
Molson Coors Brewing Co	3,4%	Consumo básico
Textron Inc	3,9%	Industria
Waters Corp	5,0%	Salud
Yum! Brands Inc	4,2%	Consumo discrecional

Al comienzo de 2008, el índice ya estaba por debajo de la media móvil de largo plazo. Había bajado de ese nivel justo al final del año anterior y nosotros acabábamos de empezar a reducir posiciones ligeramente. Teníamos el 10% de la cartera en liquidez en enero, pero cuando el mercado cayó inicialmente en un 10% aproximadamente en las primeras semanas, seguimos al índice casi a la perfección. Cada semana vendimos algunos valores y como el índice se mantenía por debajo de la media, no los reemplazábamos. Fíjate en la Figura 13-39 cómo el efectivo aumentaba lentamente todas las semanas.

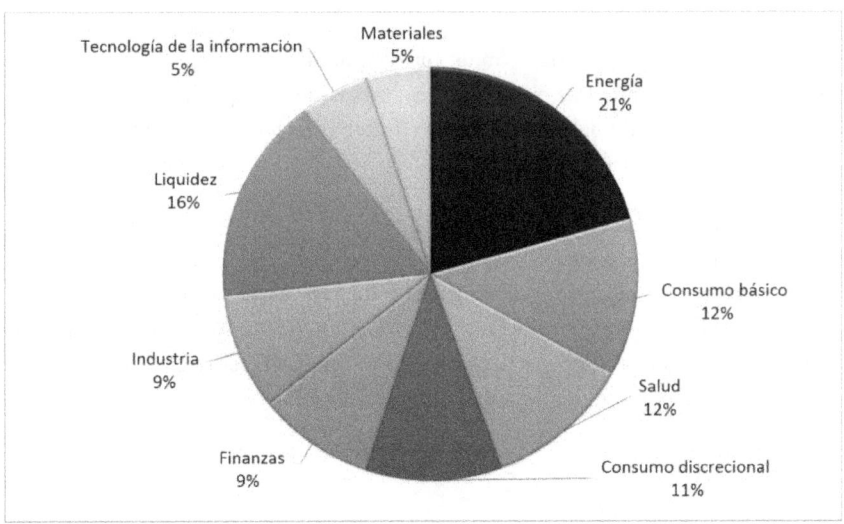

Figura 13-38 Distribución inicial por sectores, 2008

Pronto bajó nuestra exposición a menos de la mitad, y desde ahí continuó descendiendo. A partir de febrero no vimos muchos movimientos en la cartera. De hecho, para mayo ya no teníamos absolutamente ninguna exposición al mercado de acciones. Estábamos en total liquidez.

Como ya se ha mencionado, es importante recordar que en este tipo de situaciones la liquidez no significa dejar el efectivo en la cuenta de un banco o, aún peor, en la cuenta de un broker. El dinero no está seguro en un banco o en un broker. En esto nunca se puede insistir lo suficiente. Si no estaba claro para todo el mundo antes de 2008, seguro que sí lo estuvo después. Si tu banco o tu broker tienen un problema, puedes despedirte de tu dinero. Probablemente puedas recuperar tus valores si tu broker se va a pique, pero no volverás a ver el dinero. Si alguien piensa que esto es una paranoia, probablemente es porque no experimentó el año 2008. Algunos de los bancos y brokers más prestigiosos del mundo saltaron por los aires, y con ellos desapareció el dinero depositado. Otros casi reventaron, pero fueron salvados en el último minuto. Por eso es totalmente recomendable utilizar los mercados monetarios de corto plazo y otros sitios seguros donde esconder el efectivo. Por lo tanto, cuando uso las palabras liquidez o efectivo lo hago en sentido figurado.

Lo que pasó es que 2008 empezó despacio. Desde una perspectiva de largo plazo, había un mercado bajista al principio, pero a partir de ahí no ocurrió gran cosa. Durante unos meses, los mercados eran lentos y laterales con cierta inclinación negativa. La cosa no fue preocupante hasta que Bear Stearns pasó a mejor vida en marzo. Incluso después de eso, los mercados apuntaban aparentemente hacia una lenta recuperación.

Para un inversor en momentum y con un filtro de tendencia sobre el índice, nada de esto importaba demasiado. Es cierto que era estresante el inquietante desarrollo de los acontecimientos mundiales, pero no tuvo efecto ni en los beneficios ni en las pérdidas. Ya estábamos en liquidez.

A finales de mayo podría haber parecido una mala idea no estar invertidos. Después de todo, estábamos en liquidez, atascados en -8% en tanto no hubiera luz verde para volver a comprar. El mercado, por su parte, había regresado al 0% más o menos. Estábamos casi diez puntos por debajo y en total liquidez. Eso puede estresar más de lo que parece. Es una de esas situaciones en las que es fácil invalidar la estrategia y empezar a comprar por el temor a quedarse atrás.

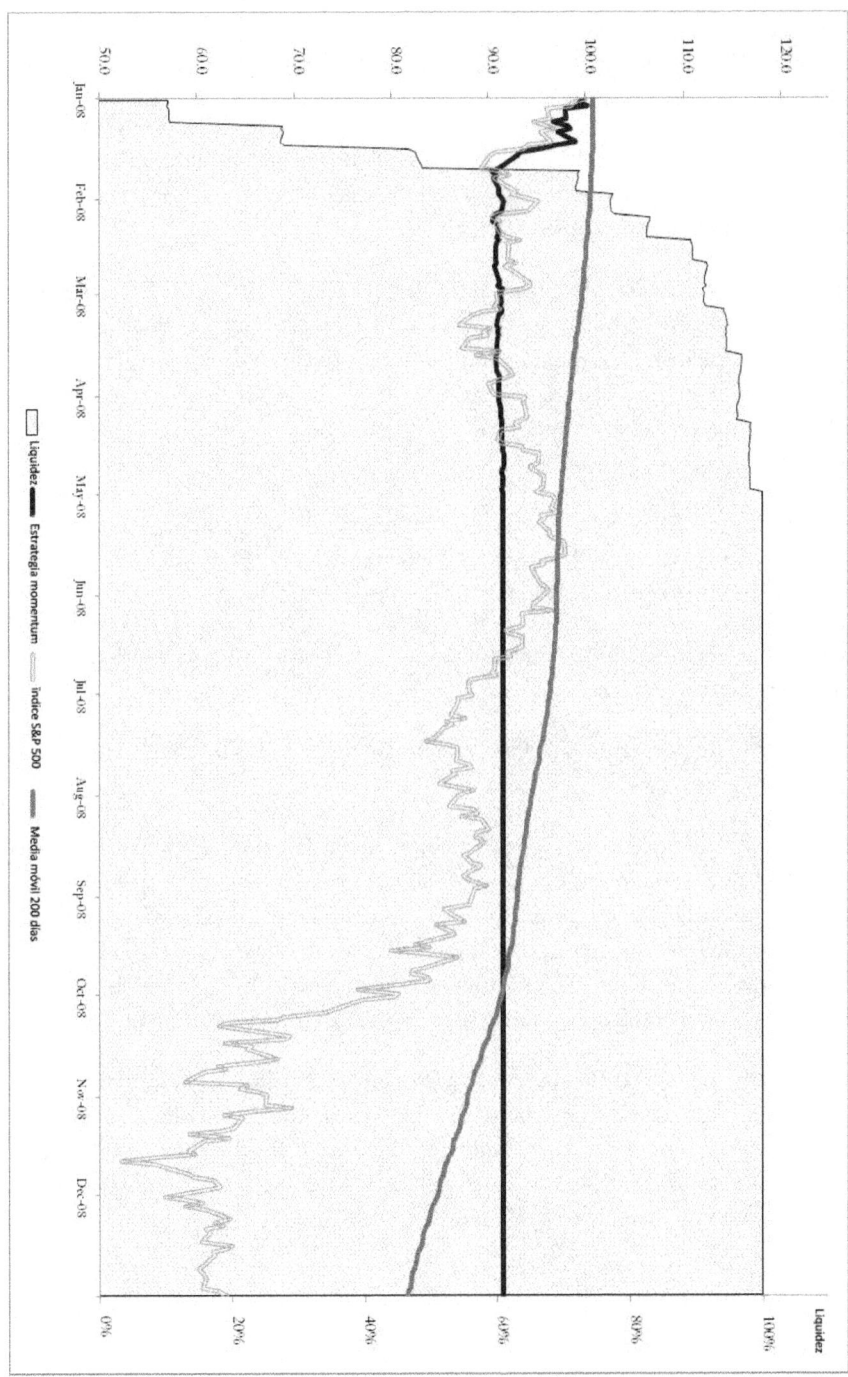

Figura 13-39 Evolución, 2008

Pero para eso están las reglas, para garantizar un comportamiento consistente a través del tiempo. Es la única manera de conseguir algo de previsibilidad en nuestros resultados.

Solo unos meses después, el índice ya había caído por debajo de nuestra línea de evolución plana. Primero el índice cayó a -15%, caracoleó en esa zona unos meses más y entonces comenzó el auténtico drama.

En el otoño de 2008 asistimos a algo que nunca habíamos visto antes. Si somos muy afortunados, no veremos algo así de nuevo. El mercado bajó en caída libre. Los valores se precipitaban hacia un pozo sin fondo. A principios de octubre, el S&P 500 había perdido el 40% en el año. Ese fue el mes en el que los bancos y los brokers estallaban a izquierda y derecha. No había a dónde correr, no había dónde esconderse.

En noviembre, el S&P 500, el índice de referencia de las grandes compañías de Estados Unidos, perdía un 47% desde el comienzo del año. El mercado de acciones estadounidense había perdido la mitad de su valor. En un año.

¿Y nuestra cartera momentum? Pues aún anclada en el -8%. La pérdida que habíamos asumido en enero.

Sí, no es divertido perder un 8%. Pero en relación a casi todos los demás estábamos significativamente mejor, a pesar de la pérdida.

Con Peabody Energy, en la Figura 13-40, tuvimos la segunda operación fallida seguida. Habíamos tenido una operación el año anterior con este valor que falló justo después de iniciada. En diciembre de 2007 la compramos de nuevo y aunque la mantuvimos durante dos meses, cayó bastante fuerte y causó algunas pérdidas. No fue el único valor que desarrolló esa pauta al principio de 2008. Compramos muchos valores y los mantuvimos unos meses, para después caer y venderlos con pérdidas.

Consol Energy fue uno de los mejores valores en 2008. También lo compramos en diciembre de 2007, pero consiguió sobrevivir extraordinariamente bien dado el mercado bajista que se iba desarrollando. Mantuvimos Consol hasta finales de abril, cuando lo vendimos debido a que su clasificación cayó brevemente por debajo del 100. Tras vender ese valor, nos quedamos en total liquidez.

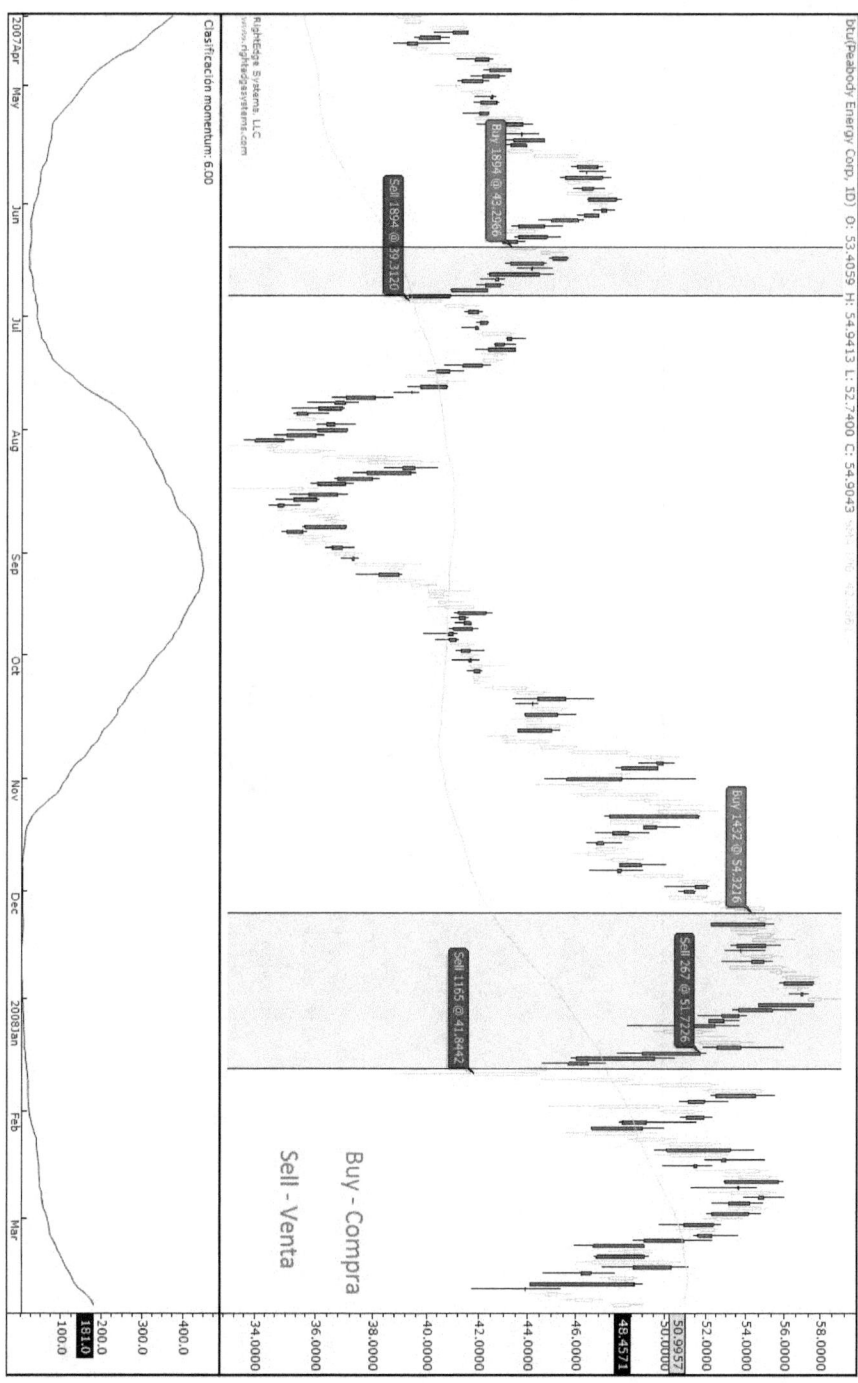

Figura 13-40 Peabody Energy

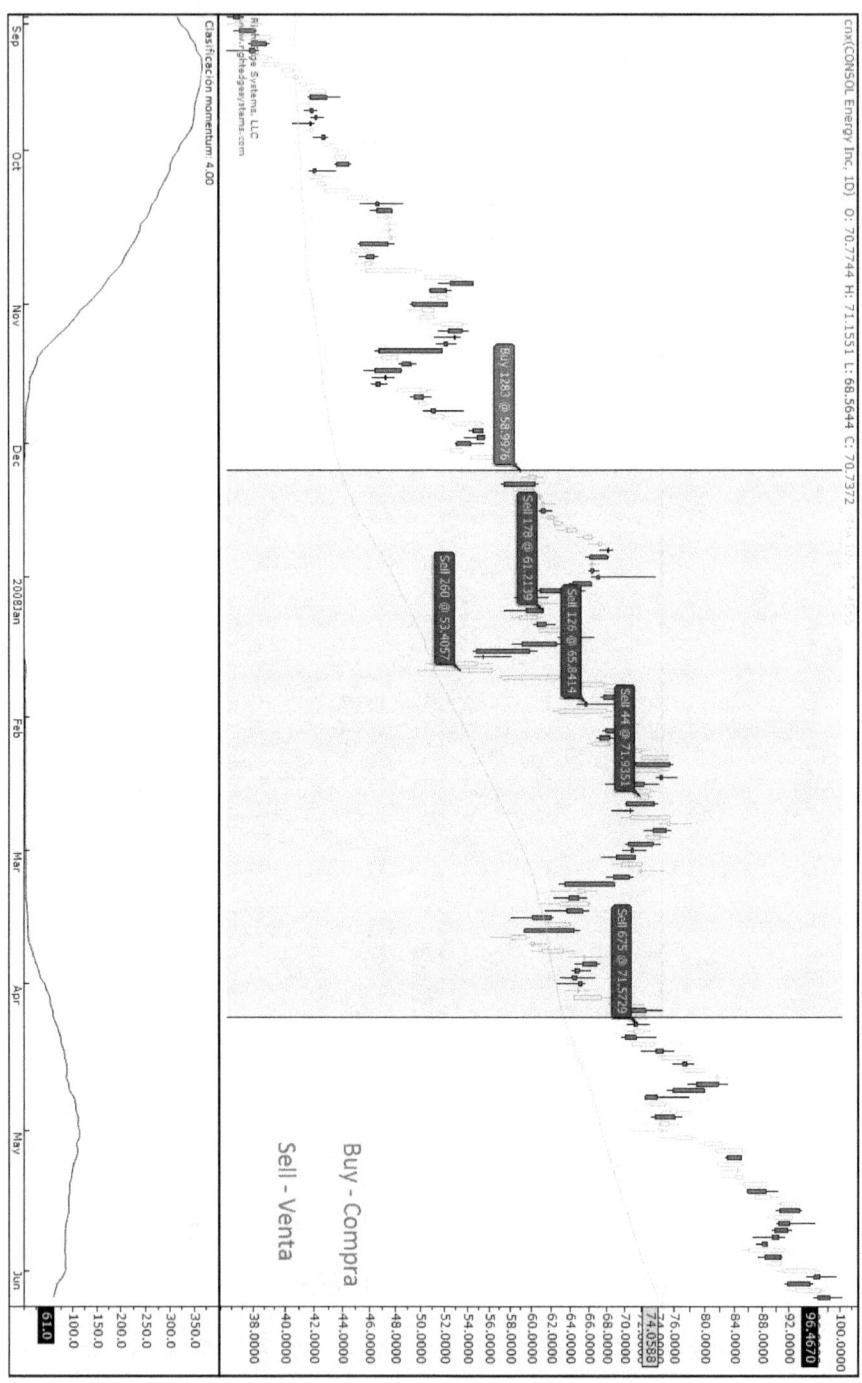

Figura 13-41 Consol Energy

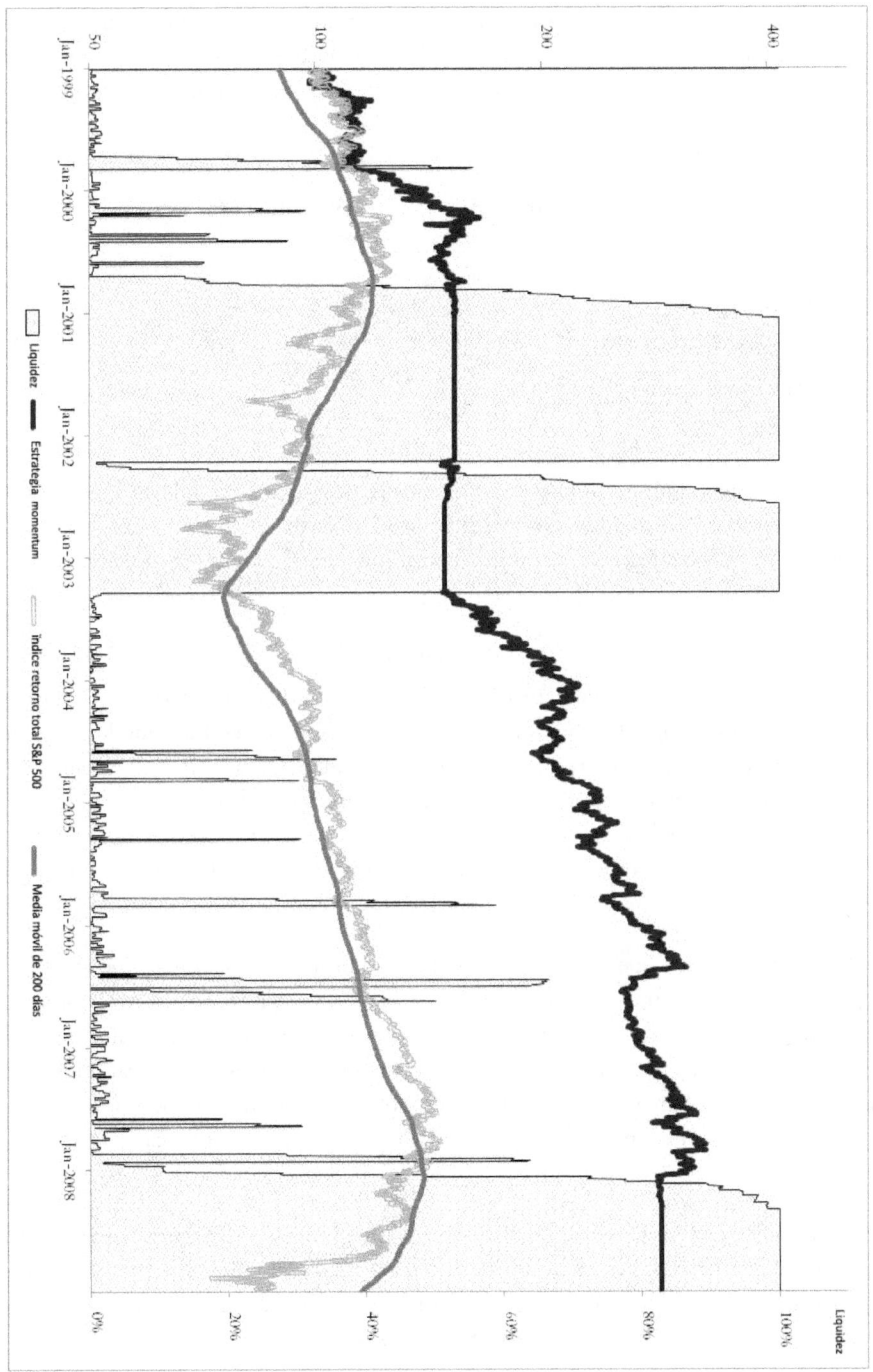

Figura 13-42 Evolución 1999-2008

¿Recuerdas cómo estuvimos en una línea plana en 2001? De nuevo volvimos a ese modo. Teníamos un gran registro de largo plazo y mientras el resto del mundo perdía dinero cada minuto, nosotros nos encontrábamos cómodos con nuestra liquidez.

Tabla 13-20 Resultados 2008

	Estrategia momentum	S&P 500 Total Return Index
Retorno 2008	-8,5%	-37,0%
Máx drawdown 2008	-9,8%	-47,7%
Retorno anual desde 1999	11,2%	-1,4%
Máx drawdown desde 1999	-18,5%	-50,7%

Un inversor de comprar y mantener que hubiera destinado 100 dólares al S&P 500 al comienzo de 1999 tendría una pérdida de 15 dólares. Mientras tanto, la misma inversión en la estrategia momentum tendría un beneficio de 188 dólares en ese mismo periodo.

2009

Conseguimos esquivar la bala, ¿eh? El S&P 500 había perdido un 40% el año anterior, nosotros solo un 10%. Eso también significa que el índice estaba muy lejos de la media. Como es de esperar, entramos en 2009 sin tener ni una sola acción. Al comenzar el año eso era un gran alivio para cualquiera que estuviera operando con este tipo de estrategia. El 40% de pérdidas del año anterior no era suficiente. El índice S&P 500 continuó bajando tras las vacaciones, cayendo un -14% en enero y llegó hasta una enorme pérdida del 27% en marzo.

Hoy en día sabemos que ese punto, cuando cayó hasta -27% en 2009, fue la mejor oportunidad de toda una vida para comprar acciones. Pero ciertamente no lo parecía en aquel momento. Más bien parecía que el mundo estaba a punto de desmoronarse. Es cierto que así es como parece el mundo justo antes del final de un gran mercado bajista, pero simplemente no era predecible. De la misma manera se podría haber empezado a comprar unos meses antes. No fue un mínimo fácil de cazar, y es muy raro que se dé el caso.

Los mercados experimentaron una brusca subida en marzo. La Figura Figura 13-43 muestra cómo el índice estaba muy alejado de la media móvil en ese momento. La media siguió bajando y el índice siguió subiendo a toda máquina. En junio, ambos se reencontraron después de casi un año separados.

Al cruzar el índice la media, ya tuvimos finalmente luz verde para comenzar a comprar. Aun así, solamente llenamos la mitad de la cartera. ¿Alguna idea de por qué?

Recuerda nuestros criterios de compra. Cualquier valor con un movimiento reciente de más del 15% queda descalificado, como ocurre también con cualquier valor que esté por debajo de su media móvil de 100 días. El último criterio es para asegurarnos de que no nos convertimos en pescadores de mínimos. Esta regla descalificaba casi todos los miembros del S&P 500 en ese momento.

Clasificamos los valores cualificados y compramos desde lo alto de la lista. No fue hasta que nos quedamos sin dinero, sino hasta que nos quedamos sin valores. Es una situación poco habitual, pero puede ocurrir.

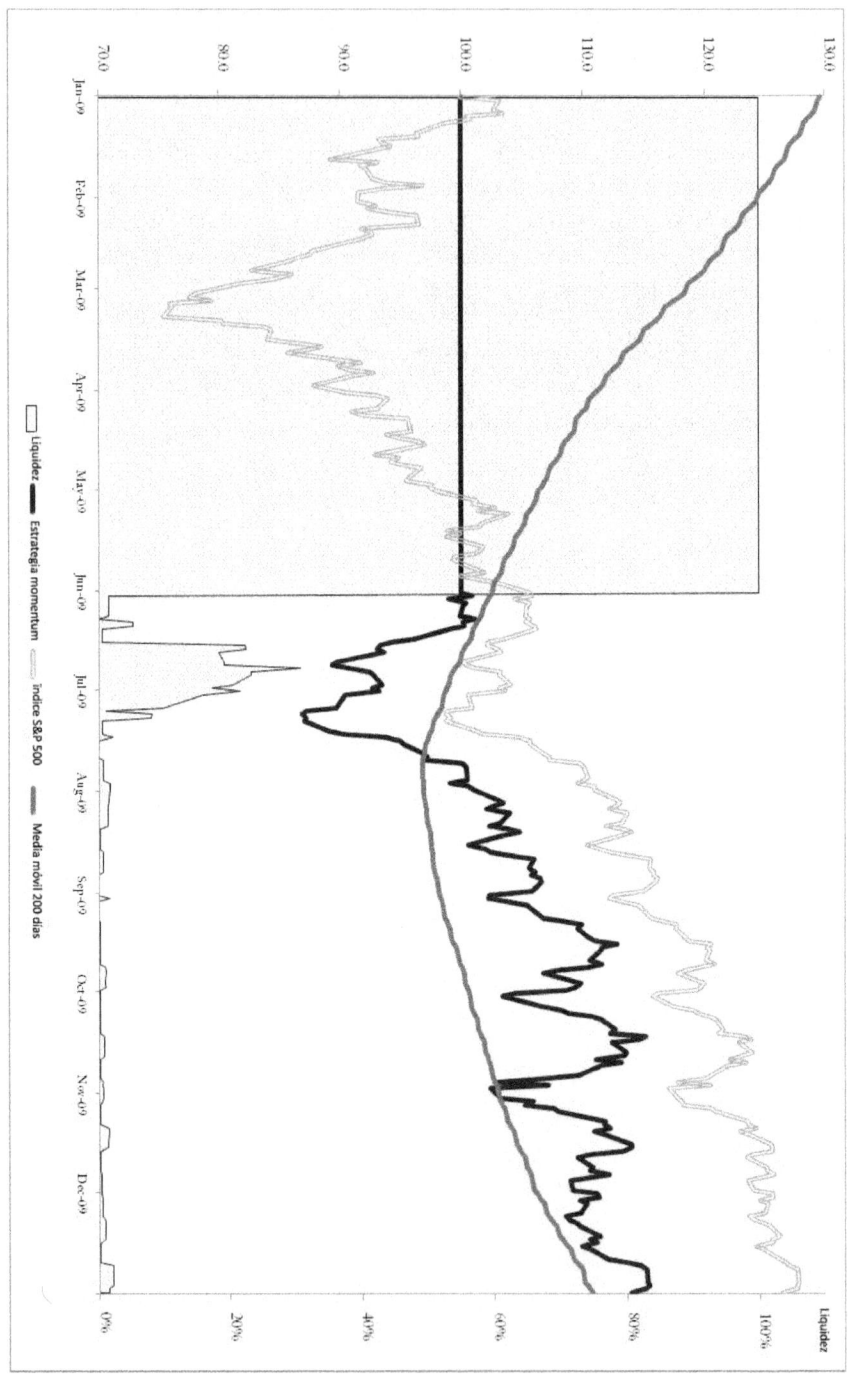

Figura 13-43 Evolución, 2009

Tabla 13-21 Cartera, junio 2009

Nombre	Peso	Sector
Advanced Micro Devices Inc	1,4%	Tecnología información
AutoNation Inc	1,8%	Consumo discrecional
Allegheny Technologies Inc	1,7%	Materiales
Big Lots Inc	1,8%	Consumo discrecional
CF Industries Holdings Inc	2,5%	Materiales
Ciena Corp	1,6%	Tecnología información
CME Group Inc	2,1%	Finanzas
Coach Inc	1,9%	Consumo discrecional
Goldman Sachs Group Inc	2,5%	Finanzas
Goodyear Tire & Rubber Co	1,2%	Consumo discrecional
Starwood Hotels & Resorts Worldwide Inc	1,7%	Consumo discrecional
Intercontinental Exchange Inc	2,3%	Finanzas
Interpublic Group of Companies Inc	1,7%	Consumo discrecional
Johnson Controls Inc	2,0%	Consumo discrecional
J C Penney Company Inc	1,6%	Consumo discrecional
Meredith Corp	2,4%	Consumo discrecional
Motorola Solutions Inc	2,0%	Tecnología información
Monster Worldwide Inc	1,6%	Tecnología información
Nabors Industries Ltd	1,7%	Energía
Pioneer Natural Resources Co	1,6%	Energía
Sealed Air Corp	2,5%	Materiales

La cartera inicial que compramos se puede ver en la Tabla 13-21. Era una mezcla diversa de sectores sin ninguno claramente dominante. Algo de sobreponderación en consumo discrecional, pero nada extraordinario. Eran simplemente los valores que se habían recuperado más rápido, los que no fueron descalificados por estar por debajo de sus medias móviles.

Al principio, justo después de que se construyera la cartera, las cosas se pusieron un poco volátiles. Eso es normal y da un poco de nervios cuando empiezas a comprar de nuevo después de una mercado bajista significativo. Nosotros no tratamos de comprar en mínimos, ese método en la realidad falla casi siempre de todos modos. Queremos entrar de nuevo cuando es razonable esperar que el mercado bajista haya terminado.

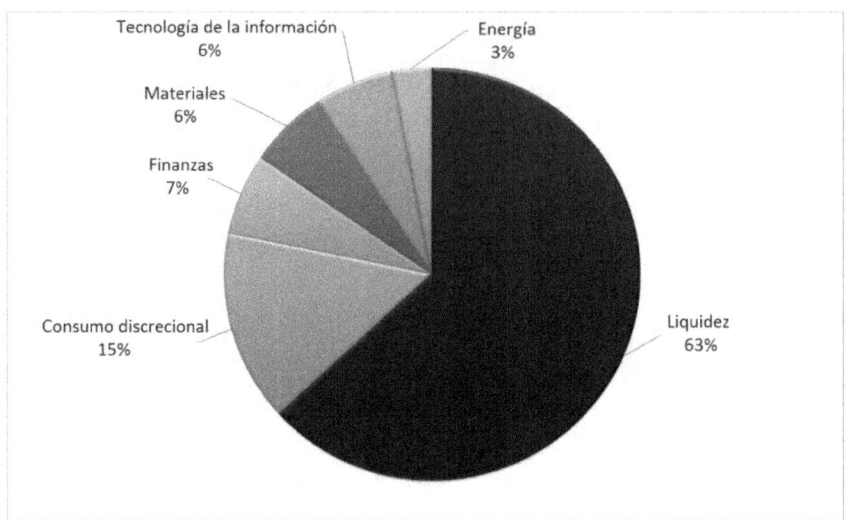

Figura 13-44 Distribución por sectores, junio de 2009

En los primeros meses, nuestra nueva cartera perdió un 7%, ligeramente más que el índice. Después en cambio la cosa empezó a pintar mejor. El resto del año nos mantuvimos subiendo. Obtuvimos un rendimiento inferior al del índice de referencia, sobre todo porque fuimos entrando lentamente y no participamos completamente hasta septiembre. Aun así, nos las arreglamos para obtener retornos de dos dígitos en un año difícil. El índice acabó ganando más del 26% y nosotros alcanzamos el 14%.

La operación de Franklin en la Figura 13-45 supuso una contribución muy bienvenida al resultado del año. Lo compramos en julio y comenzó a despegar justo después. La volatilidad era muy errática, lo que se tradujo en muchas operaciones de reequilibrio antes de cerrar la posición en diciembre con un sustancioso beneficio.

Tabla 13-22 Resultados 2009

	Estrategia momentum	S&P 500 Total Return Index
Retorno 2009	14,0%	26,5%
Máx drawdown 2009	-14,1%	-27,2%
Retorno anual desde 1999	11,4%	0,9%
Máx drawdown desde 1999	-24,3%	-55,3%

En conjunto, habíamos conseguido regresar. Después de un año fuera del mercado, llenamos la cartera y conseguimos un máximo histórico. Nos perdimos parte de la recuperación del mercado, pero nuestra estrategia no está diseñada para capturar recuperaciones en forma de V. La estrategia momentum controló bien el mercado bajista y nuestra evolución superior en el largo plazo era sustancial.

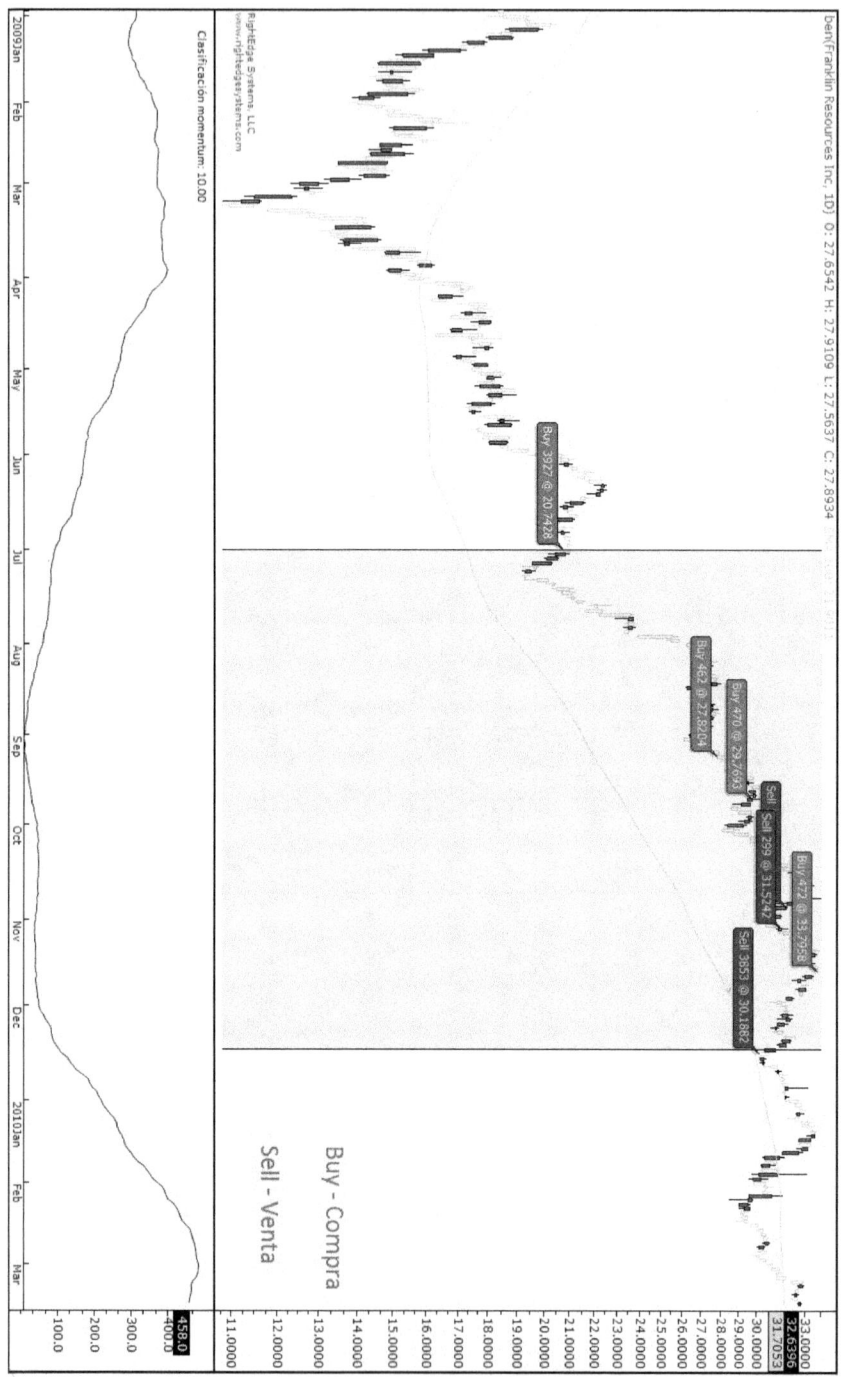

Figura 13-45 Franklin Resources

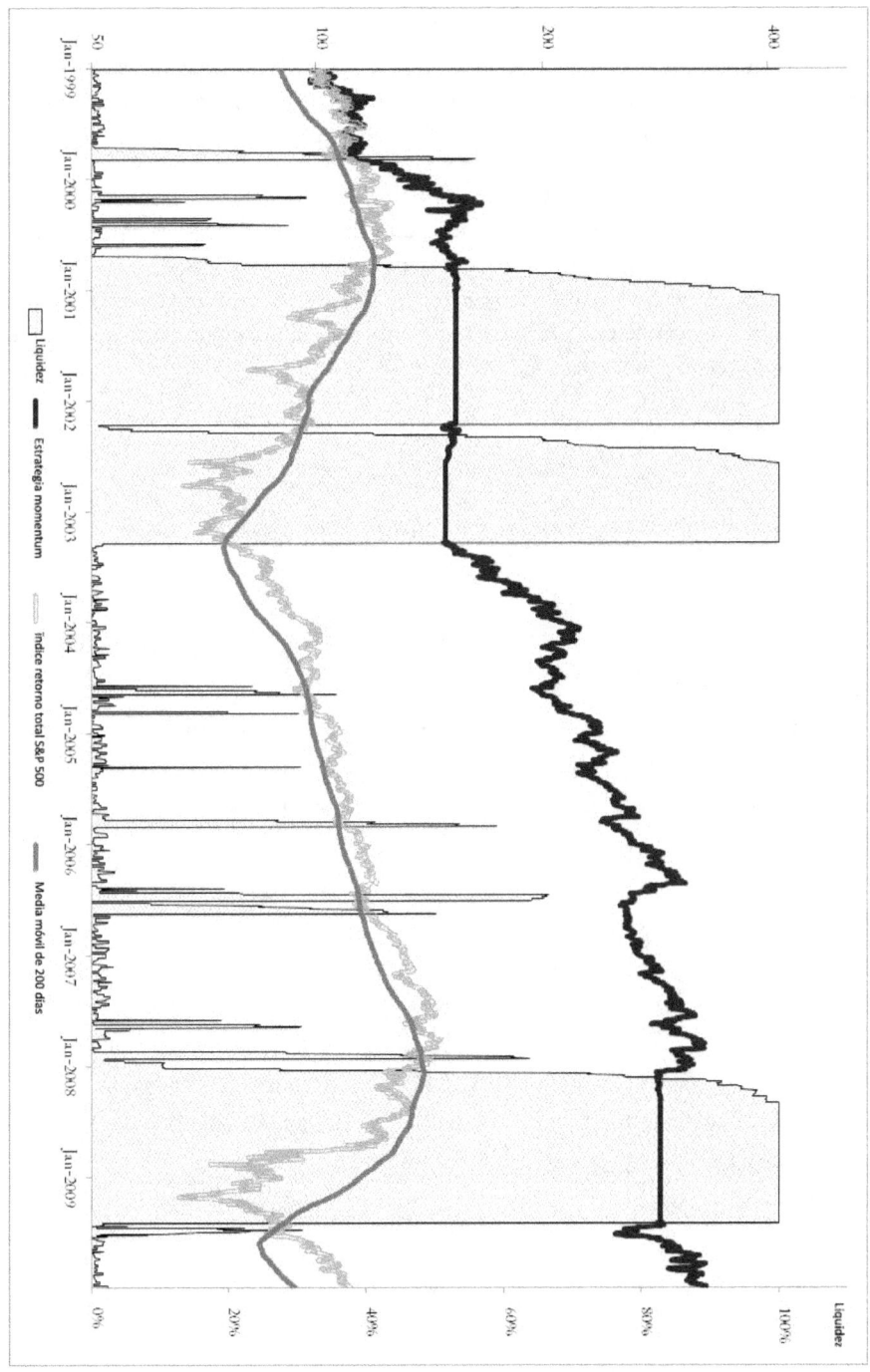

Figura 13-46 Evolución 1999-2009

2010

Para estar contentos de verdad con esta estrategia necesitamos un mercado alcista prolongado. Un mercado lateral no nos hace tanto daño, pero tampoco nos da grandes ganancias. Por desgracia, 2010 no fue el año alcista definitivo.

Empezamos con una cartera con mucha presencia de valores tecnológicos y de consumo discrecional, y con una pizca de salud y materiales. Quizás ya hayas notado la pauta, o sea, que en las carteras momentum tienden a estar sobrerrepresentados los tecnológicos y el consumo discrecional. No es que se haya diseñado así, sino que se da la circunstancia de que estos valores tienen generalmente un momentum más alto, o por lo menos en las décadas recientes.

Tabla 13-23 Cartera inicial, 2010

Nombre	Peso	Sector
Akamai Technologies Inc	2,9%	Tecnología información
Ameriprise Financial Inc	3,4%	Finanzas
Cardinal Health Inc	6,2%	Salud
Caterpillar Inc	3,4%	Industria
Cliffs Natural Resources Inc	2,6%	Materiales
Salesforce,com Inc	3,4%	Tecnología información
Cognizant Technology Solutions Corp	4,6%	Tecnología información
Estee Lauder Companies Inc	4,0%	Consumo básico
Freeport-McMoRan Inc	3,1%	Materiales
FLIR Systems Inc	4,3%	Tecnología información
Google Inc	7,9%	Tecnología información
Harman International Industries Inc	2,5%	Consumo discrecional
Harris Corp	5,1%	Tecnología información
Jabil Circuit Inc	2,8%	Tecnología información
Nordstrom Inc	3,5%	Consumo discrecional
Lexmark International Inc	3,3%	Tecnología información
Alpha Appalachia Holdings Inc	2,7%	Energía
MeadWestvaco Corp	3,7%	Materiales
Mylan Inc	4,4%	Salud
NetApp Inc	3,9%	Tecnología información
PNC Financial Services Group Inc	3,2%	Finanzas
Pioneer Natural Resources Co	3,0%	Energía
RadioShack Corp	3,2%	Consumo discrecional

Tiffany & Co	3,1%	Consumo discrecional
Whirlpool Corp	3,8%	Consumo discrecional
Wyndham Worldwide Corp	3,1%	Consumo discrecional

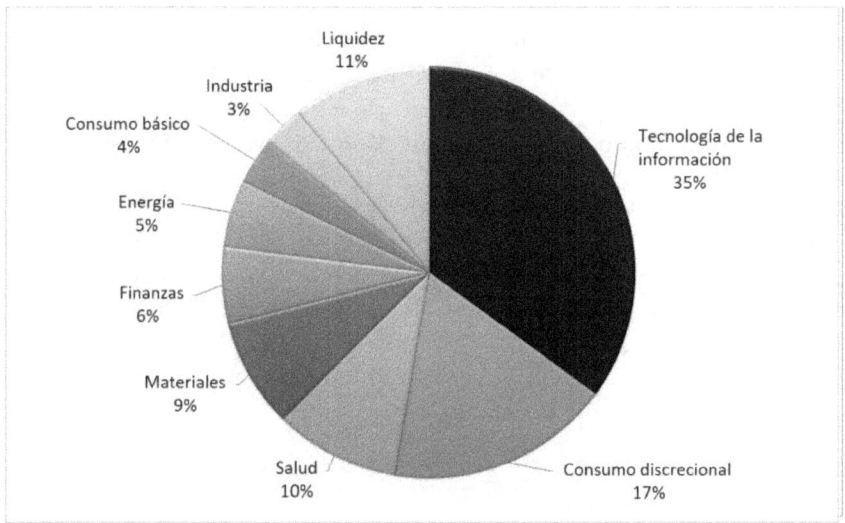

Figura 13-47 Distribución inicial por sectores, 2010

Tuvimos una caída inicial en la cartera al comienzo del año, alineada casi exactamente con lo que hizo el índice. Hasta comienzos de marzo, la estrategia siguió al índice extraordinariamente bien. En ese punto, la estrategia despegó y el índice se quedó rezagado. Para mayo ya teníamos ganancias del 19% en el año, mientras que el índice ni siquiera llegó al 10%.

Esa fue nuestra mejor marca en un año que finalmente resultó bastante turbulento. Desde casi un 20 por ciento arriba, retrocedimos directamente hasta perder todo lo ganado, y después algo más. El índice también cayó, pero nosotros aún con más fuerza. En los mínimos de agosto estábamos en -7% desde el comienzo del año y de nuevo pegados al índice.

El propio índice se pasó gran parte del verano por debajo de la media y oscilando a su alrededor, lo que se tradujo en que la exposición de nuestra cartera variaba arriba y abajo. Cuando el índice cae por debajo de la media hay dos posibilidades. O bien el mercado se pone en modo bajista y nos deja salir lentamente de las posiciones con pequeñas pérdidas mientras el índice pierde mucho más, o bien el índice se recupera inmediatamente y nos cuesta seguirlo. La última posibilidad es mucho más común, aunque se trata de un precio aceptable a cambio de la protección que nos proporciona contra un eventual mercado bajista.

Eso es lo que ocurrió en este caso. El mercado se movió de nuevo hacia arriba y como nosotros estábamos con una baja exposición nos perdimos casi todo el avance inicial. Aunque nos recuperamos y seguimos subiendo el resto del año, no conseguimos alcanzar al índice antes de diciembre. Aun así terminamos el año con una ganancia de casi el 12%, que no está nada mal. Es una estrategia de largo recorrido y en el largo plazo conseguimos no solo resultados positivos muy sólidos, sino además quedar muy por encima del índice de referencia.

Sandisk fue una bonita operación en 2010, a pesar de que terminó con un gap bajista. Como se muestra en la Figura 13-49, mantuvimos el valor durante la mayor parte del año. En cambio, Biogen, en la Figura 13-50, fue menos divertido. Fue uno de tantos valores golpeados al comienzo del año que lastró su evolución mientras el mercado caía.

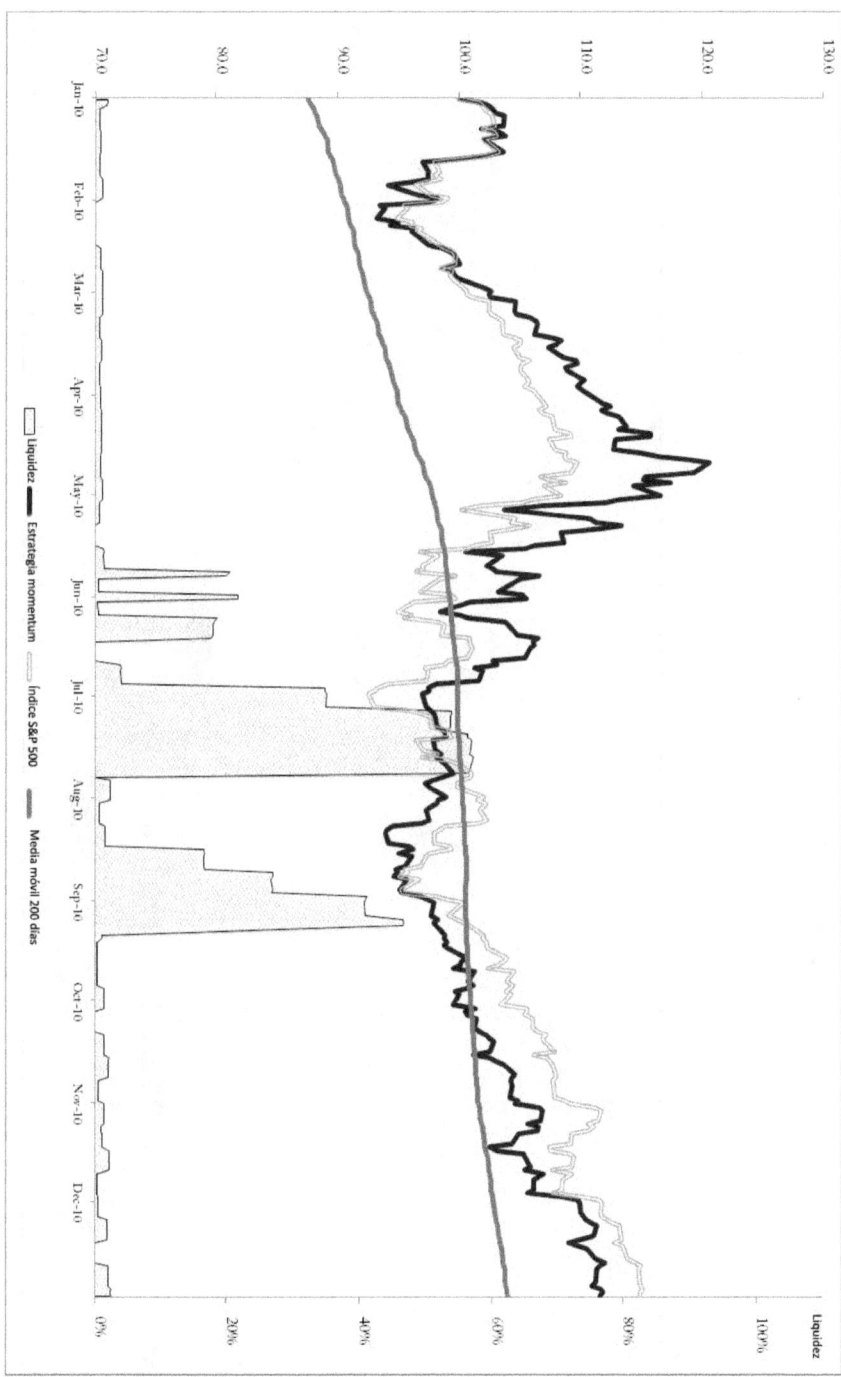

Figura 13-48 Evolución, 2010

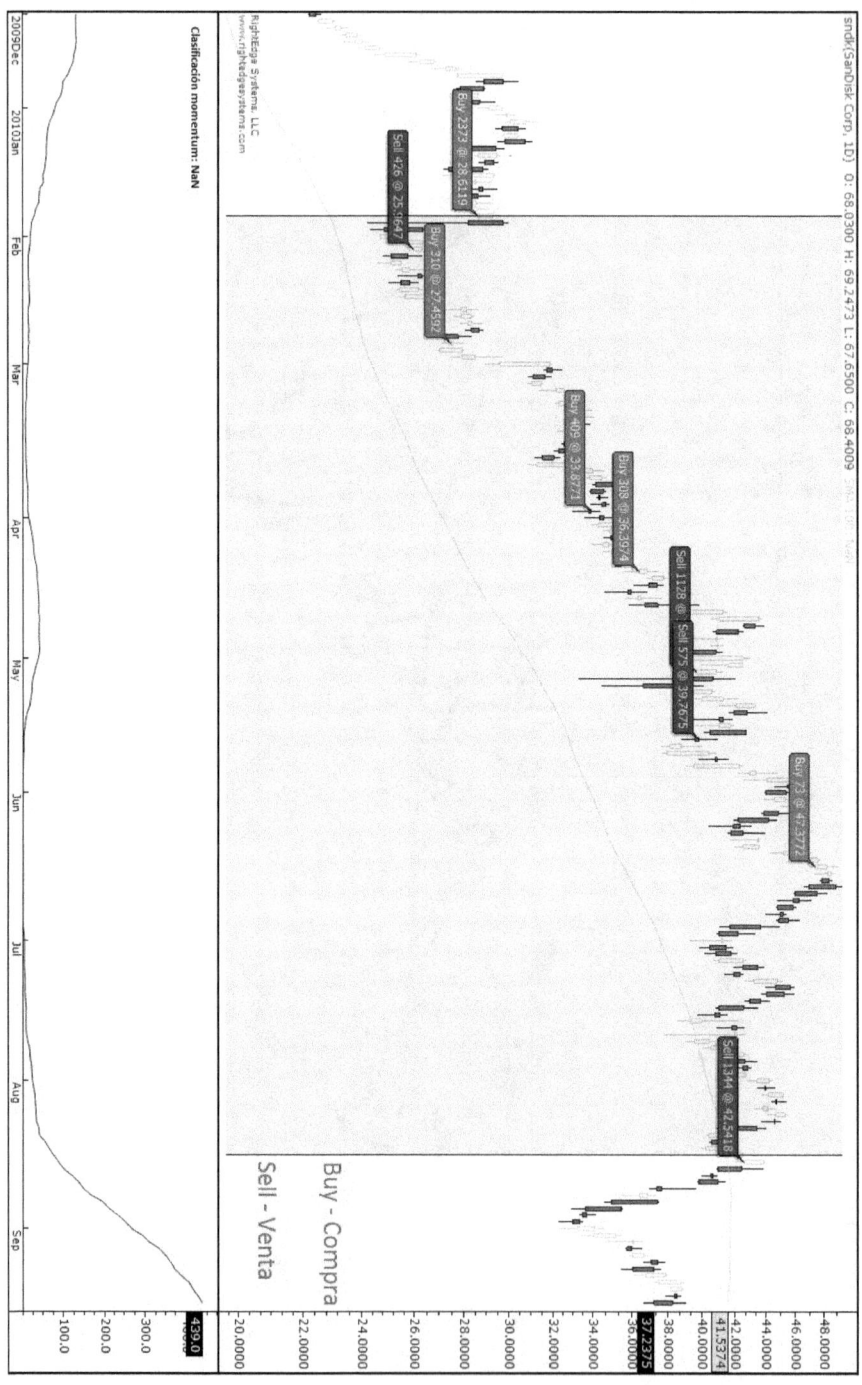

Figura 13-49 Sandisk

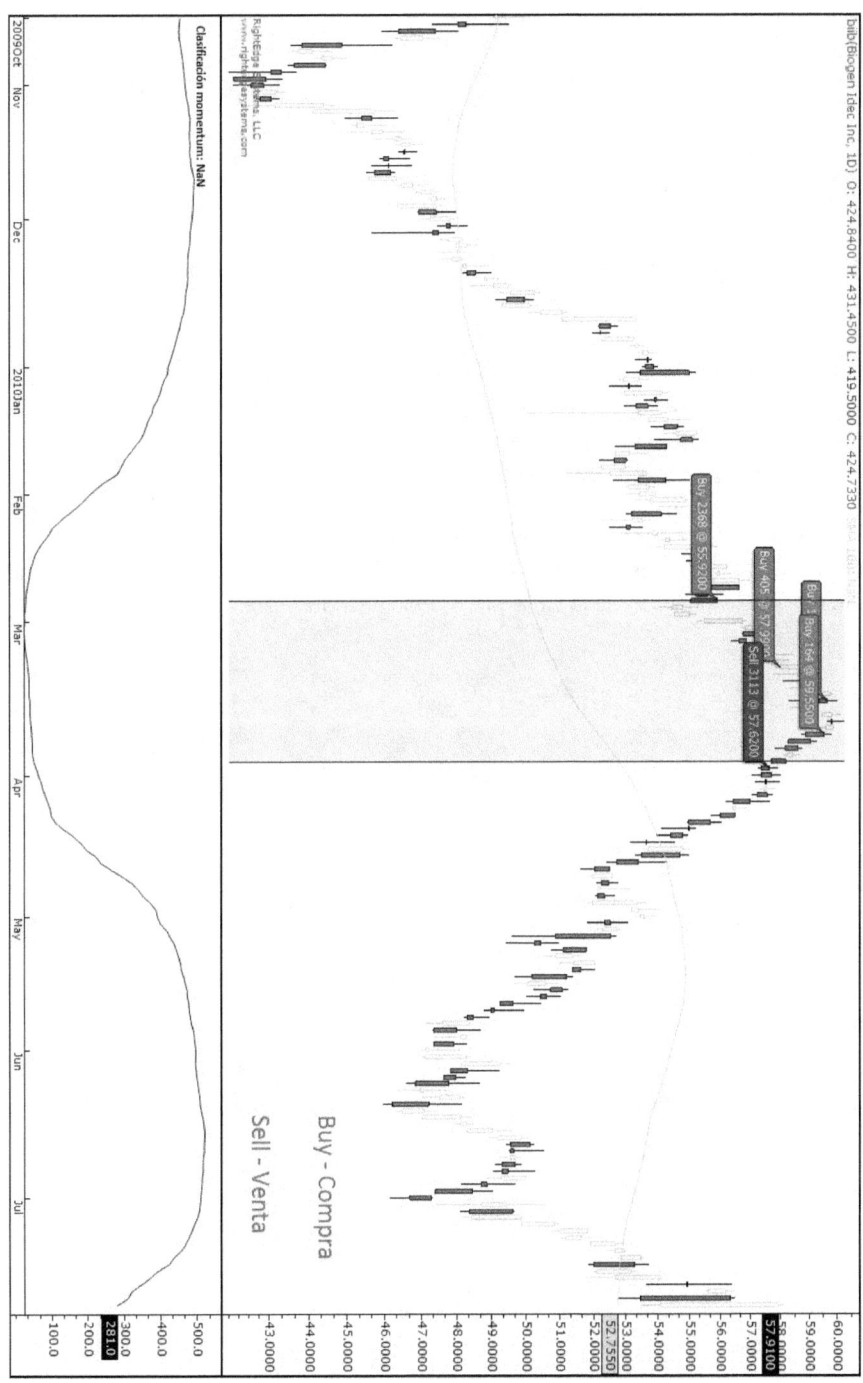

Figura 13-50 Biogen Idec

Tabla 13-24 Resultados 2010

	Estrategia momentum	S&P 500 Total Return Index
Retorno 2010	11,7%	15,1%
Máx drawdown 2010	-22,1%	-15,6%
Retorno anual desde 1999	11,4%	2,0%
Máx drawdown desde 1999	-24,3%	-55,3%

Habíamos conseguido un nuevo máximo histórico significativo para luego retroceder. Esto es bastante común y esperable, pero desafortunadamente no es fácil de saber el momento en el que va a suceder. La consistencia es lo que hace ganar en el largo plazo, no tratar de anticiparse al mercado.

La Figura 13-51 muestra todo lo que nos habíamos distanciado del mercado en este punto. Lo que muchos años parece que es solo una pequeña mejora respecto al mercado se va sumando en el largo plazo. Los jugadores estables son los que suelen durar.

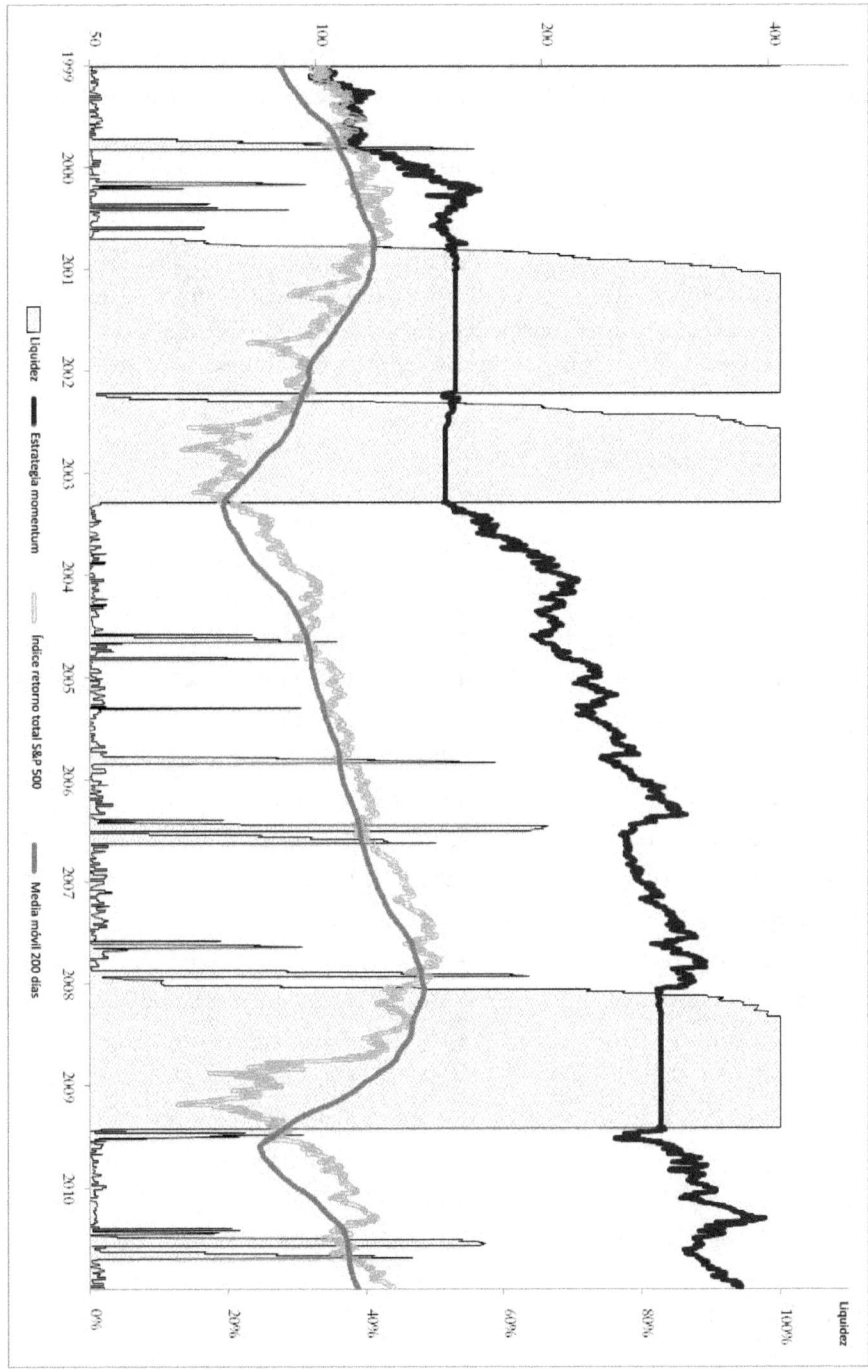

Figura 13-51 Evolución 1999-2010

2011

¿No es estupendo que no hayamos tenido ningún año malo de verdad? Es verdad que perdimos dinero en 2008. Pero en el año de la masacre, nuestra pérdida no fue nada preocupante. No hemos tenido ningún año en el que hayamos sufrido una pérdida significativa y al mismo tiempo hayamos estado por debajo del índice. Bien, pues todo eso está a punto de cambiar.

Entramos en 2011 con una gran cantidad de valores de consumo discrecional en la cartera y con una exposición significativa a los sectores tecnológico y de materiales. Aunque el mercado parecía totalmente estable en ese momento, a nosotros nos esperaba un camino lleno de baches. Abróchense los cinturones y prepárense para el impacto.

Tabla 13-25 Cartera inicial, 2011

Nombre	Peso	Sector
Amazon,com Inc	4,3%	Consumo discrecional
Abercrombie & Fitch Co	3,5%	Consumo discrecional
Anadarko Petroleum Corp	4,2%	Energía
Beam Suntory Inc	4,6%	Consumo básico
CF Industries Holdings Inc	3,0%	Materiales
Coach Inc	4,4%	Consumo discrecional
Compuware Corp	4,1%	Tecnología información
Freeport-McMoRan Inc	3,5%	Materiales
Harman International Industries Inc	3,9%	Consumo discrecional
Hess Corp	4,4%	Energía
Johnson Controls Inc	4,6%	Consumo discrecional
J C Penney Company Inc	3,3%	Consumo discrecional
Juniper Networks Inc	4,1%	Tecnología información
Carmax Inc	3,2%	Consumo discrecional
L Brands Inc	3,9%	Consumo discrecional
LSI Corp	3,6%	Tecnología información
Alpha Appalachia Holdings Inc	3,4%	Energía
National Oilwell Varco Inc	3,6%	Energía
NVIDIA Corp	3,4%	Tecnología información
Pioneer Natural Resources Co	4,6%	Energía
Red Hat Inc	3,7%	Tecnología información
Schlumberger NV	4,6%	Energía

Tiffany & Co	4,5%	Consumo discrecional
T-Mobile US Inc	3,7%	Telecomunicaciones
Western Digital Corp	3,8%	Tecnología información

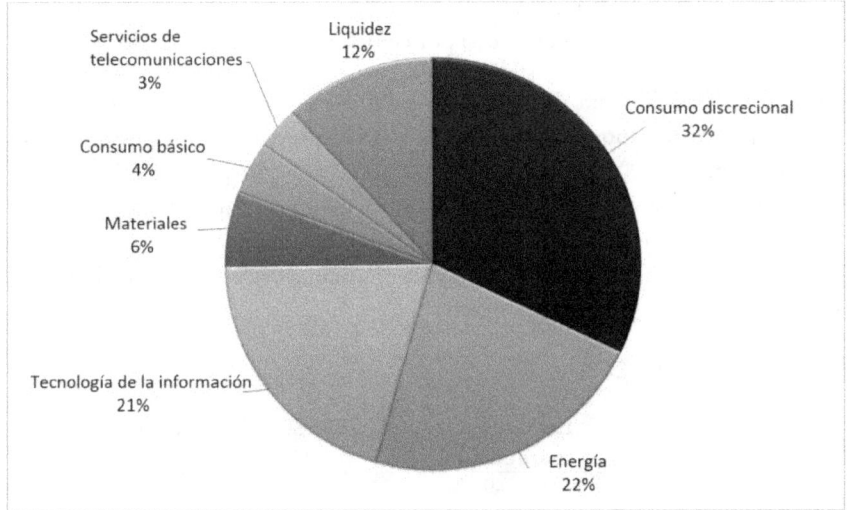

Figura 13-52 Distribución inicial por sectores, 2011

Comenzamos el año bastante agitados, y con visos de empeorar. En la primera parte del año nuestra evolución fue como un yoyó, con movimientos de 5 o 6 puntos porcentuales arriba y abajo en varias ocasiones. En este periodo, la media móvil se iba acercando cada vez más al índice. Fue en agosto cuando ocurrió algo grande.

La combinación de una crisis de deuda soberana en Europa con una rebaja de la calificación crediticia de Estados Unidos puede ser un poco fastidiosa para el mercado de acciones. La gran caída se produjo en agosto, cuando el índice S&P 500 perdió cerca del 20% en el plazo de dos semanas. Fue un movimiento bastante drástico y llegó sin avisar. No había habido un lento cambio de tendencia en el mercado, ni ninguna otra de las señales habituales de giro. Estábamos en un periodo lateral ordenado dentro de un mercado alcista más amplio cuando de repente ocurrió.

En una situación así, los operadores de momentum suelen sufrir bastante. No es una experiencia divertida tener una cartera completamente cargada de valores con beta alta durante un desplome repentino del mercado. En esta ocasión, casi sorprendentemente, nuestra estrategia solo sufrió el mismo daño que el índice, e incluso ligeramente menos en la fase inicial.

Antes del evento, nos habíamos estado moviendo entre +8% y -3%. Cuando el mercado de repente se giró en una expedición hacia el sur no programada, nos pusimos en torno a cero para el año. En dos semanas nos vimos en un hoyo del 12% y en proceso de deshacer posiciones. Vendimos varios valores cada semana en los habituales reequilibrios y como el índice se había alejado por debajo de la media no estábamos autorizados a reemplazarlos. La liquidez se acumulaba rápidamente y en unas pocas semanas más estábamos casi por completo fuera del mercado.

Lo que pasó después es un fastidio, pero es el coste de contar con un filtro de tendencia para protegernos de las caídas. Nuestro filtro de tendencia hizo que nos saliéramos del mercado. Y fue exactamente cuando el mercado se recuperó de nuevo. En mal momento otra vez. Pero ya se sabe que esto es un enfoque de largo recorrido. En el largo plazo un mecanismo de protección como este filtro de tendencia puede mejorar en gran medida el resultado, a pesar de que cause algún dolor de cabeza ocasional.

Tabla 13-26 Resultados 2011

	Estrategia momentum	S&P 500 Total Return Index
Retorno 2011	-9,3%	2,1%
Máx drawdown 2011	-21,1%	-18,6%
Retorno anual desde 1999	9,7%	2,0%
Máx drawdown desde 1999	-24,3%	-55,3%

El mercado rebotó y terminó muy marginalmente en el lado positivo, mientras que nuestra estrategia se mantuvo firmemente anclada en el lado negativo, con casi un -10%.

Sprint, en la Figura 13-54, muestra una de las muchas malas operaciones de 2011. Compramos el valor a finales de junio después de una potente primera mitad de año. Resultó ser el peor momento posible para comprar el valor. Justo entonces cayó y se mantuvo en una fase lateral agitada hasta que finalmente nos echó en la parte baja. En conjunto fue una operación terriblemente frustrante, pero todo esto es parte del juego.

En la Figura 13-55 se muestra una situación muy similar, otra mala operación con O'Reilly Automotive. Esta fue aún más frustrante, porque despegó con una gran recuperación justo después de salirnos.

Aunque habíamos devuelto al mercado una parte de nuestros beneficios anteriores, aún estábamos bastante bien en el largo plazo. La protección de pérdidas se mantuvo y una vez que los mercados se estabilizaran lo más probable es que nos fuera bien de nuevo.

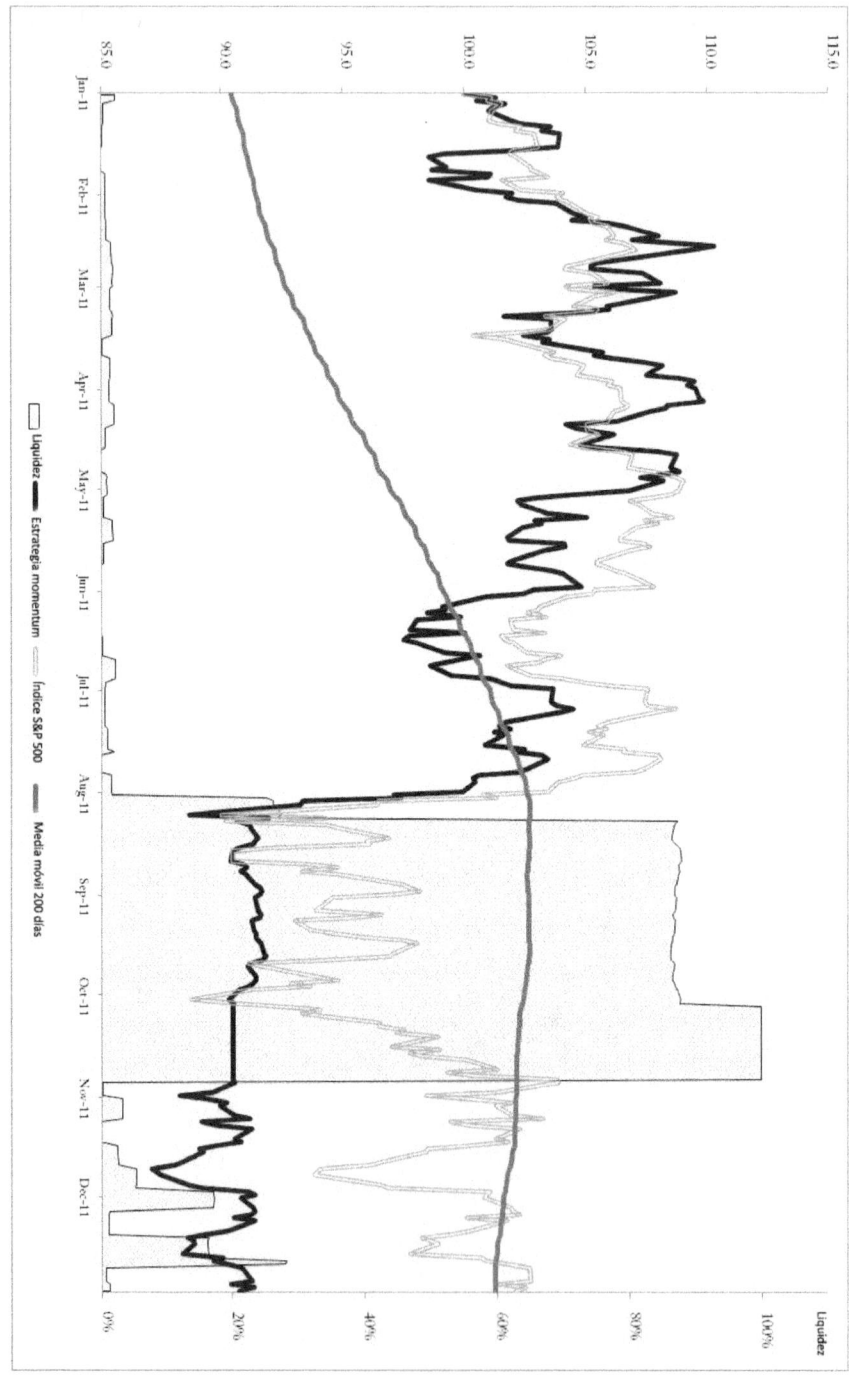

Figura 13-53 Evolución, 2011

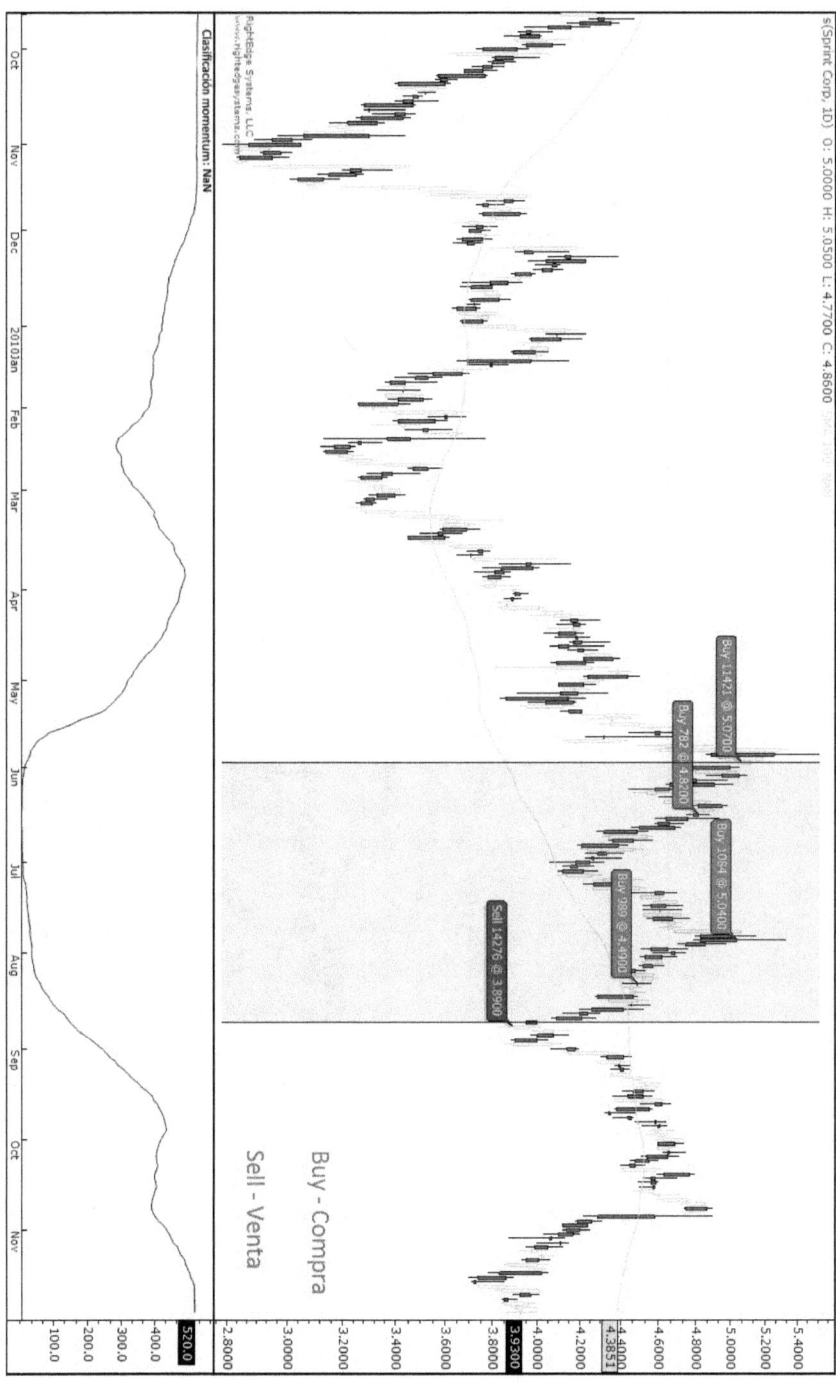

Figura 13-54 Sprint

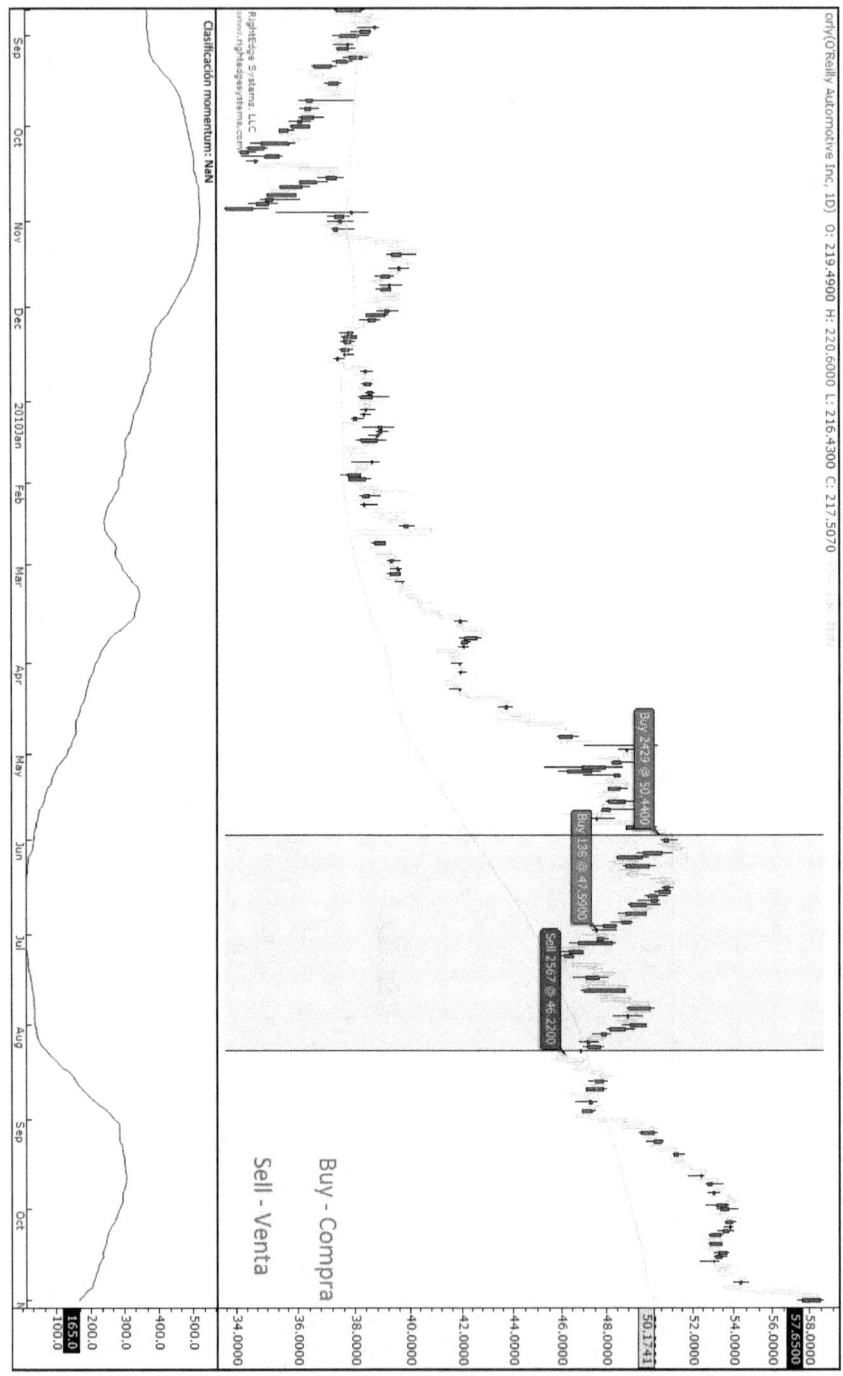

Figura 13-55 O'Reilly Automotive

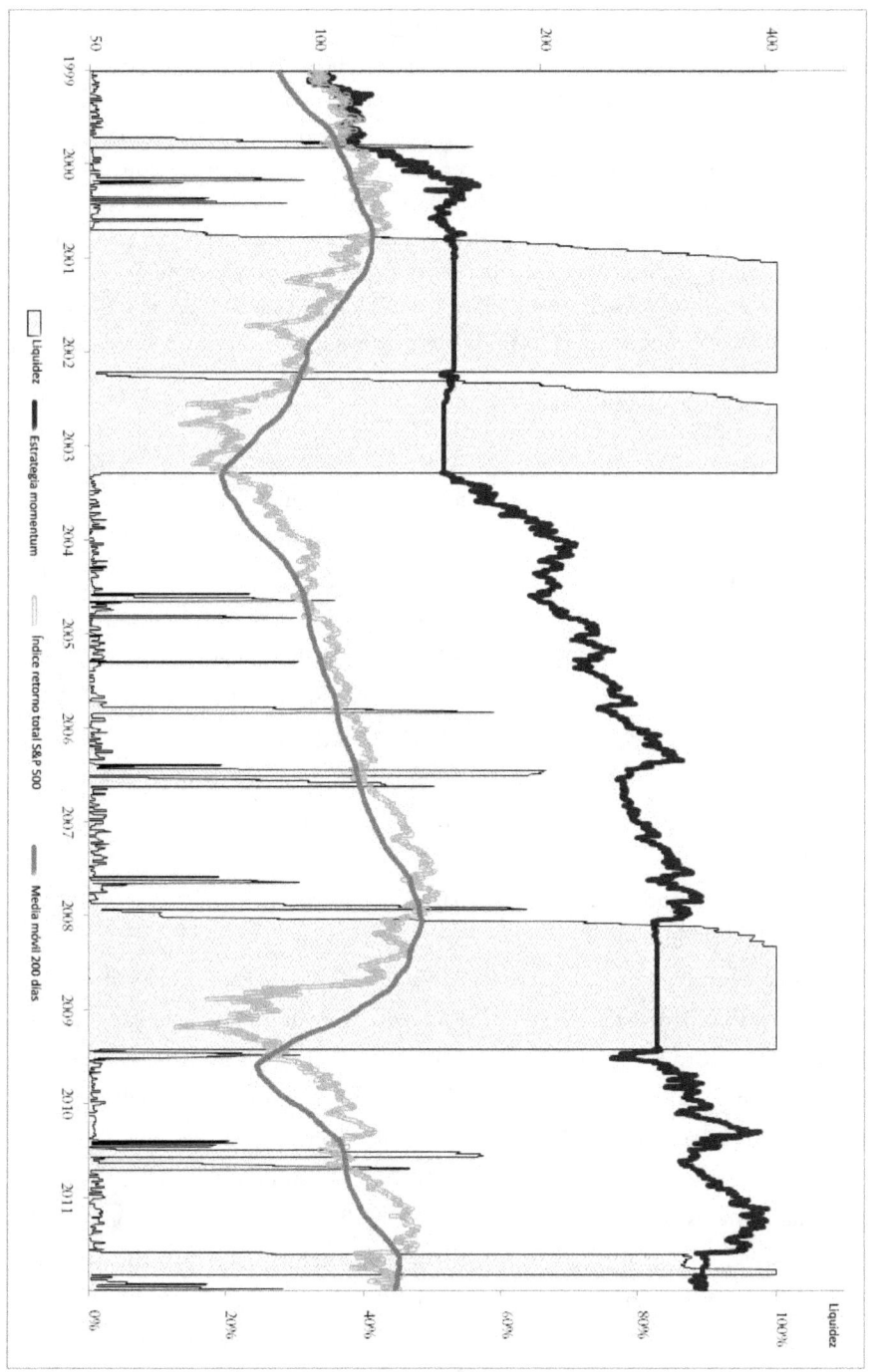

Figura 13-56 Evolución 1999-2011

2012

Entramos en 2012 con la cartera llena de valores, después de comprar de nuevo en diciembre del año anterior. Estamos sobreponderados en consumo discrecional, con algo de industriales y tecnológicos, y tenemos algún valor de otros sectores. Comparado con los años anteriores, tenemos muy poca participación del sector tecnológico. La evolución de los sectores varía mucho y últimamente el tecnológico no lo había hecho tan bien como para tener la misma representación en la cartera que en los años previos. Recuerda que no utilizamos ningún tipo de restricción en cuanto a sectores. Compramos los valores más altos, cualquiera que sea el sector al que pertenecen, de modo que nos podemos encontrar con cualquier distribución.

Tabla 13-27 Cartera inicial, 2012

Nombre	Peso	Sector
Beam Suntory Inc	5,0%	Consumo básico
Big Lots Inc	3,0%	Consumo discrecional
Biogen Idec Inc	4,2%	Salud
Cisco Systems Inc	3,3%	Tecnología información
Dean Foods Co	3,5%	Consumo básico
D,R, Horton Inc	2,6%	Consumo discrecional
Fastenal Co	4,2%	Industria
F5 Networks Inc	2,4%	Tecnología información
Goodrich Corp	11,7%	Industria
W W Grainger Inc	4,2%	Industria
Host Hotels & Resorts Inc	3,0%	Finanzas
Intuitive Surgical Inc	3,9%	Salud
Jabil Circuit Inc	2,5%	Tecnología información
J C Penney Company Inc	3,1%	Consumo discrecional
KLA-Tencor Corp	2,9%	Tecnología información
Lennar Corp	2,7%	Consumo discrecional
Lowe's Companies Inc	3,8%	Consumo discrecional
Macy's Inc	3,1%	Consumo discrecional
Novellus Systems Inc	2,4%	Tecnología información
ONEOK Inc	5,4%	Energía
O'Reilly Automotive Inc	4,7%	Consumo discrecional
PulteGroup Inc	1,9%	Consumo discrecional
Rockwell Automation Inc	2,8%	Industria
Ross Stores Inc	4,4%	Consumo discrecional

SanDisk Corp	2,5%	Tecnología información
TJX Companies Inc	5,2%	Consumo discrecional

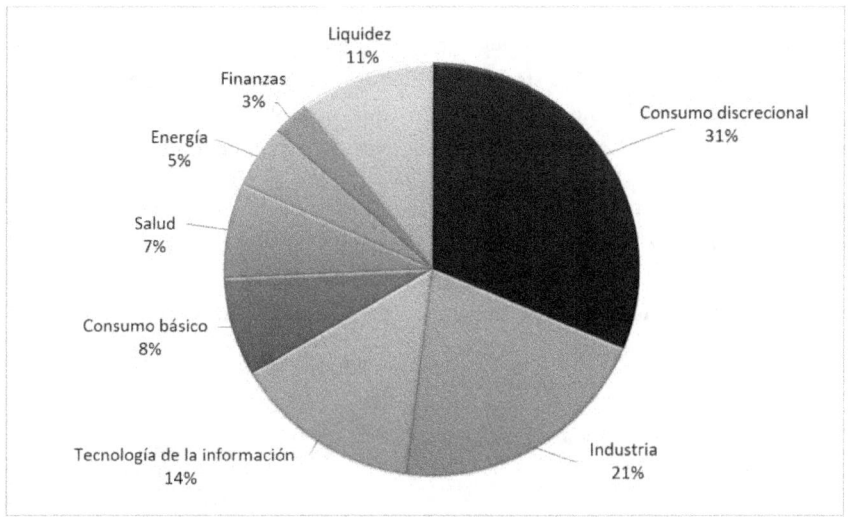

Figura 13-57 Distribución inicial por sectores, 2012

El año 2012 fue en cierta forma como una montaña rusa, uno de esos años en los que hay momentos de gran alegría, después te tiras de los pelos y más tarde recuperas la felicidad. Como habíamos terminado el año anterior con mala nota, al menos era reconfortante ver una recuperación inicial. Pronto se acumularon los beneficios debido a que teníamos una cartera de acciones momentum potente. La cartera creció desde el primer día y siguió subiendo hasta finales de marzo. Entonces ya teníamos un beneficio del 17%.

Sienta bien conseguir una gran ganancia pronto, pero ten siempre en cuenta que estamos en esto para el largo plazo. Puede pasar cualquier cosa. Puedes doblar la ganancia o puede desaparecer. Intenta evitar la trampa de ponerte a calcular cuánto es en un año entero un beneficio del 17% en un trimestre. Sé que es difícil no sacar la calculadora. De hecho yo ya lo he hecho por ti. Es un 87,4%. Claro que no vamos a terminar el año con un 87,4%.

Después de esa ganancia del 17%, el mercado dio un giro rumbo al sur y nosotros bajamos con él. Nuestras acciones momentum reaccionaron de forma bastante predecible, y su alto componente beta nos hizo caer mucho más de lo que lo hizo el mercado. Nuestro beneficio de +17% pronto quedó reducido a -0,5% en mayo.

Estas situaciones son terriblemente frustrantes. Cuando ocurren, siempre aparece alguien que trata de convencerte de que deberías utilizar algún sistema de señales mágicas para el mercado de divisas y ganar miles de pips por día. No hagas caso a esa gente. Ni siquiera preguntes lo que es un pip.

Estas bajadas son el coste de hacer negocios. Suceden y está bien así. Si te las arreglas para conseguir retornos compuestos de dos dígitos en periodos largos de tiempo, vas a ganar a casi todo el mundo. Incluso a los que tienen las superseñales mágicas generadoras de pips, que habrán hecho estallar sus cuentas mucho tiempo antes.

Desde mayo en adelante, las cosas se pusieron un poco más divertidas. Ese había sido el mínimo del año y desde entonces comenzamos a subir de nuevo. Fuimos por delante y por detrás del índice alternativamente, pero después de una agitada caída tuvimos un final de año fuerte y terminamos ganando al mercado con un respetable retorno del 19%.

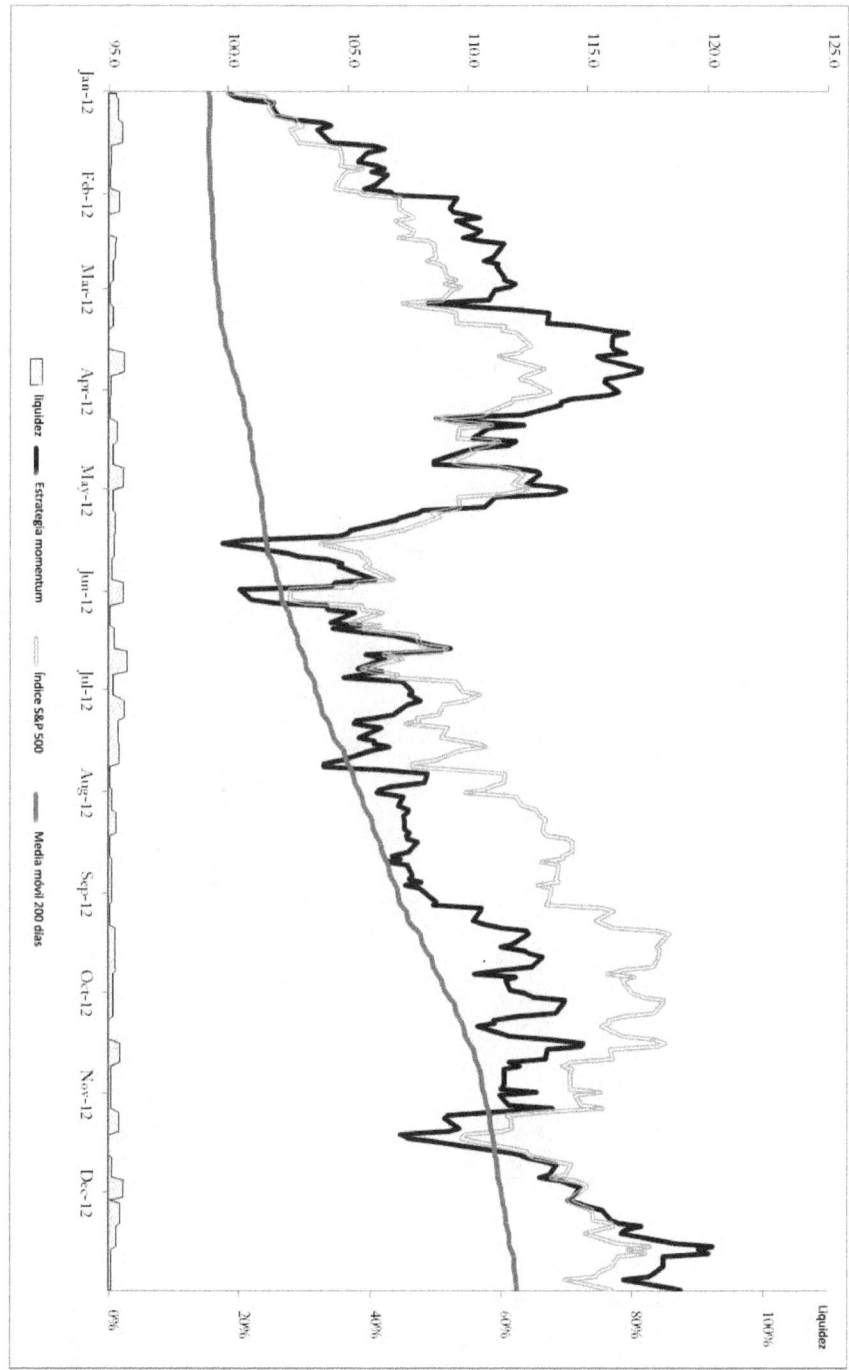

Figura 13-58 Evolución, 2012

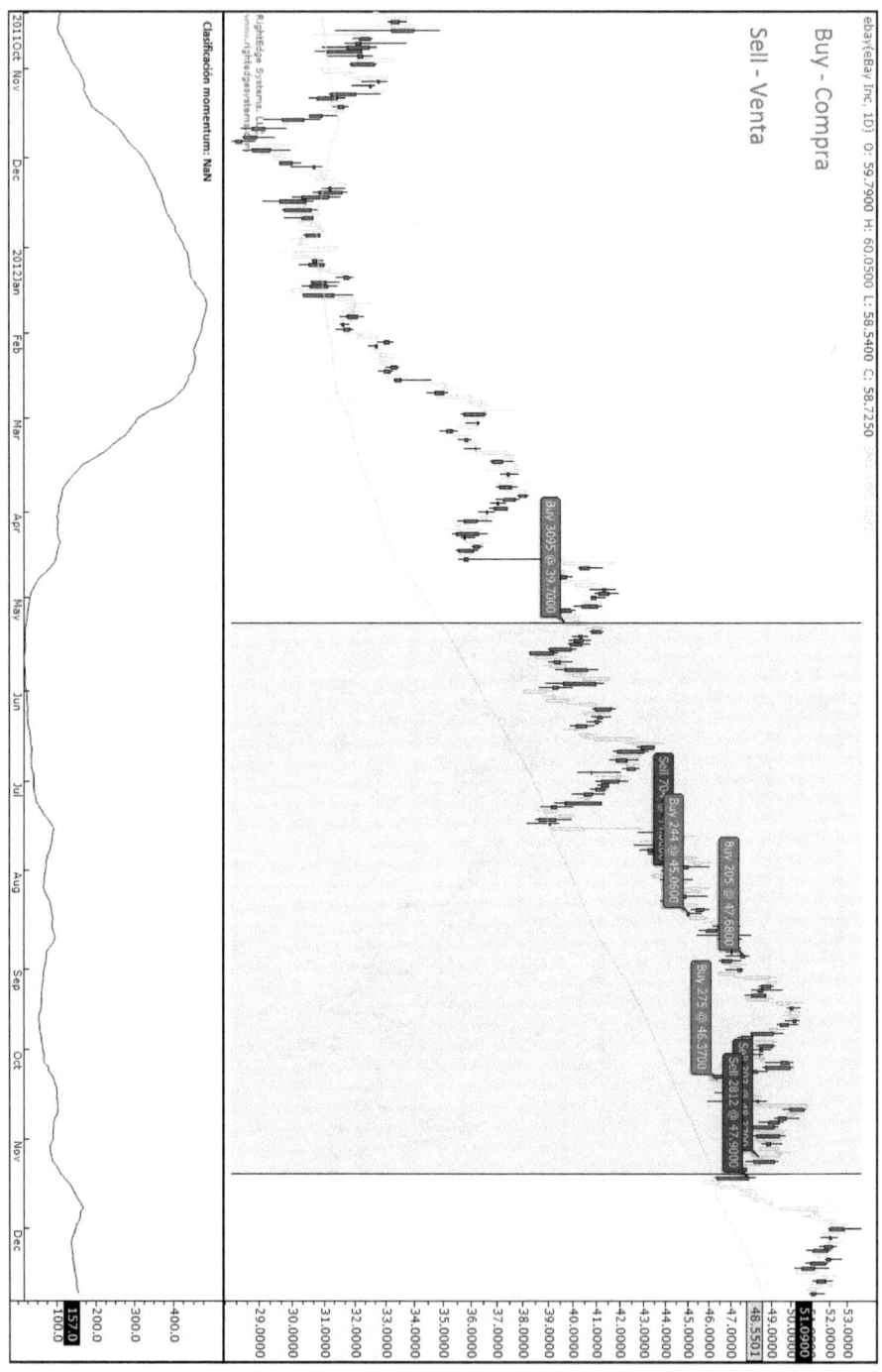

Figura 13-59 eBay

Una de las muchas posiciones buenas durante 2012 fue eBay, que se muestra en la Figura 13-59. El valor se mantuvo subiendo todo el tiempo. Te preguntarás por qué lo vendimos si no dejaba de subir. Verás, en un mercado alcista hay muchos valores que suben. Habíamos entrado en una fase alcista y eso significa que hay muchos valores entre los que elegir. El truco consiste en tener los correctos.

Tabla 13-28 Resultados 2012

	Estrategia momentum	S&P 500 Total Return Index
Retorno 2012	18,9%	16,0%
Máx drawdown 2012	-14,9%	-9,6%
Retorno anual desde 1999	10,3%	2,9%
Máx drawdown desde 1999	-24,3%	-55,3%

Aunque eBay podía seguir subiendo, en un momento dado bajó tanto en la lista clasificatoria que ya no estaba entre los 100 primeros valores del índice. Eso significa que lo vendimos y compramos otro de lo alto de la lista. Si no tuviéramos establecida esa regla, podríamos acabar manteniendo valores inferiores únicamente porque suben. En un mercado alcista no tiene mérito subir. Casi todos los valores lo hacen. Nosotros queremos los mejores.

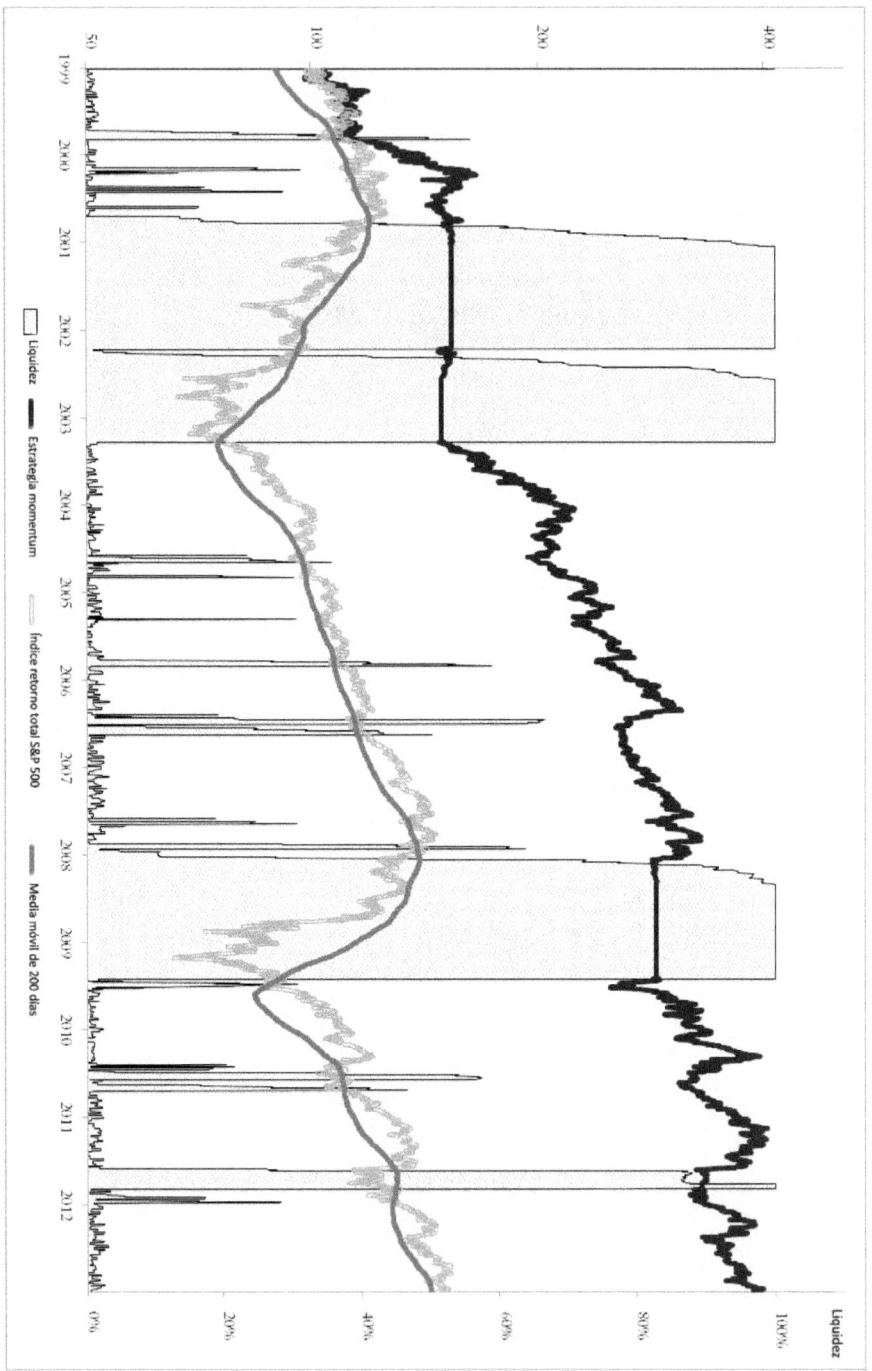

Figura 13-60 Evolución 1999-2012

2013

A principios de 2013 hay pocas dudas de que estamos en un mercado alcista. Los personajes trajeados de los programas televisivos especializados se turnan para explicar por qué el mercado alcista va a terminar. Las explicaciones habituales se refieren a los excesos en la emisión de dinero, a la presión de las compras artificiales alimentadas por las políticas de los bancos centrales y cosas así. Como actores de la estrategia momentum, nada de eso nos importa realmente. Lo que nos importa es que el mercado sube y nosotros con él. Cuando pare, sabemos que tenemos una salvaguarda para salirnos. No hay razón para hacer conjeturas sobre el mercado. No importa realmente por qué sube. Intentar capturar máximos casi siempre falla.

Al comenzar 2013, todavía tenemos una gran presencia de valores de consumo discrecional. Aún más interesante es que ahora tenemos una participación sustancial de valores financieros. Los programas de expansión cuantitativa han ayudado mucho a este sector y las acciones se mueven hacia el norte más rápido que Santa Claus el 26 de diciembre.

Tabla 13-29 Cartera inicial, 2013

Nombre	Peso	Sector
Bank of America Corp	3,7%	Finanzas
Peabody Energy Corp	1,9%	Energía
Citigroup Inc	3,7%	Finanzas
Cigna Corp	5,0%	Salud
Computer Sciences Corp	4,2%	Tecnología información
Gilead Sciences Inc	3,8%	Salud
GameStop Corp	3,4%	Consumo discrecional
Genworth Financial Inc	3,3%	Finanzas
Hudson City Bancorp Inc	4,1%	Finanzas
Hartford Financial Services Group Inc	4,8%	Finanzas
Leggett & Platt Inc	5,0%	Consumo discrecional
Lennar Corp	3,3%	Consumo discrecional
Lowe's Companies Inc	4,0%	Consumo discrecional
Moody's Corp	5,4%	Finanzas
Marathon Petroleum Corp	3,7%	Energía
M&T Bank Corp	6,4%	Finanzas
Netflix Inc	2,1%	Consumo discrecional
Newell Rubbermaid Inc	6,4%	Consumo discrecional
PulteGroup Inc	2,4%	Consumo discrecional

Tenet Healthcare Corp	3,9%	Salud
Tyson Foods Inc	5,6%	Consumo básico
Whirlpool Corp	3,6%	Consumo discrecional
Wynn Resorts Ltd	4,3%	Consumo discrecional
Yahoo! Inc	5,5%	Tecnología información

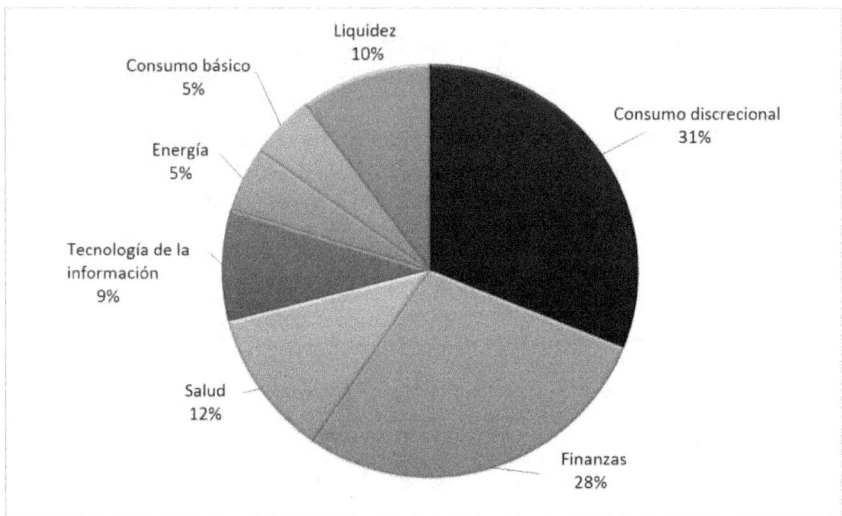

Figura 13-61 Distribución inicial por sectores, 2013

Aunque el año anterior terminamos con un respetable retorno, fue un trayecto agitado. ¿No te gustaría tener al menos un año con un gran resultado pero sin sufrir esos molestos baches por el camino? Pues estás de suerte. Relájate y disfruta, porque lo tenemos.

El mercado comenzó pronto a subir despacio, pero nosotros no. Nosotros subimos rápido. En febrero ya teníamos ganancias de doble dígito. Proliferan de nuevo los cálculos matemáticos compuestos.

Probablemente recuerdas que en años anteriores varias veces empezamos con fuertes ganancias para regalarlas poco después. Quizás te hayas preguntado si sería una buena idea tomarlo todo y marcharte a casa cuando se ha alcanzado un determinado objetivo de ganancias. Este año alcanzamos un +15% a comienzos de marzo. ¿Por qué no tomamos el dinero y nos vamos a pescar el resto del año?

En este año vas a aprender que pescar puede ser más caro de lo que crees. Esta vez todo continuó avanzando. Hubo algunas subidas y bajadas, pero retrospectivamente apenas visibles. El +15% de marzo se convirtió en solo un +7% en mayo, pero entonces la cartera siguió y siguió como un conejito a pilas.

Casi todo el año nos mantuvimos parejos con el índice. Si fuera así en un periodo de muchos años parecería un resultado mediocre conseguir solo lo mismo que el índice. Pero este año, sin embargo, nadie se quejó.

A lo largo del año, los expertos competían en el arte de predecir el máximo del mercado. Todo el mundo quiere ser recordado como el tipo que predijo el final. El problema es que nadie va a recordar cuando te equivocaste, y sí solamente aquella vez en que por fin acertaste. Al final, como un reloj parado que acierta la hora dos veces al día, te conviertes en un gurú de los mercados por tu certera predicción.

No prestes atención a todas esas predicciones sobre el final de un mercado alcista. Lo más fácil que puede pasar en un mercado alcista es que el mercado alcista continúe. Tú déjalo correr y que sea un filtro automático de tendencia de mercado el que te facilite la salida cuando toque.

El año terminó con un enorme retorno de más del 37 por ciento. Es un resultado extremadamente alto en los mercados de valores. No esperes que ocurra muy a menudo.

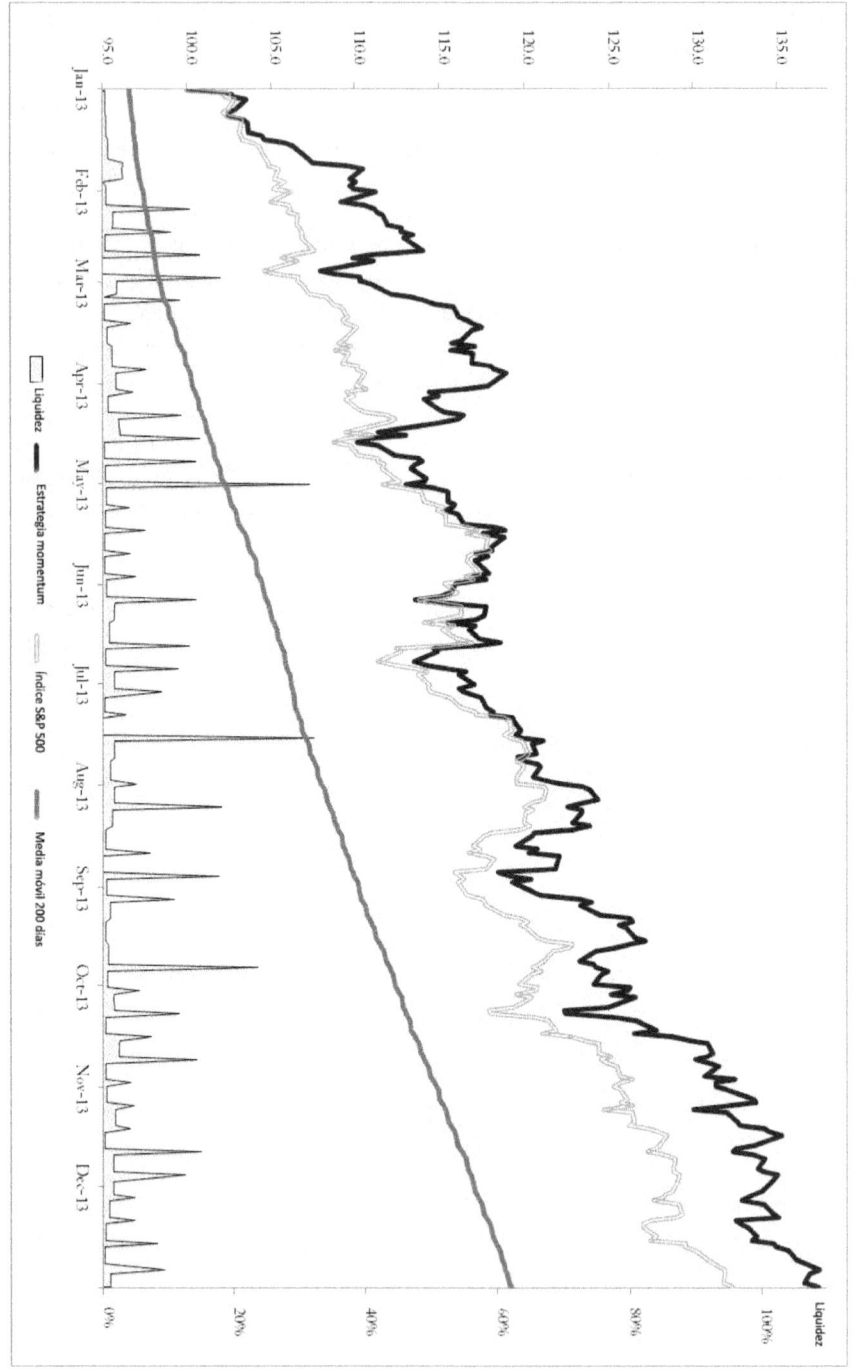

Figura 13-62 Evolución, 2013

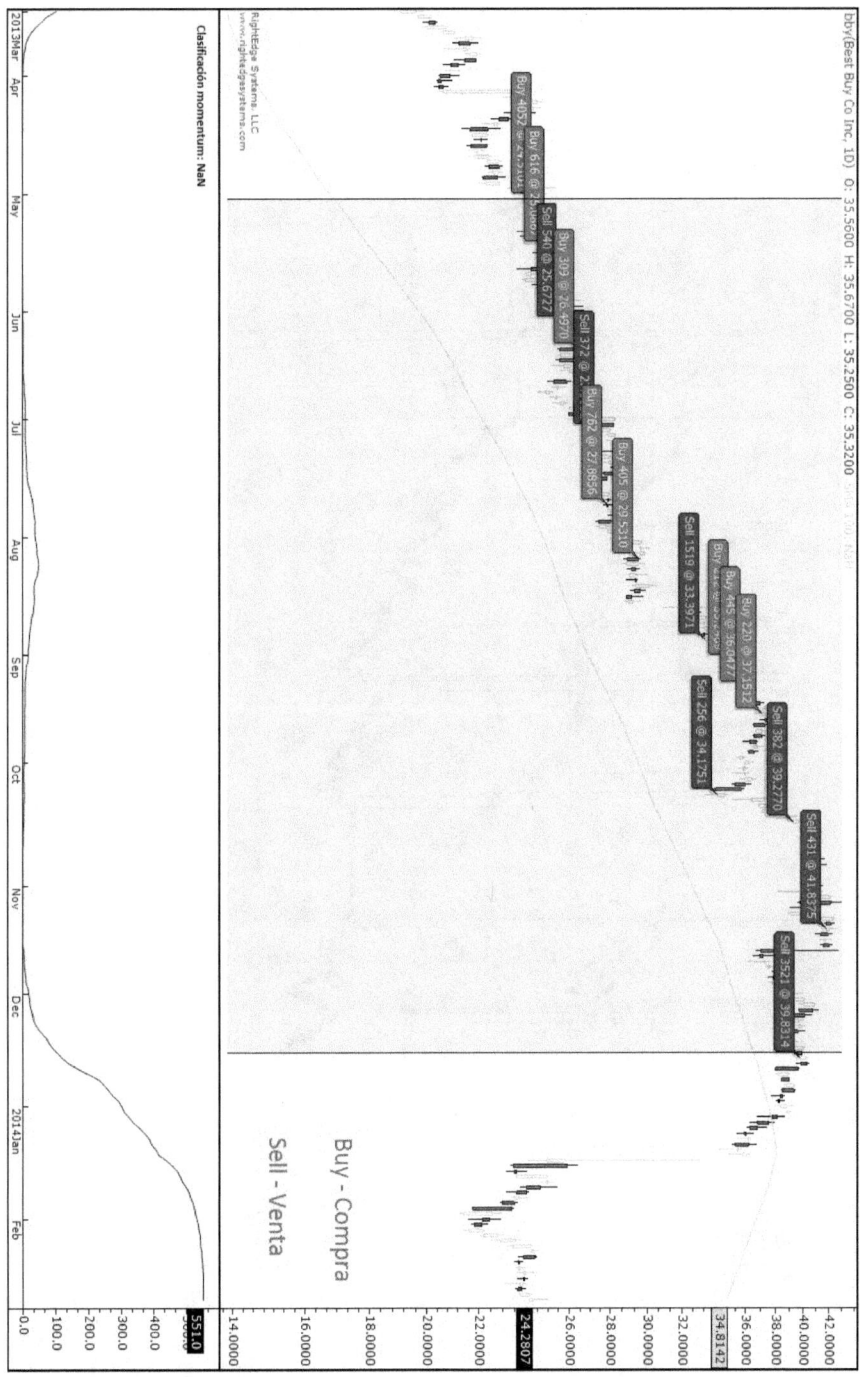

Figura 13-63 Best Buy

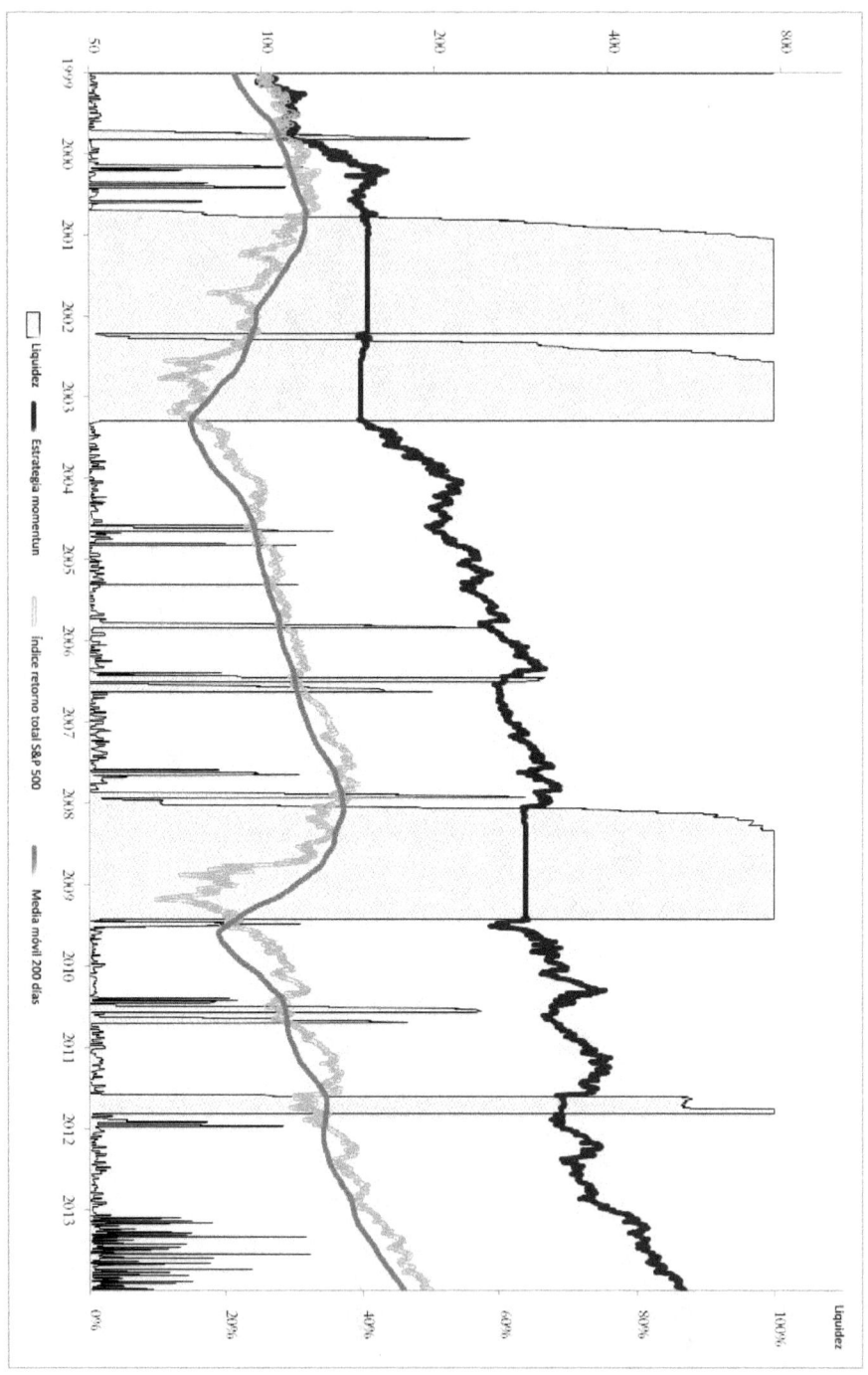

Figura 13-64 Evolución 1999-2013

Es muy divertido un mercado alcista. Algo así como pescar en un barril lleno de peces. En un fuerte mercado alcista hay una gran cantidad de valores que despegan y continúan su ascenso. Best Buy, en la Figura 13-63, fue uno de ellos. Mantuvimos las acciones casi todo el año.

Tabla 13-30 Resultados 2013

	Estrategia momentum	S&P 500 Total Return Index
Retorno 2013	37,5%	32,4%
Máx drawdown 2013	-7,4%	-5,6%
Retorno anual desde 1999	11,9%	4,7%
Máx drawdown desde 1999	-24,3%	-55,3%

Después de un resultado tan extraordinariamente bueno, una inversión inicial de 100 dólares en la estrategia momentum alcanzaría los 500 dólares. La recuperación en el conjunto del mercado desde los mínimos de 2008 había sido fuerte, pero nada comparado con lo que puede hacer una estrategia momentum en ese mismo periodo.

2014

Después de una subida tan potente, la confianza en nuestro enfoque debería ser elevada. Hemos tenido un fuerte retorno absoluto, pero también una evolución muy cercana a la del índice. Estaría bien conseguir las dos cosas en el mismo año, a saber, un elevado retorno absoluto y una superación significativa del índice.

Tabla 13-31 Cartera inicial, 2014

Nombre	Peso	Sector
Amazon,com Inc	5,0%	Consumo discrecional
Chipotle Mexican Grill Inc	6,2%	Consumo discrecional
Cognizant Technology Solutions Corp	6,5%	Tecnología información
Delta Air Lines Inc	3,7%	Industria
E*TRADE Financial Corp	5,1%	Finanzas
Expedia Inc	4,0%	Consumo discrecional
First Solar Inc	2,3%	Tecnología información
Gilead Sciences Inc	3,8%	Salud
Harman International Industries Inc	4,0%	Consumo discrecional
Southwest Airlines Co	4,5%	Industria
McKesson Corp	6,2%	Salud

Micron Technology Inc	2,9%	Tecnología información
Northrop Grumman Corp	7,2%	Industria
Pitney Bowes Inc	3,9%	Industria
Constellation Brands Inc	7,2%	Consumo básico
Safeway Inc	3,6%	Consumo básico
Valero Energy Corp	4,2%	Energía
Wynn Resorts Ltd	5,0%	Consumo discrecional
United States Steel Corp	3,5%	Materiales
Xylem Inc	5,5%	Industria
Yahoo! Inc	4,4%	Tecnología información

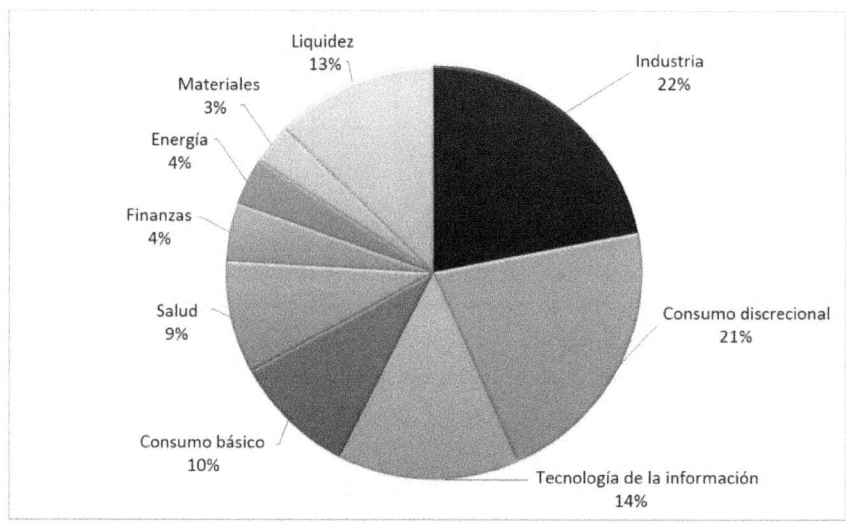

Figura 13-65 Distribución inicial por sectores, 2014

El año 2014 fue en conjunto un periodo divertido para estar en acciones momentum. Hubo un acontecimiento que se vio como muy preocupante entonces, pero pronto se olvidó. Para empezar, arrancamos con un buen empujón, lo que nos dío una ventaja inicial sobre el índice del 5% en los primeros días. Era una situación cómoda para empezar el año, sobre todo porque en febrero el mercado tuvo una caída aproximadamente de la misma magnitud. El mercado cayó un 5% y nosotros con él. Pero mientras el mercado se quedó en -5% para el año, nosotros en cero, más o menos. Desde ahí se produjo una gran remontada durante medio año. Hubo algo de volatilidad por el camino, pero nada que nos inquietara.

Tabla 13-32 Resultados 2014

	Estrategia momentum	S&P 500 Total Return Index
Retorno 2014	18,4%	13,7%
Máx drawdown 2014	-10,7%	-7,3%
Retorno anual desde 1999	12,3%	5,2%
Máx drawdown desde 1999	-24,3%	-55,3%

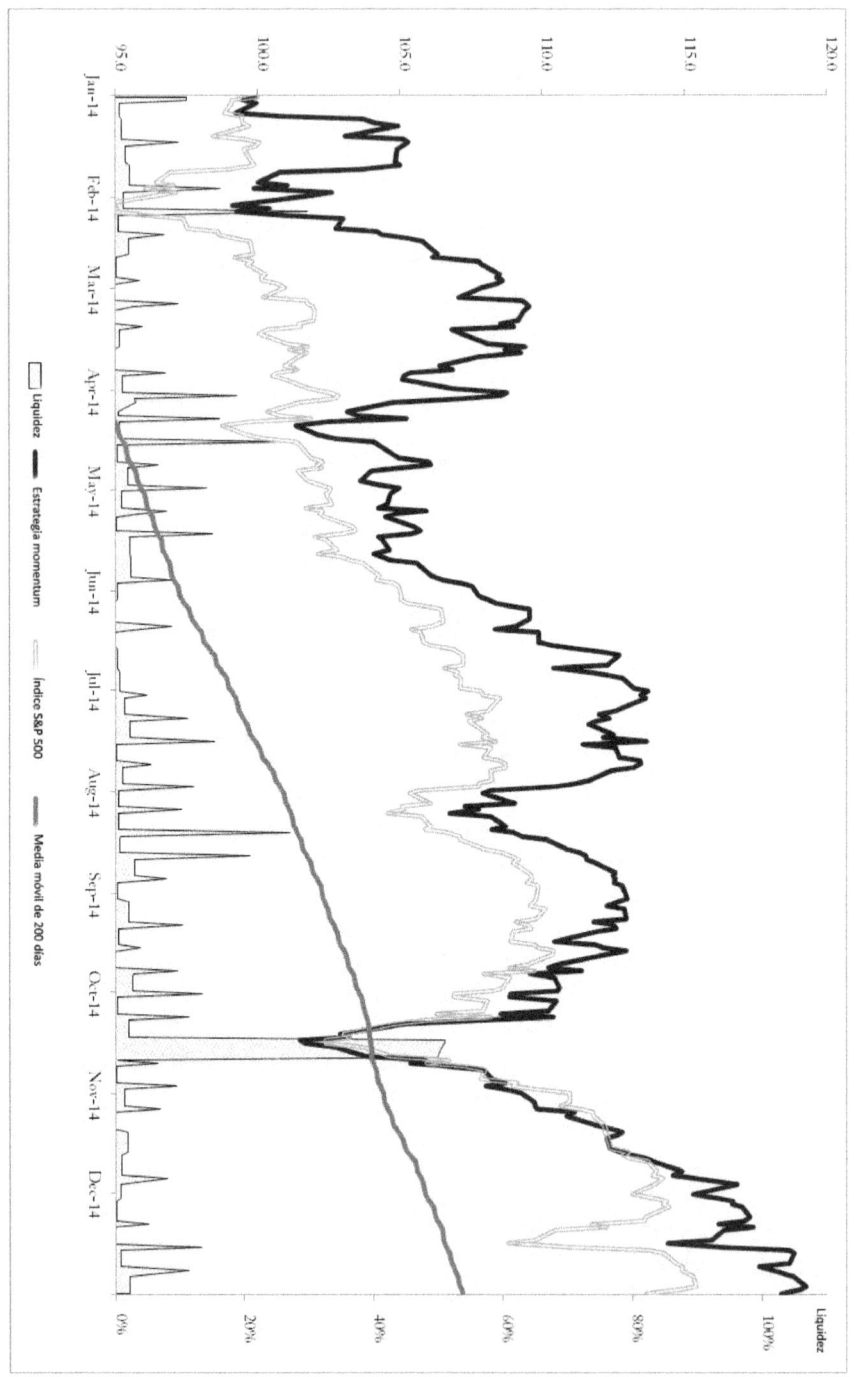

Figura 13-66 Evolución, 2014

El acontecimiento preocupante ocurrió en octubre. De repente el índice bajó rápidamente. Aunque unos meses después nadie se acordaría de los motivos, en aquel momento los titulares hablaban del miedo al fin de la expansión cuantitativa, de una ralentización del crecimiento en Europa y de otros factores que en realidad no deberían haber sorprendido a nadie.

El mercado se giró con fuerza y nuestras acciones momentum perdieron significativamente más que el mercado. De tener ganancias de más del 17% para el año, de pronto caímos a +5% en solo unos días. En ese momento, el índice estaba de nuevo por debajo de la media, así que empezamos a salir de los valores.

Una vez más, empezamos a salir en un mal momento. El pánico en el mercado fue muy breve y antes de terminar el mes el índice había regresado al comienzo. Al principio nos quedamos atrás con baja exposición, pero ahí fue donde nuestros valores despegaron de verdad.

Desde ese punto, arrasamos con todo y tuvimos una remontada al final de año que nos aupó hasta un +18%. Fue un año muy potente y además batimos al mercado por un amplio margen. El S&P 500 aterrizó en +14%.

Allergan, en la Figura 13-67, fue una operación interesante ese año. Compramos el valor en febrero después de unos meses de fuerte carrera alcista. A finales de marzo, casi lo vendimos cuando se hundió y empezó a bajar en la lista de clasificación. De pronto, el valor tuvo un avance del 25% en cuestión de días, de modo que un valor que ya era rentable se convirtió en uno de los grandes ganadores del año. Después se mantuvo lateral durante varios meses. No lo vendimos porque aún estaba bien clasificado. Cuando finalmente cayó un poco al final del verano lo vendimos con un beneficio muy saludable.

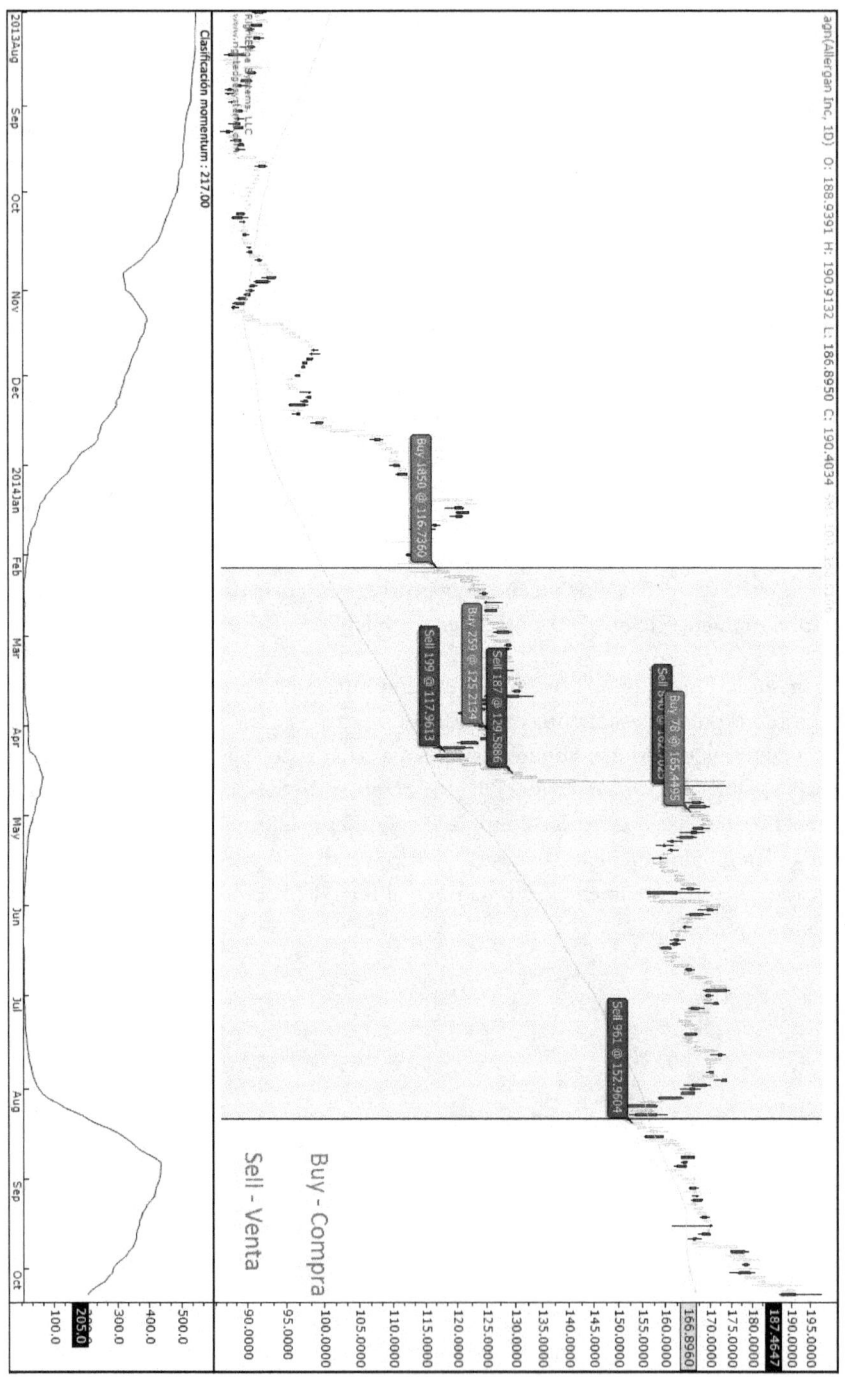

Figura 13-67 Allergan

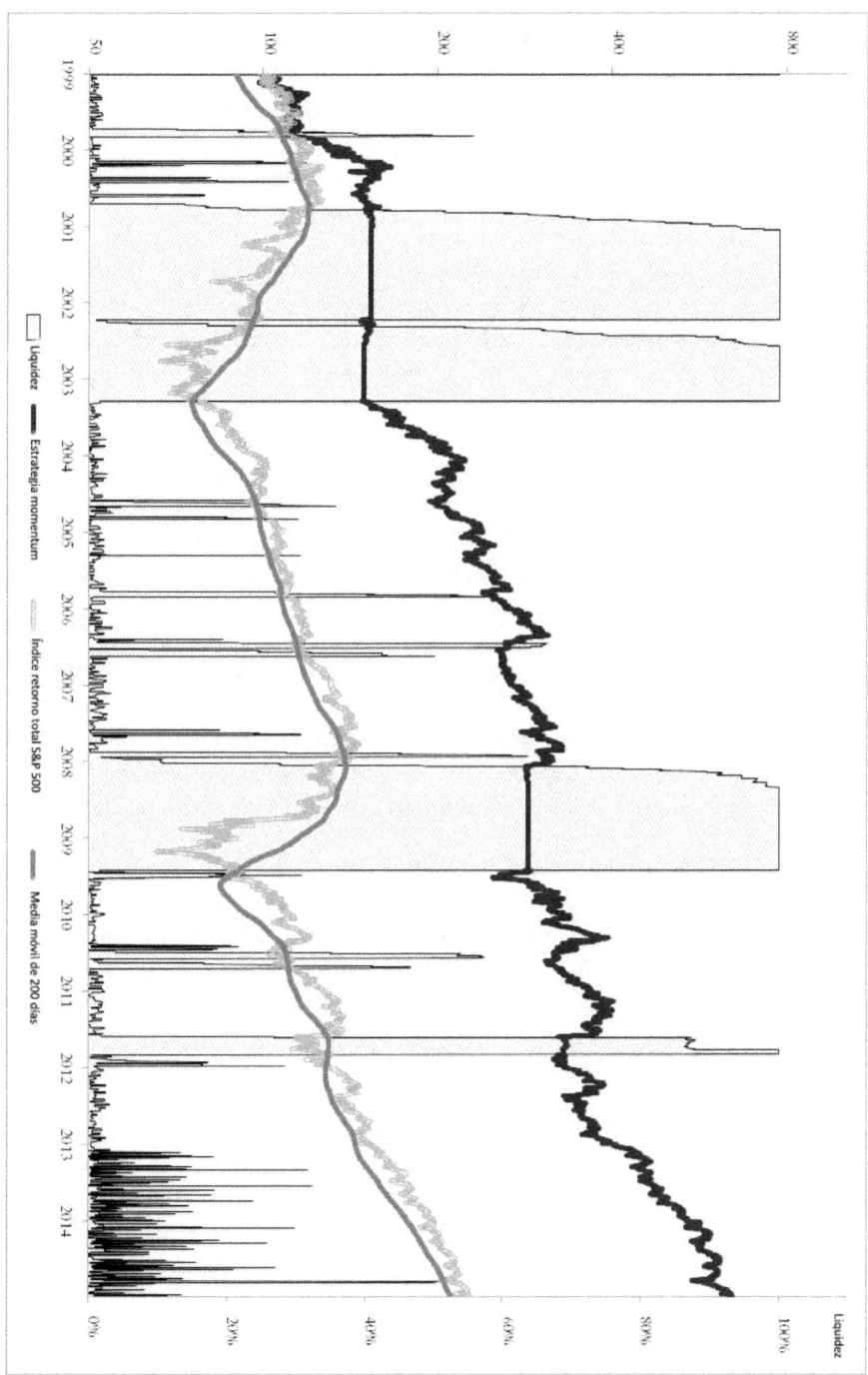

Figura 13-68 Evolución 1999-2014

Conclusiones de la revisión año por año

Conseguir una simulación atractiva no es tan difícil. Al implementarla en el mercado real es cuando surgen los problemas. Cuando ves un gráfico de una simulación de largo plazo o una tabla de resultados mensuales, las cosas parecen fáciles. No es difícil adoptar una perspectiva de largo plazo cuando te enfrentas a esos escenarios. Pero cuando estás metido de lleno, el juego es completamente diferente.

La paradoja es que mucha gente que despliega estrategias sólidas en el largo plazo rápidamente sucumbe al estrés del corto plazo y empieza a cambiar sus modelos. Si pones en marcha una estrategia de largo plazo sin ser plenamente consciente del tipo de comportamiento que puedes esperar, es probable que al final no te atengas a ella.

Lo que he querido mostrarte en este capítulo solo ha sido lo difícil y frustrante que pueden resultar los cortos recorridos. Una vez que estás dentro arriesgando mucho dinero y los mercados se mueven en tu contra, el panorama es muy distinto. Ayuda haber hecho todo el trabajo de simulación para saber que la estrategia ha funcionado en el pasado. Eso da cierta comodidad y ayuda a atenerse a las reglas en los malos periodos. Pero no es suficiente, claro.

No hay nada que te pueda preparar apropiadamente para el despliegue en vivo de un modelo de trading. Si tienes suerte y lo pones en marcha en el momento oportuno por pura causalidad, los resultados pueden ser geniales desde el comienzo. Si consigues unos años buenos para empezar es más fácil seguir las reglas en los años malos. Pero si te ocurre que empiezas con un año malo, es muy fácil tirar la toalla.

Ojalá que este capítulo te haya ayudado en algo a prepararte para las subidas y bajadas que supone gestionar una estrategia momentum de inversión. Aun así, solamente hay una prueba real. La única manera de saber si puedes o no hacerlo es intentarlo con dinero auténtico.

14
Análisis de la estrategia

Lo que hemos visto hasta ahora es un modelo de inversión momentum completamente operativo. Los resultados son sólidos y han superado la prueba del tiempo. Ya sea en periodos alcistas o bajistas, el modelo ha demostrado un desempeño superior al mercado. Las reglas presentadas en el capítulo 10 ya deben estar claras a estas alturas. Funcionan bastante bien tal y como se han presentado, pero una estrategia que para funcionar requiere reglas exactas no suele ser una estrategia robusta. La cuestión es entonces conocer cuáles de estas reglas son cruciales y cuáles no. En este capítulo, vamos a examinar los diferentes componentes de la estrategia para ver si se pueden cambiar y en qué sentido. Saber lo que es importante y lo que no lo es ayuda a entender la lógica que hay detrás de las reglas y cómo se consigue el dinero.

¿Es importante el filtro de tendencia?

Como sin duda has notado en el capítulo 13, el filtro de tendencia puede ser bastante molesto en ocasiones. Muchas veces nos obligaba a reducir la exposición justo cuando estábamos cerca de mínimos. El mercado remontaba después y nos quedábamos rezagados. Por eso es natural cuestionarse la necesidad de ese filtro de mercado. Después de todo, en quince años solo hubo dos periodos en los que contar con el filtro de tendencia tuviera un valor significativo.

La respuesta resumida es que un filtro de mercado es muy valioso. Lo tenemos ahí para asegurarnos de que no nos hundimos con el barco cuando el mercado se gira de verdad. Y tarde o temprano se girará, eso es seguro. El dinero ahorrado durante los largos mercados bajistas supone una gran diferencia en el largo plazo.

Por si no estás convencido de la validez de un filtro de tendencia para el índice, vamos a realizar una rápida prueba para resolver la cuestión. Las líneas en la Figura 14-1 hablan por sí mismas. Las reglas son exactamente las mismas que hemos usado hasta ahora, pero descartando el filtro del índice. Eso significa que siempre estamos en el mercado y siempre reemplazamos los valores que van saliendo de la cartera. Compramos siempre que haya algún valor que cumpla nuestros criterios. Seguimos reduciendo posiciones en mercados bajistas, porque eventualmente serán pocos los valores que pasen nuestros filtros. Fíjate cómo hay alguna diferencia en los retornos durante el mercado bajista 2000-2003. Después de eso, la estrategia mantiene el mismo rendimiento, con o sin filtro del índice, hasta 2008. Aquí nuestra estrategia sin filtro sufre un golpe de más del 50%. De pronto perdemos la mitad de nuestro dinero en un corto periodo de tiempo.

Es verdad que el mercado también perdió la mitad, pero esa no es la cuestión. Sufrir ese gran golpe significa que te has quedado demasiado atrás para recuperarte de nuevo. Aún conseguimos ganar al índice sin el filtro de tendencia, pero nunca alcanzaremos a los que con su filtro se han librado del mercado bajista.

Ahora está más claro el significado de esos prolongados periodos planos en las simulaciones de largo plazo. Con nuestra estrategia momentum tuvimos dos periodos largos sin ninguna ganancia. El retorno fue totalmente plano por largo tiempo, incluso durante años en el caso de los mercados de 2000 a 2003. Lo importante es recordar que esos fueron tiempos terribles para operar con valores. Casi todo el mundo perdió, y perdió mucho.

A posteriori, la gente tiende a decirte que tendrías que haber entrado en corto. La mayoría de la gente que dice esto en realidad no estuvo operando en esos periodos. El hecho es que la mayoría de la gente que opera en el lado corto en un fuerte mercado bajista termina perdiendo dinero. El lado corto es extremadamente difícil, quien dice lo contrario suele ser gente que carece de experiencia real en la materia.

Pero aún está pendiente la cuestión de la mala sincronización. Tuvimos muchas señales falsas con nuestra estrategia. Muchas veces el índice se hundió por debajo de la línea móvil de 200 días para luego remontar justo después de que empezáramos a reducir posiciones. ¿No podríamos optimizar eso?

No, no podemos. Las optimizaciones son el mal que te destruye. No confíes en ellas.

Para este libro, he buscado los ajustes casi al azar. He escogido números que tengan sentido pero sin ninguna optimización. No he realizado simulaciones previas para asegurarme de que los números eran los mejores posibles. Eso sería tonto, solo haría que los resultados parecieran irrealmente buenos y no ayudaría a nadie. Solo serviría quizás para vender unos pocos libros más.

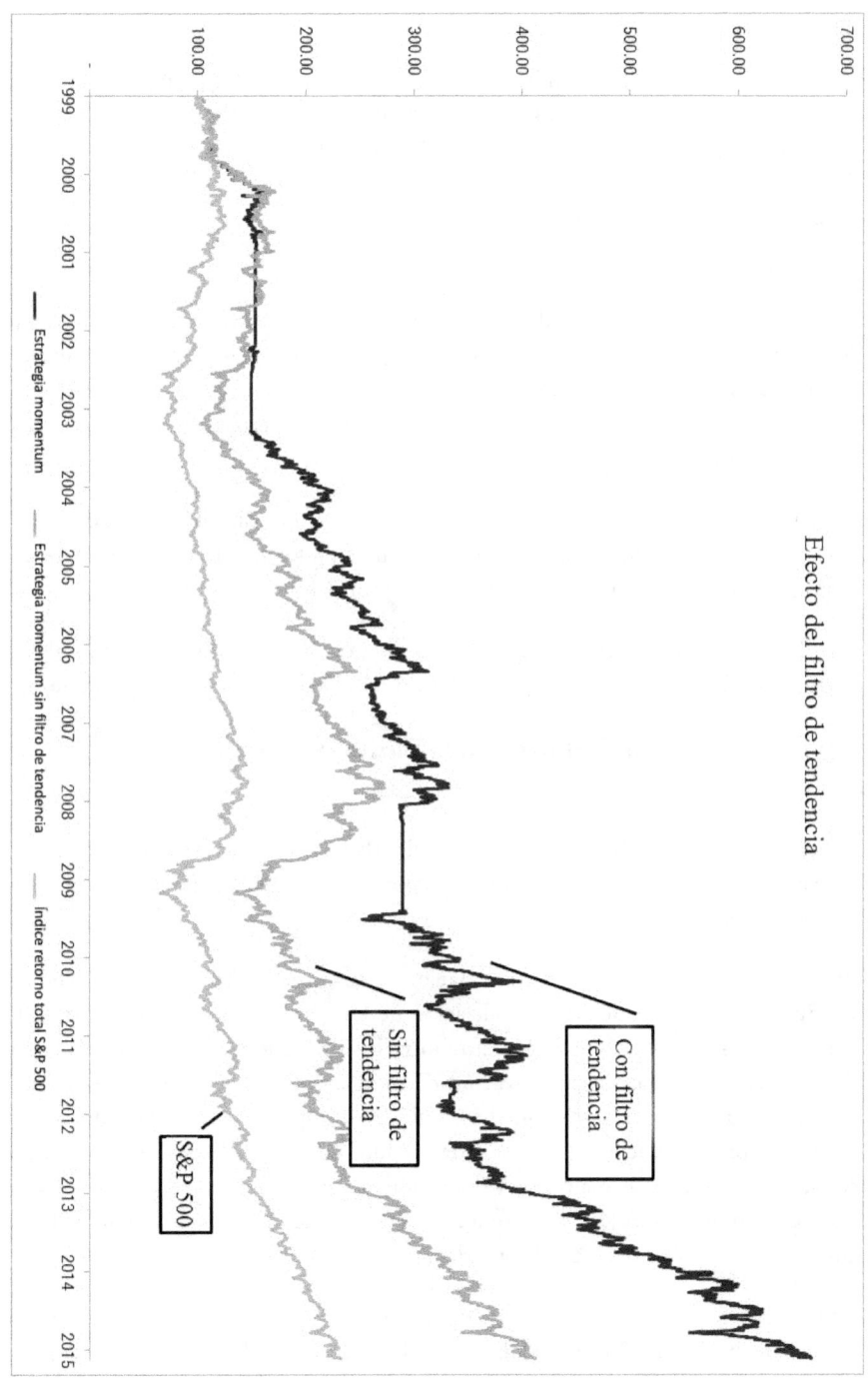

Figura 14-1 Efecto del filtro de tendencia

Tabla 14-1 Comparación del filtro de tendencia

	Estrategia momentum	Estrategia momentum sin filtro tendencia	S&P 500 Total Return
Retorno anualizado	12,4%	9,1%	5,2%
Máximo drawdown	-24,3%	-50,9%	-55,3%

Si realizas una optimización, podrías concluir que la media móvil de 237 días o la de 178 funcionan mejor. Eso puede hacerte creer que hay alguna relación con el futuro. Pero lo único que tienes es un resultado ajustado a la curva específica de unas determinadas series históricas. Lo que debes hacer es pensar en conceptos, no en números exactos.

Si aún optimizas más, quizás llegues a encontrar que los años divisibles por 3 deberían tener un filtro de tendencia diferente al de los años en los que hay un eclipse lunar. Eso no te ayuda necesariamente a operar en el futuro.

Evita el ansia de optimizar. En lugar de eso opera con conceptos. Necesitas algún tipo de filtro de tendencia de largo plazo. Cómo lo haces no es muy importante.

¿Es importante la paridad de riesgo?

Mucho.

¿Quieres conocer una manera fácil de batir al índice? Utiliza la paridad de riesgo en el tamaño de las posiciones en lugar de la ponderación según la capitalización de mercado. Ya está.

Vamos a dar un paso atrás para examinar otra vez cómo está compuesto el índice S&P. Se trata del índice de alta capitalización de Estados Unidos y contiene las 500 compañías más valiosas del país. El término valioso se refiere al valor que en teoría tiene toda la compañía, su capitalización de mercado. Se puede calcular ese valor mirando el número de acciones que ha emitido la compañía y multiplicándolas por el precio de mercado actual. Cambia cada segundo cuando la bolsa de valores está abierta, cada vez que se realiza una operación. El valor de una compañía es por supuesto algo muy teórico, puesto que realmente no podrías comprar toda la compañía desembolsando ese valor teórico.

El índice S&P 500 utiliza el valor de la compañía, la capitalización de mercado, como la base para ponderar. La compañía más valiosa consigue la mayor ponderación. Todas las ponderaciones son proporcionales al valor. Eso significa que, inevitablemente, el índice estará guiado ante todo por las compañías más grandes y que los valores más pequeños no tienen realmente mucho efecto.

Este tipo de ponderación tiene mucho sentido para un índice. Después de todo, la función del índice es calibrar el conjunto del mercado. Para eso, la metodología del S&P está bien. Es sin duda mejor que la ponderación arcaica de precios que utiliza el Dow.

Aunque la ponderación en relación a la capitalización de mercado esté bien para el índice, eso no supone que sea una manera racional de invertir. ¿Por qué razón hay que comprar un 4% de Apple y solo un 0,01% de Diamond Offshore Drilling? ¿Es Apple de verdad 400 veces mejor? Diamond tiene una capitalización de mercado de más de 4.000 millones, así que tampoco es exactamente una acción especulativa de unos centavos.

Más importante. ¿Qué potencial tienen para doblar su precio las acciones de los valores más grandes del mundo? ¿Y para triplicarlo? Cuando una compañía tiene una capitalización de mercado de 750.000 millones de dólares, dos veces más que la segunda compañía más grande del mundo, ¿qué posibilidades tiene de llegar a 1,5 billones de dólares? ¿De verdad hay suficiente potencial en un valor así para justificar que el tamaño de la posición sea 400 veces el de los valores más pequeños? ¿No podemos discurrir una mejor manera de invertir en los valores de alta capitalización de Estados Unidos? ¿Y podemos, por favor, dejar de hacer preguntas de una vez?

Ahí entra la paridad de riesgo. Recuerda cómo calculamos la medida de la paridad de riesgo en el capítulo 8. El concepto se basa en medir la volatilidad pasada y asignar a la posición una ponderación inversa. Es más fácil de lo que suena. Lo que queremos conseguir es que los valores muy volátiles tengan una menor asignación mientras que los valores que se mueven lentamente la tengan mayor. De este modo cada valor tiene teóricamente la misma posibilidad de influir en los resultados de la cartera. Porque, asumámoslo, con un peso del 0,01%, Diamond Offshore no tiene opciones a la hora de votar por cómo se mueve el S&P 500.

Esta simulación se basa en un concepto sencillo, como suele ocurrir con la mayoría de simulaciones que merecen la pena. Compramos todos los valores del índice, los 500. A cada uno se le da una ponderación inversa a su volatilidad. No, no es complicado. A más volatilidad, menos peso.

Cada mes verificamos la volatilidad de todos los valores y ajustamos los pesos en consecuencia. Este tipo de reequilibrio es muy importante, ya que de otra manera nos quedaría una cartera aleatoria. El riesgo cambia con el tiempo, así que tenemos que acompasar las posiciones.

Cuando un valor abandona el índice o se suma a él hay que reequilibrar igualmente, para asegurarnos de que siempre, en cada momento, mantenemos a los integrantes del índice.

Sí, en la Figura 14-2 lo que vemos es una superación masiva del índice. Este fenómeno es bien conocido en el negocio, que los valores más pequeños suelen evolucionar mejor con el tiempo. Aun así, tuvimos una pérdida de la mitad en 2008, lo cual está en línea con el índice. Perder tanto no es divertido y se puede evitar con un filtro de tendencia, como hemos visto antes.

Puede que te preguntes por qué nos molestamos en clasificar y seleccionar acciones momentum. ¿Por qué no nos limitamos a situar un filtro de tendencia de mercado en este invento y a disfrutar?

Probablemente funcione en teoría. Pero para la mayoría de la gente puede ser poco práctico tener una cartera con 500 valores. Con solo utilizar una ponderación de paridad de riesgo conseguimos una gran parte del efecto momentum, pero no es una solución práctica para la mayoría de los inversores. Por eso tratamos de construir una pequeña cartera con los valores que mejor se comportan.

Tabla 14-2 Ponderación del índice con paridad de riesgo

	Valores índice, paridad riesgo	S&P 500 Total Return Index
Retorno anualizado	13,1%	5,2%
Máximo drawdown	-48,4%	-55,3%

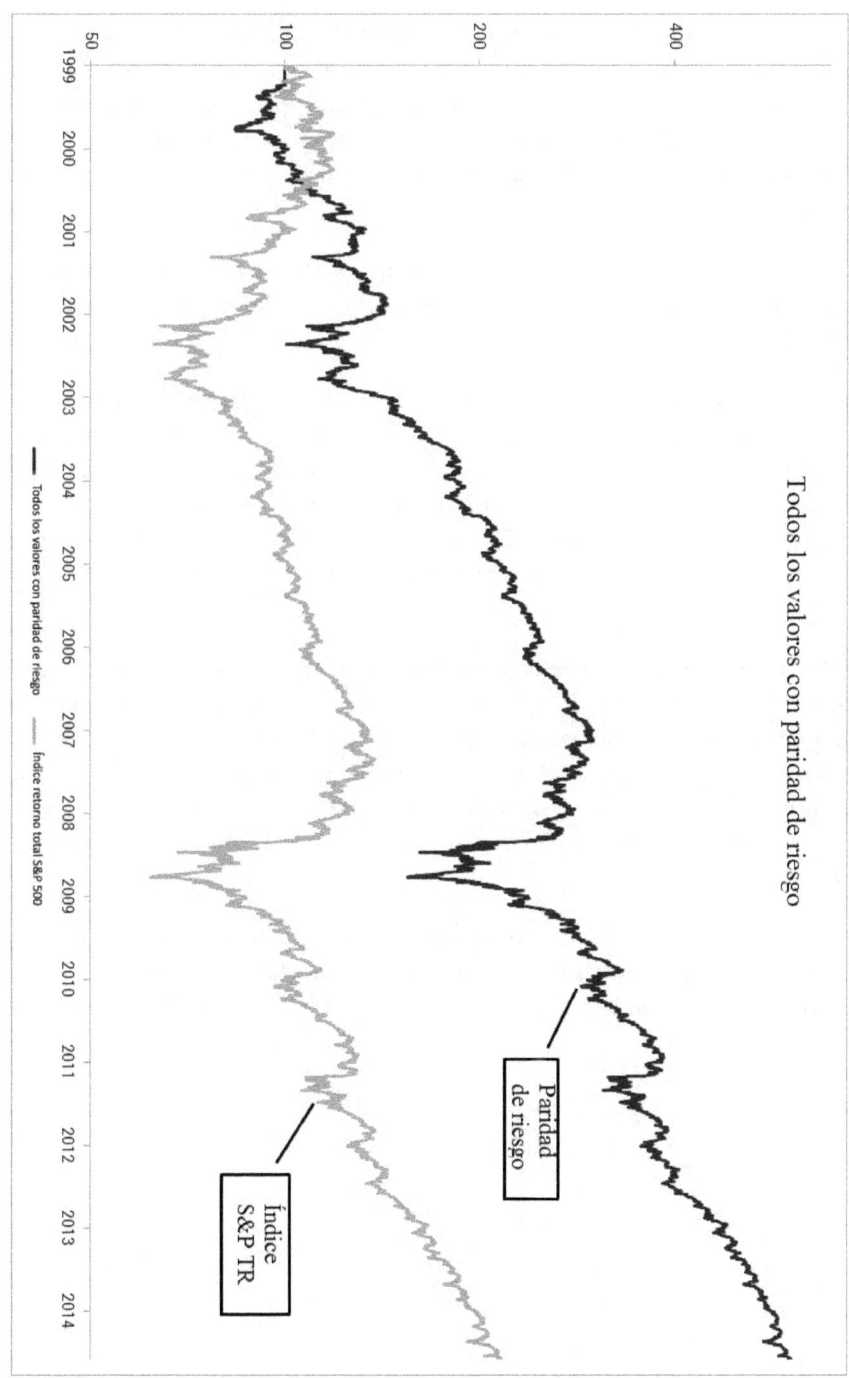

Figura 14-2 Valores del índice, ponderación con paridad de riesgo

¿Es importante el periodo del momentum?

En las simulaciones anteriores hemos estado usando una clasificación de momentum de 90 días. Esto se refiere al número de datos usados para calcular el análisis de regresión que hemos visto previamente. Medimos el momentum a partir de los 90 días de mercado anteriores y lo utilizamos para clasificar los valores. ¿Pero por qué 90 días?

Una respuesta resumida sería que son suficientes. Si te mantienes más o menos en un intervalo momentum de medio plazo, no importa mucho el número exacto que elijas.

Hacer optimizaciones no suele ser una buena idea. Quizás si realizaras unos cientos de repeticiones saldría que el 97, el 74, el 103 o algún otro número es el óptimo. Estos ejercicios solo sirven para tranquilizarte, al darte una falsa sensación de seguridad. Después de todo, no es muy probable que exista un número óptimo. Ajustar la curva de retorno a la historia es fácil, pero no ayuda. Nosotros buscamos un plazo medio, así que hemos elegido un número razonable de medio plazo más o menos aleatoriamente.

Pero hacer una verificación sensata es diferente, y no hay que confundirlo con optimizaciones. Una manera fácil de hacer una comprobación sensata aproximada es aplicar unos cuantos números más que sean razonables en este contexto. Así nos aseguramos de que conseguimos un comportamiento muy similar. Si hubiera una diferencia en los resultados sustancial, el concepto general ya no parecería muy estable. Lo que nos gustaría ver es que variando algo los parámetros no supone una gran diferencia.

Como anteriormente hemos usado 90, vamos a tirar a la pared algunos números parecidos a ver cuáles se quedan pegados. Hemos repetido unas cuantas veces la misma simulación, usando periodos de 60, 120 y 240. La Tabla 14-3 muestra los resultados.

Tabla 14-3 Estabilidad del periodo de la regresión

	60 días	90 días	120 días	240 días
Retorno anualizado	10,8%	12,3%	12,5%	11,6%
Máximo drawdown	-28,3%	-24,0%	-24,6%	-26,3%

Como se puede ver, la elección de los 90 días parece razonable. Se ven unos resultados un poco peores si bajamos a 60 días, pero seguimos batiendo con diferencia al índice. Al subir a 120 días conseguimos casi exactamente los mismos resultados y con 240 días solo empeoran ligeramente. Lo más probable es que cualquiera de estos números funcione bien en el largo plazo.

No tiene gran importancia los números exactos que elijas.

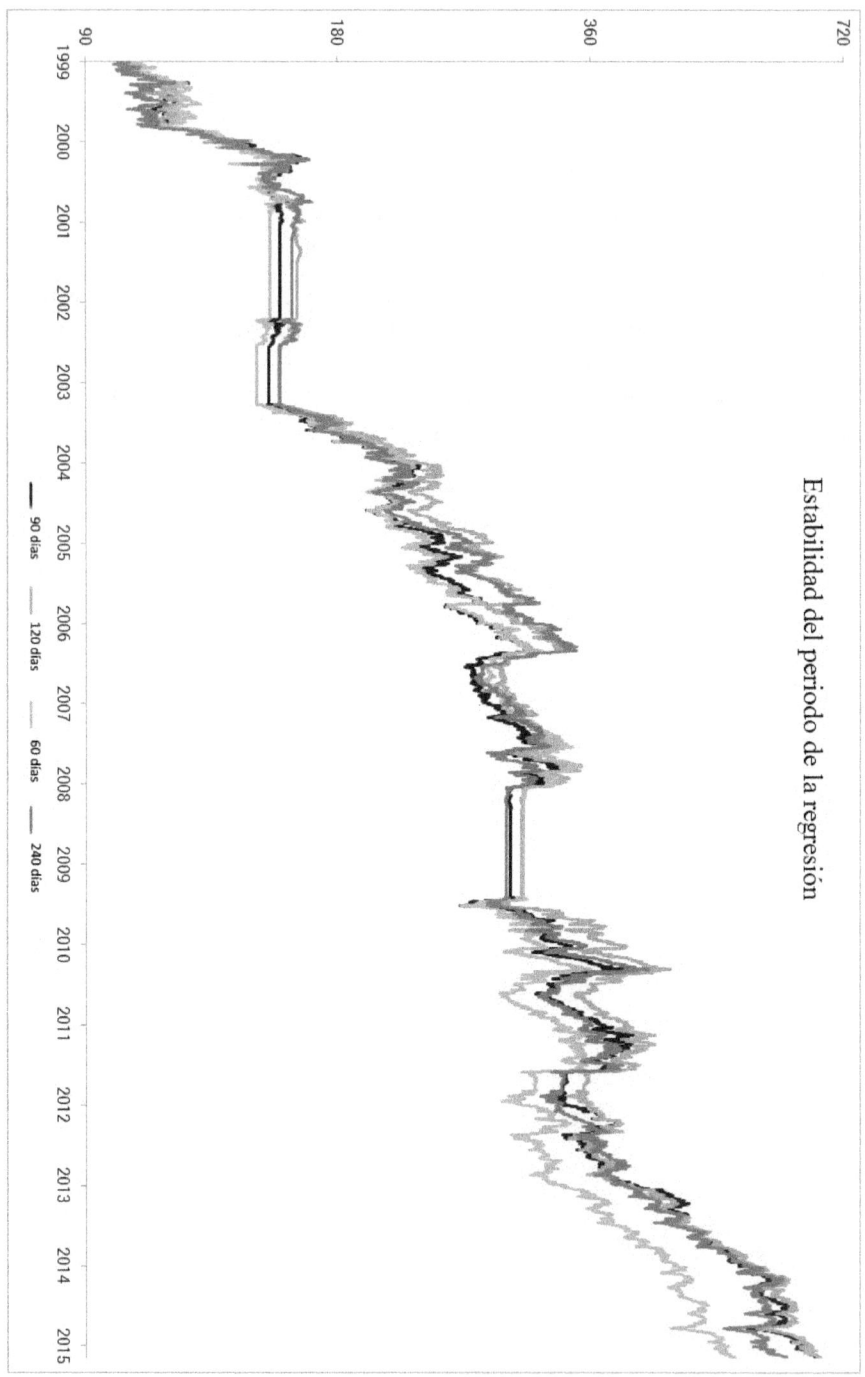

Figura 14-3 Estabilidad del periodo de la regresión

¿Es importante el método de clasificación?

En este libro he explicado un método de clasificación que me gusta. Puede parecer complejo si no estás familiarizado con el análisis estadístico, pero los cálculos matemáticos no son difíciles. Es correcto que te preguntes por qué describir un método aparentemente tan complejo.

Para evitar que tengas que rebuscar en las páginas del capítulo 7, déjame recordarte que la clasificación descrita previamente se basa en la regresión exponencial anualizada, multiplicada por el coeficiente de determinación. Es verdad que esa frase parece un trabalenguas, pero confía en mí, suena más complicado de lo que es.

Te he descrito este método porque me gusta. Ofrece como candidatos valores que me hacen sentir cómodo. La regresión exponencial anualizada es una medida útil del momentum puro, expresado de un modo que es fácil de relacionar. Indica el porcentaje que se movería el valor si continuara en esa trayectoria exacta por un año entero. Sin embargo, no dice nada de la volatilidad. Así que castigamos a los valores volátiles multiplicando su regresión exponencial anualizada por el coeficiente de determinación (R^2). Eso empuja a los valores volátiles, propensos a gaps y a movimientos agitados, mucho más abajo en la lista. Al final, nos quedamos con los valores con una evolución positiva y sosegada.

Si quieres simplificar mi modelo y utilizar medidas más sencillas, no habrá mucha diferencia. Si tienes otra manera de calibrar lo mismo, adelante, hazlo. Asegúrate de que has captado el concepto y de que cualquier método que prefieras usar abarca los mismos principios. Probablemente quieras medir acciones momentum rentables que suben de forma más fluida que otras.

¿Qué ocurriría si simplificamos un poco las cosas? Vamos a plantear algunos modelos más sencillos a ver qué sale. Rehacer la misma simulación con medidas de momentum más sencillas podría ilustrar por qué he elegido el método que he presentado anteriormente.

Veamos dos maneras más simples de medir el momentum. Una manera obvia es fijarse sencillamente en el porcentaje del movimiento. Usando el mismo periodo de 90 días, medimos el tanto por ciento que un valor subió o bajó en los últimos 90 días de mercado y hacemos las tablas de clasificación correspondientes. Vamos a utilizar esto como uno de los métodos alternativos de clasificación.

En la otra alternativa vamos a eliminar el coeficiente de determinación para medir el ajuste a la regresión. Vamos a usar solo la pendiente de regresión anualizada, basada en los 90 días, y veamos qué pasa.

Con estos dos métodos más sencillos podemos hacer nuevas simulaciones y comparar los resultados.

Tabla 14-4 Distintos métodos de clasificación

	Regresión anualizada multiplicada por R^2	Porcentaje puro	Regresión pura
Retorno anualizado	12,4%	12,7%	12,9%
Máximo drawdown	-24,3%	-26,2%	-24,1%

La Tabla 14-4 parece indicar que realmente no hay mucha diferencia. Si miras el gráfico de la Figura 14-4 tampoco parece que la diferencia sea grande. De hecho, si solo miras este gráfico puede parecer que los métodos más sencillos son superiores. Después de todo, quedan ligeramente por encima en el eje Y.

Bien, lo primero es que la pequeña diferencia en el rendimiento es solo un error de redondeo. Esas pequeñas diferencias en los resultados de las simulaciones no son más que ruido. Así que vamos a decir que la evolución es la misma.

Si son lo mismo ¿por qué usar un método más complicado?

No se trata solo del resultado final. Se trata de cómo llegas hasta él y de tu capacidad para llegar. Aunque el resultado final es prácticamente el mismo, con los métodos más sencillos tendrás que invertir en muchas situaciones que son peligrosas y absurdas. En el largo plazo se iguala el resultado, siempre que sigas las reglas. Pero si no te sientes cómodo con los valores que el sistema va proponiendo es probable que dejes de comprarlos.

El método de ajuste a la regresión que presento en este libro está diseñado para encontrar situaciones de momentum sólidas y eliminar las situaciones peligrosas e incómodas. No te llevará a invertir en casos de ofertas de adquisición. No te propondrá valores que acaban de experimentar un gap espectacular. Te ofrecerá valores con buen aspecto, que tienen sentido y que no tendrás ningún problema en comprar.

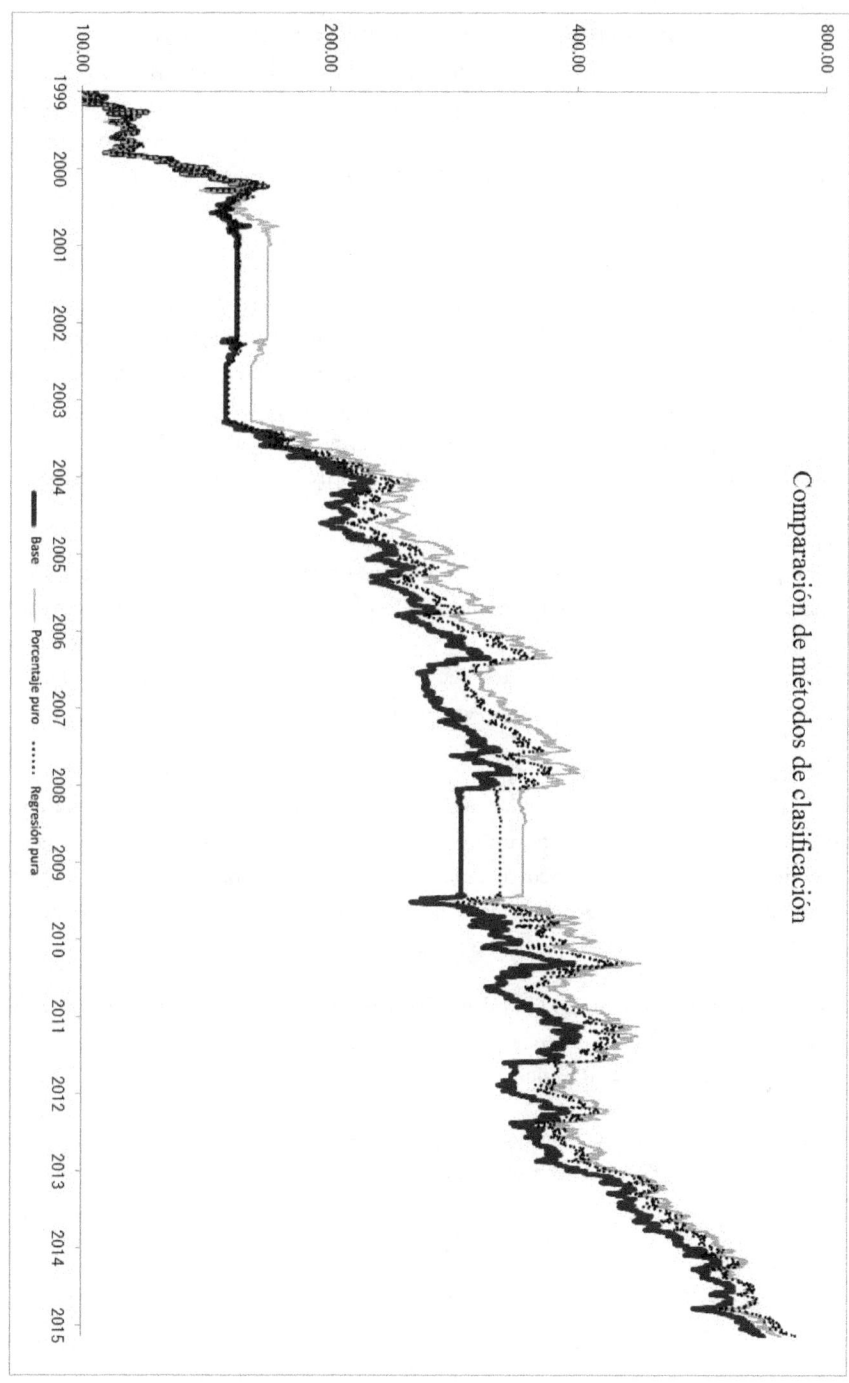

Figura 14-4 Comparando métodos de clasificación

¿Es importante el tamaño de la posición?

¿Te acuerdas de cómo se calcula el tamaño de la posición? Deberías, porque el principio que subyace es bastante importante. Lo que hacíamos era mirar la volatilidad de cada valor y comprar menos de los valores volátiles y más de los valores que se mueven lentamente. La idea es asumir aproximadamente el mismo riesgo en cada valor. Esa parte es muy importante. ¿Pero cuánto debemos arriesgar por cada valor?

Recuerda que en nuestra fórmula original, explicada en el capítulo 8, usábamos un factor de riesgo de 10 puntos básicos. Ese factor de riesgo no indica el riesgo total de la cartera, sino el riesgo por cada valor. Compramos valores hasta que nos quedamos sin liquidez. Si bajamos el factor de riesgo, cada posición será más pequeña. Eso significa que terminaríamos con un número más alto de valores en la cartera. Alternativamente, si elevamos el factor tendremos menos posiciones pero más grandes.

¿Así que por qué hemos usado 10 puntos básicos en la primera versión? ¿Hay algo de especial en ese número? No, realmente no. Pero es un número lo suficientemente razonable. Con ese número, normalmente terminas con entre 20 y 30 valores en una cartera totalmente cargada. El número exacto dependerá por supuestos de lo volátiles que sean los valores seleccionados de acuerdo con el método de clasificación.

Una cartera de 20 a 30 valores proporciona una diversificación razonable. Si tienes pocos valores el riesgo ante cualquier evento es demasiado alto. En una cartera con menos de 10 valores, el riesgo de un evento perturbador en uno o dos de ellos es demasiado elevado. Sí, puede ocurrir en cualquier dirección, pero aun así introduce un elemento de suerte en la estrategia. Un repentino sobresalto en un valor puede arreglarte o estropearte el año en una cartera tan concentrada.

Por otro lado, si tienes demasiados valores los problemas son otros. Para la mayoría de la gente no es muy práctico tener 50 valores en una cartera. Además, tus resultados se parecerán cada vez más al índice.

Una vez apuntadas estas cuestiones y explicado por qué elegí 10 puntos básicos, vamos a ver qué nos dicen las simulaciones.

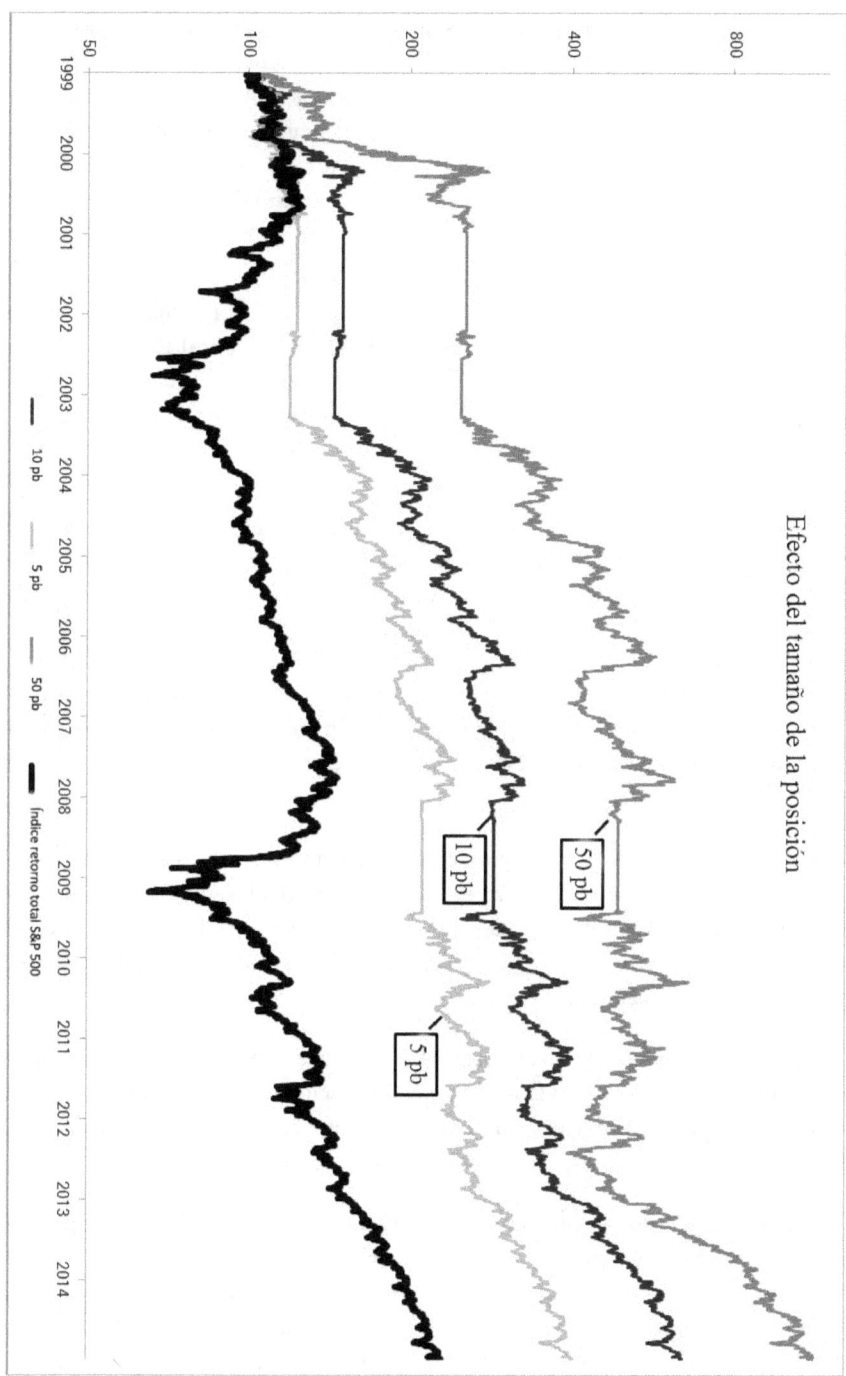

Figura 14-5 Efecto del tamaño de la posición

En la Figura 14-5 puedes comparar los resultados de diferentes tamaños de posición. En la parte baja de la figura está el índice. Todas nuestras simulaciones baten al índice. Las tres simulaciones mostradas aquí usan los 10 puntos básicos por defecto, los 50 puntos básicos y los 5 puntos básicos, respectivamente. Con 5 puntos básicos tendremos una cartera muy amplia con muchos valores, mientras que con 50 puntos básicos tendremos solo 5 o 6 valores en cualquier momento dado.

Tabla 14-5 Efecto del tamaño de la posición

	10 pts básicos	5 pts básicos	50 pts básicos	S&P 500 Total Return
Retorno anualizado	12,3%	9,0%	16,3%	5,2%
Máximo drawdown	-23,8%	-20,4%	-40,3%	-55,3%

Lo interesante de esto es que en las simulaciones los resultados parecen más fuertes cuanto más grandes son las posiciones. Ten en cuenta que no hablamos de asumir una exposición mayor en conjunto, sino solamente de comprar menos posiciones pero más grandes.

¿Entonces la conclusión es que habría que tener una cartera muy reducida? ¿Solo 3 o 4 valores quizás? Bueno, yo no lo recomendaría. En teoría, una cartera así lo puede hacer extremadamente bien con el tiempo. Pero puede ser víctima de la mala suerte y estrellarse.

No pierdas la perspectiva sobre lo que estamos haciendo y el efecto que tratamos de explotar. Si solo tenemos 3 o 4 valores, o incluso 8 o 10, el riesgo de un evento es demasiado alto. Las simulaciones muestran que probablemente funcione bien en el largo plazo, pero no es una manera prudente de gestionar dinero. La dependencia en la suerte es demasiado elevada.

¿Y qué pasa con la versión de la cartera amplia? Al utilizar 5 puntos básicos por valor, terminamos con entre 40 y 50 valores y a menudo incluso más. Las simulaciones no solo muestran que los resultados empeoran, sino que además se hace mucho más difícil manejar la cartera desde un punto de vista práctico.

Una ventaja de los valores comparado con los futuros, por ejemplo, es que puedes operar con cantidades mucho más pequeñas. La versión por defecto de los 10 puntos básicos de 20 a 25 valores se puede implementar con una base de capital muy baja. En cambio, si persigues una cartera de 40 valores, acabarás comprando acciones sueltas de cada uno y perderás el efecto del riesgo de paridad y del reequilibrio.

¿Entonces es 10 puntos básicos el número perfecto? Por supuesto que no, pero es un número sensato que probablemente sea lo bastante bueno. Si usas 8 o 15 el efecto será probablemente marginal, pero es mejor mantenerse en ese entorno.

¿Es importante la selección del índice?

La selección del índice, con el tiempo, tendrá un efecto bastante grande. Si este libro te ha llevado a interesarte lo suficiente en la materia como para empezar a investigar por tu cuenta, esta es un área que puede que quieras explorar.

Cuando se escribe un libro, son necesarias algunas simplificaciones y limitaciones. Cubrir todo haría el libro demasiado largo, llevaría demasiado tiempo escribirlo y probablemente acabaría siendo demasiado aburrido para la mayoría de los lectores. Una de las simplificaciones de este libro es que se centra en un solo índice: el S&P 500.

Elegir el S&P 500 es por simple realismo. Es un índice que todo el mundo conoce. La mayoría de la gente invierte en él de una u otra forma. Está compuesto por las 500 compañías más grandes de la economía más grande del mundo. Desde luego que no ha sido elegido porque de alguna manera el momentum funcione mejor en este índice en particular.

Una buena parte de las estrategias de carteras momentum consiste en elegir valores con un potencial significativo. Los valores de alta capitalización del S&P 500 están en este índice en concreto porque tuvieron en su día un enorme potencial y han conseguido ser lo suficientemente valiosos como para ser incluidos. Aunque estos valores pueden aún tener cierto recorrido, es improbable que alcancen el potencial que tuvieron en el pasado, antes de tener alta capitalización.

El enfoque momentum no funciona en los valores del S&P 500 porque sean de alta capitalización. Funciona a pesar de que los valores son de alta capitalización.

Si de verdad quieres dedicar algo de trabajo e investigar en serio, inténtalo con otros índices. Empieza con el índice S&P 400 de media capitalización y el índice S&P 600 de pequeña capitalización. Inténtalo con índices locales de otros países o con índices internacionales. Pero recuerda que si utilizas un índice con distintas divisas, tienes que gestionar las conversiones y las atribuciones.

Lo que vas a encontrar es que los valores de tamaño medio o pequeño pueden tener un potencial de momentum aún mayor de lo que hemos visto en este libro. Claro que también pueden tener retornos más volátiles.

15

Una derrota aleatoria de Wall Street

Si todo lo que quieres hacer es batir al índice, realmente no necesitas nada de lo que has leído en este libro hasta ahora. ¿Te gustaría aprender cómo batir a prácticamente todos los gestores de fondos de inversión del mundo? Muy bien, estoy a punto de compartir ese secreto contigo.

Primero vamos a poner en contexto todo este juego de batir al índice. Hay miles de fondos mutuos. Muchos miles. Hay bancos por todo el mundo que tienen su propio grupo de fondos de inversión sobre cualquier índice que puedas encontrar. La idea de un fondo de inversión es, o al menos era, permitir que cualquier individuo con un capital limitado participe en el amplio mercado de acciones. Es difícil que una persona particular normal y corriente pueda comprar los 500 valores del índice S&P 500, pero podría comprar un fondo de inversión que lo siga e intente superarlo.

Los fondos de inversión no pueden ir por ahí haciendo lo que les plazca. Tienen un límite estricto, el denominado presupuesto de error de seguimiento, que les impide desviarse mucho de la composición del índice. Superar por 100 puntos básicos al índice, o sea el uno por ciento, ya se considera un gran año. Es importante recordar que los fondos mutuos son vehículos de inversión relativos. Su trabajo no es estrictamente ganar dinero, sino intentar batir a su referencia. Eso se consigue invirtiendo de manera muy similar y usando un límite muy pequeño en el error de seguimiento para tratar de recuperar los costes adicionales que tienen.

La tarea de un fondo de inversión o fondo mutuo no es conseguir retornos absolutos. Si su índice de referencia termina el año en -10%, el fondo de inversión no tiene por qué estar en positivo. Si ese fondo termina el año en -9,5% su misión es un éxito. Todo se mide en función de su evolución relativa.

Ya vimos en el capítulo 2 que casi todos los fondos de inversión fallan considerablemente en la única tarea a la que se supone que se tienen que dedicar.

Lo normal es que entre el 75% y el 85% de los fondos mutuos tengan un peor comportamiento que el índice de referencia en cualquier periodo de tres años. Si se toman periodos más largos aún, prácticamente no quedan fondos que consigan ni siquiera igualar al índice. ¿Por qué los gestores de los fondos fallan a la hora de superar al S&P 500? De acuerdo con Gordon Gekko, porque son ovejas, y las ovejas van al matadero. Más bien es porque están esposados a un sistema de error de seguimiento. Tienen que distribuir los fondos de manera muy similar a la del índice. Para ellos es un desastre quedar un par de puntos porcentuales abajo. A eso hay que añadir que tienen costes elevados que cubrir, como cuotas de gestión, de custodia, de operaciones, etc.

Si lo que quieres es obtener el índice, desde luego que hay una solución. Comprar el ETF. Si quieres obtener exactamente el mismo resultados que el S&P 500, menos un pequeñísimo cargo, compra el SPY. Este ETF invierte exactamente en los mismos valores que el índice y con la ponderación exacta. Cuando compras el SPY, una computadora aumenta las posiciones prorrateadas en todos los valores automáticamente. Sabes por adelantado lo que vas a conseguir. Compras el índice y obtienes el índice.

¿Pero de verdad quieres el índice?

El sistema de trading del S&P 500

El S&P 500, al igual que todos los demás índices de mercado, no es más que un sistema de trading. Hay reglas sobre cuándo comprar y cuándo vender. Hay reglas sobre cuánto comprar de cada valor e incluso hay reglas sobre reequilibrios. El S&P 500 es un sistema de trading de muy largo plazo y mantiene las posiciones por periodos extensos. Se compra un valor cuando ha tenido un gran recorrido que le ha permitido aumentar su capitalización de mercado por encima de cierto límite, y también porque se cumplen otros criterios. El tamaño de la posición se basa en la capitalización de mercado, de modo que cuanto más alta es, más ponderación tendrá el valor en el índice.

Puede parecer extraño pensar en el S&P 500 como un sistema de trading, pero realmente es eso. Así que podemos analizarlo igual que cualquier otro sistema de trading.

Si miras las cosas de este modo, el índice ya no parece tan atractivo. Es un sistema de trading malísimo. A largo plazo puedes esperar un retorno anualizado de entre el 5% y el 6%, aunque experimentarás enormes pérdidas por el camino. A veces pierdes la mitad de tu dinero y tardas varios años en recuperarte.

Así pues, podrías comprar el SPY para seguir al índice y obtener casi exactamente el mismo comportamiento, ganando a todos los fondos mutuos, pero aun así no sería una inversión muy atractiva. Necesitamos batir al índice.

Batir al índice debe de ser muy duro. Después de todo, los gestores de fondos de inversión profesionales siguen fallando año tras año. Son experimentados profesionales del mercado, y ganan millones de dólares en bonos. Si ellos no pueden batir al índice, ¿de verdad se puede?

Pues sí.

Batir al mercado es muy sencillo. Supersencillo. Un generador de números aleatorios puede batir al índice.

Lo digo en serio. Los valores al azar superan al índice. A lo grande.

Vamos a ver qué nos pueden decir algunas sencillas simulaciones sobre batir al índice. Construyamos carteras aleatorias a ver qué pasa.

En la siguiente simulación vamos a dejar que la computadora elija valores integrantes del S&P 500 al azar. Al principio de cada mes liquidamos toda la cartera y compramos 50 valores aleatorios. El tamaño de las posiciones se realiza mediante un modelo básico de paridad de riesgo. Esto es, usamos el mismo sencillo modelo basado en el ATR, detallado en el capítulo 8, para asignar aproximadamente el mismo riesgo a cada valor. No tenemos ni idea de qué valor irá bien y cuál no, así que no hay necesidad de asignar riesgos diferentes a cada uno. Desde luego que no hay necesidad de asignar más riesgo a una compañía solo porque resulta ser más grande.

Al tratarse de un enfoque aleatorio, una única simulación no significa mucho. Después de todo, si tiras el dado una sola vez puede salir cualquier valor. He ejecutado el modelo de simulación unos pocos cientos de veces, y al final los resultados son bastante consistentes. Ni una sola repetición ha fallado, todas han batido al índice.

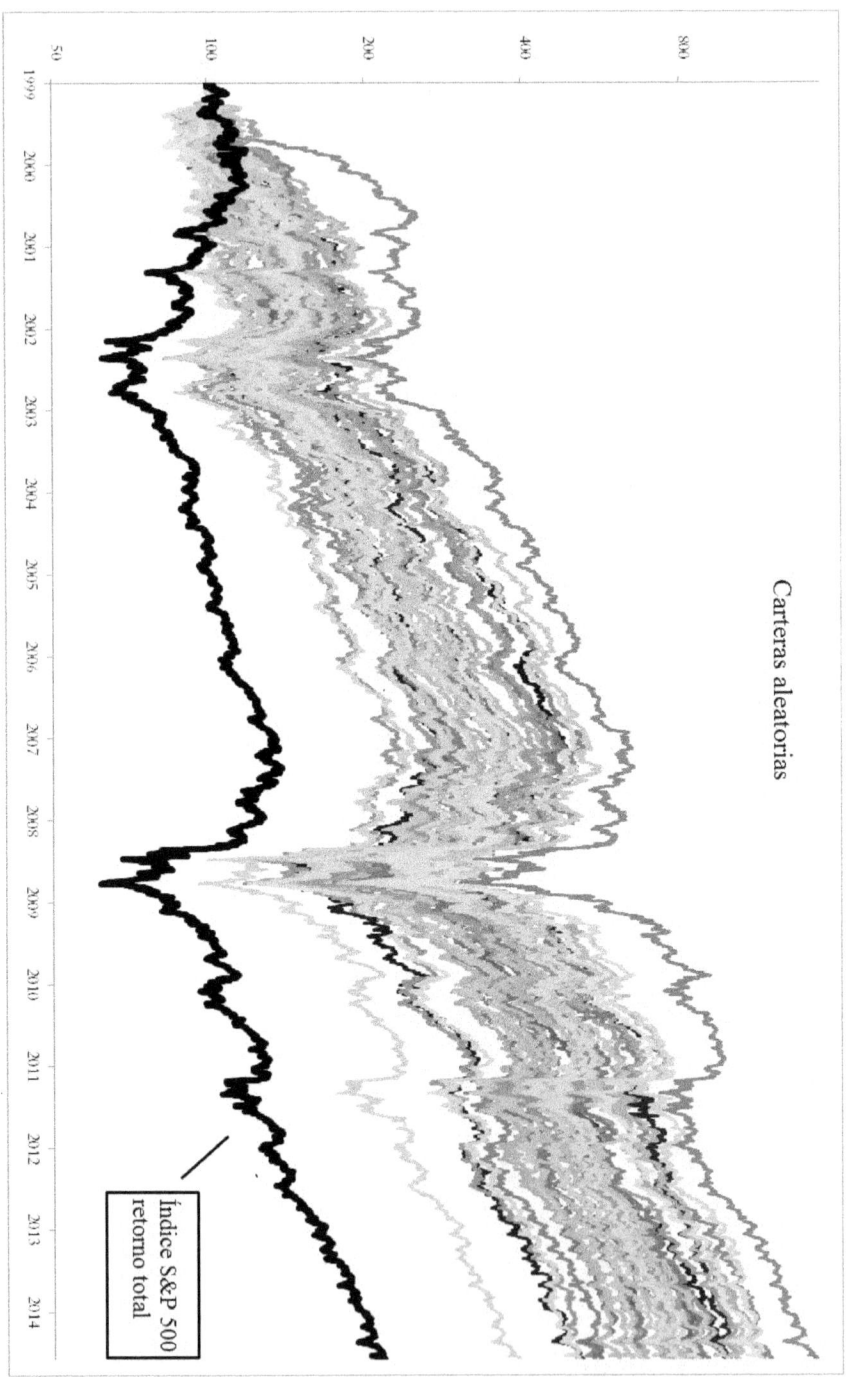

Figura 15-1 Carteras aleatorias

La Figura 15-1 presenta un subconjunto significativo de 50 simulaciones frente al índice de retorno total. La línea negra gruesa es el S&P 500 Total Return. ¿Por qué solo un grupo de 50 simulaciones? Pues porque si ya 50 parece un poco absurdo en el gráfico, con 500 líneas se habría parecido a un Picasso del periodo más surrealista.

Si miras con atención la figura, podrás comprobar que en el corto plazo puede pasar cualquier cosa. Unos meses el índice puede hacerlo mejor y otros las estrategias aleatorias. Hubo incluso un periodo al principio en el que el índice iba en cabeza. En un plazo más largo, sin embargo, el índice no tiene nada que hacer.

No estoy sugiriendo en serio que elijas un grupo de valores aleatoriamente cada mes. Pero sostengo en serio que si lo hicieras tendrías una alta probabilidad de batir al índice.

Es importante recordar las diferencias entre este enfoque aleatorio y el enfoque momentum explicado en la mayor parte de este libro. Primero, tratamos de asegurarnos que que seleccionamos los valores de las líneas más altas de la Figura 15-1. Se trata de aumentar las probabilidades de que nuestros resultados se parezcan a esas simulaciones. Segundo, queremos evitar o al menos reducir los drawdowns. En teoría es fácil, en la práctica no siempre es tan sencillo.

A la luz de esta derrota aleatoria de Wall Street, la pregunta importante es: ¿De verdad quieres comprar productos que replican al índice?

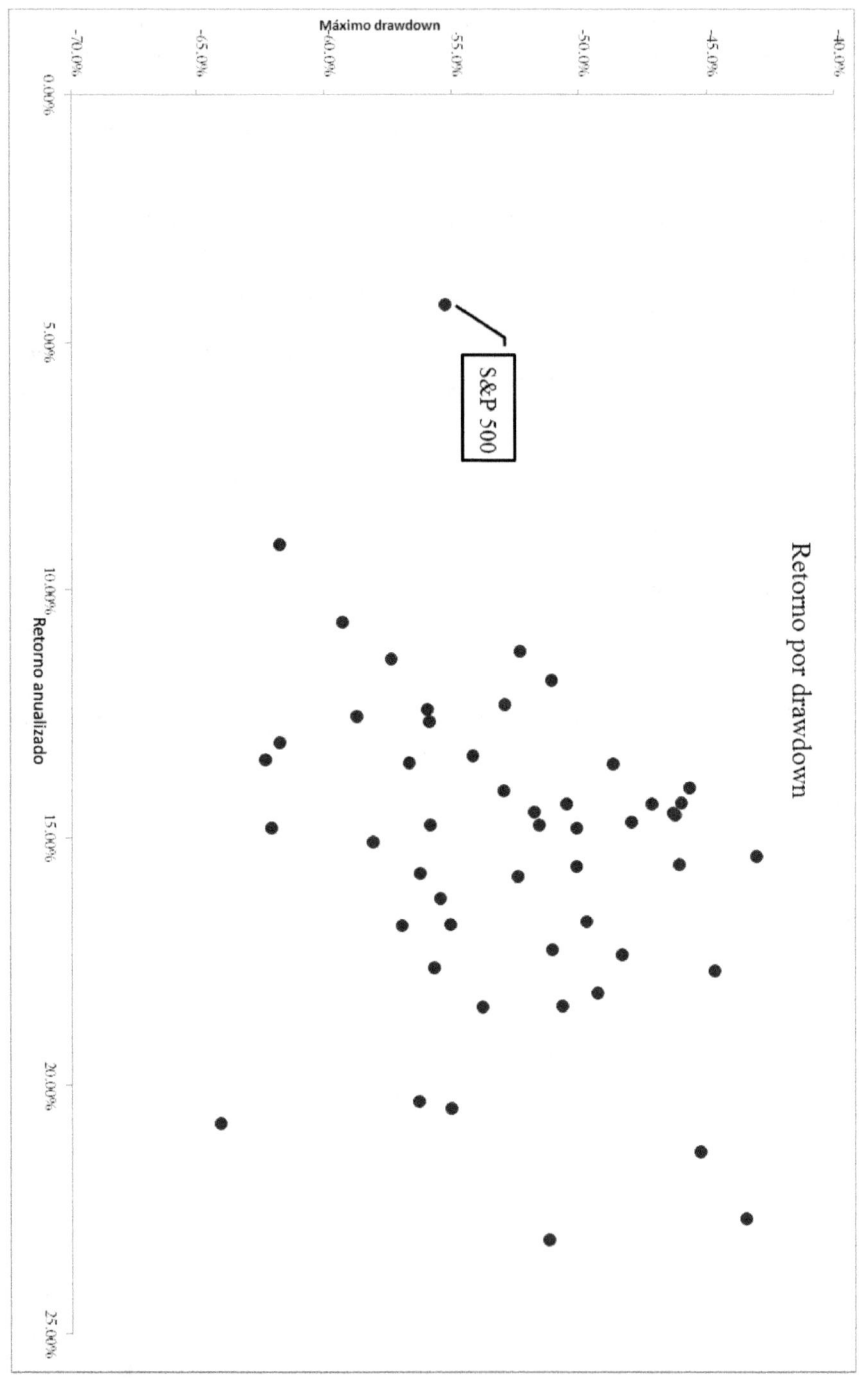

Figura 15-2 Victoria aleatoria - Retorno por drawdown

16
Simulación de la estrategia

Para lo simple que es el concepto de una estrategia momentum de acciones, es sorprendentemente complicado modelarla y simularla. Es muy fácil pasar por alto detalles cruciales o cometer otros errores en el proceso. Como la tecnología cambia continuamente no voy a entrar en soluciones de software ni en proveedores de datos. Este tipo de cuestiones se abordan mejor desde un sitio web, en el que la información se puede actualizar según evoluciona la situación. En cambio, este capítulo pretende señalar algunos de los conceptos más difíciles que pueden resultar muy importantes a la hora de simular una estrategia momentum de acciones.

Si aceptas los resultados de mis simulaciones en este libro y no tienes interés en ejecutar tus propias simulaciones, puedes saltarte tranquilamente todo este capítulo.

Datos

Si introduces basura sacarás basura. Puedes hacer la mejor simulación del mundo, pero si no obtienes primero los datos correctos será inútil. Conseguir los datos apropiados para simulaciones con acciones es complicado.

Lo primero es decidir cuál es el universo para tus datos. No debería ser una cesta de valores que te guste. Lo más probable es que te gusten porque han tenido una buena evolución, así que si realizas una simulación con ellos probablemente obtendrás buenos resultados. Eso no es una información muy útil. Lo que se necesita es un conjunto lógico de mercados que hayas seleccionado hace mucho tiempo.

Una manera racional de resolver esto es elegir un índice. Operar con los valores integrantes de un índice tiene perfecto sentido, y es un enfoque basado en reglas que puede ser puesto a prueba apropiadamente. En las simulaciones de este libro he utilizado el S&P 500.

Es fácil, además de gratis, averiguar los valores que forman parte actualmente del S&P 500. El problema, claro, es que no puedes asumir que habrías operado con los actuales valores del S&P 500 en los últimos diez años. La composición del índice cambia continuamente.

Para empeorar las cosas, los valores se incluyen en el índice normalmente porque la evolución de su precio ha sido muy fuerte. Así que si ejecutas una simulación de valores momentum en los últimos diez años basándote en los actuales componentes del S&P 500 seguro que el resultado será estupendo.

Incluso podrías pensar que el S&P 500, junto con la mayoría de los demás índices de acciones, ya es de hecho una estrategia momentum.

Lo que tienes que hacer es tomar en consideración los valores que históricamente han abandonado el índice y los que se han sumado a él. Eso supone que en tu simulación, en un día dado, tu código debe distinguir los valores que integran el índice en ese día en particular. Eso lo hace un poco más complicado.

¿He mencionado que hay que incluir los valores retirados de la lista? Sí, incluso si un valor quebró hace cinco años, se fusionó con otro o dejó de existir por cualquier otra razón, tiene que ser incluido. Conseguir datos para estos valores puede ser un poco molesto y de hecho deja fuera todas las fuentes gratuitas.

El siguiente punto importante son los dividendos en efectivo. Con el tiempo suponen una gran diferencia. Hay dos formas de manejar los datos sobre dividendos, una vez que has encontrado la manera de obtenerlos. Una forma es utilizar los factores de los dividendos que calcula el proveedor de los datos para crear series de retorno total. La otra es manejar las inyecciones de liquidez directamente. Las dos maneras sirven para realizar simulaciones lo bastante buenas.

Si piensas saltarte alguno de estos pasos, tu trabajo de simulación será una pérdida de tiempo. Se necesita información sobre los integrantes históricos, datos sobre los valores retirados de la lista y datos sobre los dividendos en efectivo. Puede resultar caro y complicado, pero no hay manera de evitarlo.

Para reproducir la estrategia de este libro solo necesitas datos de fin de día. No necesitas ninguna serie de datos intradía, aunque tampoco molestan. Si tienes datos intradía puedes obtener estadísticas interesantes en movimientos de corto plazo, pero no van a mejorar la estrategia como tal.

Simulación real de la cartera

Hay disponibles varias plataformas de simulación buenas. Pero aún hay más plataformas de software totalmente inútiles. Estas últimas son generalmente más conocidas, tienen una gran base de usuarios y el precio es considerablemente menor.

La mayoría de las plataformas de simulación más conocidas, que se enfocan hacia la comunidad de traders particulares, se basan en una sola estrategia o un solo instrumento. Con este concepto desfasado se supone que uno solo quiere simular un único conjunto de reglas en un único mercado. Se basa en esa vieja ilusión de dar con las reglas perfectas para operar el Nasdaq. Si haces una lista con los diez primeros programas de simulación que se te ocurran, lo más probable es que pertenezcan a esta categoría.

Los programas que solo sirven para una estrategia y para un mercado son prácticamente inservibles para cualquier tipo de uso profesional. Olvídate de ese software y cambia a algo que al menos sirva para manejar carteras.

El siguiente nivel lo componen paquetes de software que fueron construidos para un único instrumento, pero que han sido adaptados con algún tipo de funcionalidad para carteras. Los productos de este grupo pueden resultar algo impredecibles. Algunos funcionan bien, otros son basura. Ninguno de ellos, según mi conocimiento y experiencia, son destacados.

El problema más común es cómo procesan los datos, o más bien en qué orden. Las plataformas que han sido adaptadas con funcionalidades de cartera, en vez de haber sido diseñadas para ello desde el principio, tienden a procesar los datos de una manera poco realista. A menudo eso lleva a resultados extraños, por utilizar el término técnico.

Lo normal es que estas plataformas procesen un instrumento cada vez. Si les dices que realicen una simulación en un conjunto de instrumentos, seleccionan uno de ellos para empezar y la ejecutan para cada dato solo con ese instrumento antes de pasar al siguiente. Es decir, si estás manejando datos diarios, primero ejecutarán la simulación en cada día de la serie para el Instrumento 1 antes de proceder para cada día de la serie de datos con el Instrumento 2, y así con todos.

Después de ejecutar la simulación con todos los instrumentos en ese orden, comprobando los puntos de compra y de venta, la solución normal es repetir el proceso para determinar el tamaño de la posición.

En la realidad, no se opera diez años en el mercado con el Valor 1 y después diez años con el Valor 2. Aunque el software procure resolver alguna interacción en la cartera a lo largo del proceso, no se trata de una manera realista de realizar un modelo y fácilmente puede causar problemas. Uno de ellos, no menor, es que permite el espionaje de datos, es decir, que deja que tu código pueda ver el futuro.

Un entorno de simulación apropiado trabaja de forma diferente. En lugar de ejecutar un instrumento cada vez, utiliza puntos concretos en el tiempo. Si trabajas con datos diarios, examinará cada día para todos los instrumentos. Tu código no debe percibir el futuro, pero debe reconocer todo lo que ha pasado hasta ese punto. Los lectores que tienen experiencia de programación saben que estoy hablando de serialización (marshaling). No voy a entrar en más detalles con esa palabra, porque si no estás familiarizado con ella seguramente es que no necesitas estarlo, siempre que entiendas la diferencia entre trabajar día por día y trabajar instrumento por instrumento.

Lenguaje de programación

Si quieres ser un trader sistemático tendrás que aprender a programar. No es algo que puedas externalizar. Esta parte del trabajo se pasa por alto con demasiada frecuencia. Aunque seas el jefe de un equipo de expertos cuantitativos, necesitas entender de programación.

Hubo un tiempo en el que un médico o un abogado no necesitaban saber usar una máquina de escribir. Tenían gente que lo hacía para ellos porque estaban demasiado ocupados como para dedicarse a esas actividades sin importancia. Por desgracia, así es como muchos aspirantes a trader ven la programación. ¿Te puedes imaginar hoy a un abogado que no sepa teclear? Por supuesto que tiene un asistente, pero si no supiera escribir en el teclado estaría completamente desvalido.

La buena noticia es que no necesitas aprender programación avanzada. Puede ser una ventaja para alguien que quiera profundizar, pero no es un requisito. Sin embargo, es ineludible contar con conocimientos básicos de programación para poder estar en el campo del trading sistemático.

Claro que cuando digo básico no me refiero a que estudies instrucciones de Basic del tipo Goto. Es muy importante seleccionar el lenguaje apropiado para construir tu estrategia.

La mayoría de las plataformas de simulación enfocadas a particulares utilizan scrips exclusivos simplificados. Las presentaciones de marketing hablan de lo fácil que es iniciarse, incluso para los que no son programadores. Evita ese tipo de programas. Son muy limitados y no puedes obtener nada provechoso de ellos.

Lo que se necesita es flexibilidad. Este es el punto más importante cuando se trata de decidir sobre un entorno de simulación. La velocidad no es un gran problema, a no ser que te muevas en frecuencias muy bajas y en ese campo los grandes jugadores te van a sacar mucha ventaja de todos modos.

No vas a encontrar flexibilidad en los lenguajes simplificados incorporados en muchas de las plataformas para particulares. Pero sí la vas a encontrar en los lenguajes de programación estándar de la industria. También vas a encontrar mucha más ayuda, ejemplos y recursos si utilizas esos lenguajes. Si prefieres codificar en C#, R, MatLab o uno similar es una cuestión de preferencia y conveniencia. Pero debes centrarte en un auténtico lenguaje de programación y evitar las plataformas con scrips. Puede parecer fácil y rápido iniciarse en las plataformas simplificadas, pero pronto te arrepentirás cuando te des cuenta de lo limitadas que son.

Flexibilidad

Muy pocas plataformas pueden realizar todo lo que necesitas. Probablemente ninguna. En las buenas, sin embargo, es posible conseguir que lo hagan. Una buena plataforma de simulación es lo suficientemente flexible como para ampliarla hacia terrenos en los que el desarrollador original no pensó. Cuanto más abierta sea una plataforma, mejor. Como desarrollador de estrategias, siempre vas a encontrarte en situaciones en las que te gustaría que tu plataforma pudiera hacer algo más. Esa es otra razón por la que son importantes los lenguajes estándar de la industria.

Por ejemplo, probablemente no hay plataformas de simulación que se hicieran pensando en nuestro tipo de estrategia. Después de todo, estamos haciendo algo bastante distinto de las simulaciones que hace la mayoría de la gente. Estamos haciendo análisis, clasificando valores, seleccionándolos en función de la clasificación y definiendo el tamaño en función de su propia volatilidad y del valor total de la cartera. No es una simulación cotidiana.

También podemos estar interesados en datos como el sector al que pertenecen los valores o la distribución de la cartera en una fecha determinada del pasado. Quizás queramos analizar el riesgo de la industria a lo largo del tiempo o el impacto de los valores atípicos positivos y negativos. Con un poco de trabajo, una buena plataforma es capaz de hacer todas estas cosas si es lo suficientemente flexible.

Soporte multidivisa

Habrás notado que hasta ahora, deliberadamente, no he tratado sobre las divisas. La estrategia que hemos visto solo se ha aplicado a valores de Estados Unidos. Eso no es porque de alguna manera las estrategias momentum funcionen mejor con ellos. Ni siquiera tiene que ver con que sea más fácil vender un libro sobre valores de Estados Unidos que sobre valores suizos. Bueno, no solo por eso. Es porque he asumido que la mayoría de la gente que quiera replicar la estrategia carece de entornos de simulación multidivisa.

Operar con valores denominados en una sola moneda es un lujo. Si alguna vez has estado manejando carteras globales, cuando vuelves a carteras de una sola moneda parece que estás de vacaciones. ¡Se acabaron los riesgos a la exposición de divisas!

Si tu universo de valores cubre varias divisas te enfrentas a un nuevo conjunto de problemas. Hay muchas consideraciones prácticas, tales como si debes cubrir la exposición a divisas, y en su caso cómo y cuándo. Hay costos añadidos por los deslizamientos en el cambio de monedas y el maldito problemilla de la atribución de divisas. En la práctica, se abre una nueva clase de dolores de cabeza. Incluso en la simulación, se complican mucho las cosas.

Cuando haces simulaciones con estas estrategias es vital que tu software considere la divisa en la que están denominados los valores, así como el tipo de cambio en cualquier momento dado. Las fluctuaciones de las divisas van a tener un gran efecto en tus resultados. Si planeas cubrir tu exposición, también tienes que modelar esa estrategia de cobertura. Eso requiere capacidades para modelar y simular múltiples estrategias, claro.

O también puedes mantenerte con los valores del S&P 500 como una manera fácil de obviar este problema.

Estructurar la simulación

Para cada día de tu simulación necesitas verificar o calcular unas cuantas cosas.

Primero, necesitas verificar si el valor califica para su inclusión o no. En este caso, comprobamos si ese día en cuestión el valor era miembro del índice S&P 500. Una forma práctica de hacer esto es construir un indicador personalizado que usa los datos de referencia para obtener un 1 los días en los que el valor estaba en el índice y un 0 cuando no lo estaba.

Después tenemos que calcular el movimiento más amplio que el valor hizo en los últimos 90 días. ¿Recuerdas aquella regla de que no nos gustan los valores que tenían gaps de más de un 15%? Hay que calcular el tamaño de los gaps de los últimos 90 días para usarlos más adelante.

Por supuesto que necesitamos una medida en bruto de la volatilidad y para eso el ATR es una buena opción. En la versión básica de esta estrategia usamos el ATR de 20 días, así que añádelo a la mezcla.

Después viene la clasificación en sí. Es decir, el análisis que utilizamos para seleccionar los valores con los que vamos a operar. Por lo tanto, necesitamos un indicador que nos diga el momentum ajustado al riesgo. Los cálculos no son terriblemente complicados si estás familiarizado con la estadística. Primero se calcula la pendiente de la regresión exponencial anualizada, basada en 90 días, y después se multiplica por el coeficiente de determinación (R^2).

La clasificación se ha explicado en el capítulo 7.

Además de la información ya mencionada, tenemos que calcular la media móvil de 200 días del índice y determinar si está por encima o por debajo del índice mismo.

Una vez que todos estos datos ya han sido calculados, podemos empezar a poner en marcha la lógica. Lo primero que hay que hacer es ordenar los valores. Tomamos el número de clasificación que hemos calculado, hacemos una lista con todos los valores que califican para ese día en particular y los ordenamos según ese número de clasificación.

Observa que de momento este proceso busca reproducir lo que haríamos en la realidad. Calculamos todos los datos relevantes al final del día y en función de eso actuamos.

Esta lógica solo se aplica una vez a la semana. La forma perezosa de hacerlo es realizar la simulación en datos semanales. La mejor forma de hacerlo es comprobar el día que debería realizarse este proceso. Si te limitas a la periodicidad semanal perderás además el detalle de los resultados de la simulación, y es una gran pérdida.

Si hoy es día de operaciones, empezamos comprobando si hay que vender algo. Si un valor en cartera ha dejado el índice o ha dejado de cotizar por otras razones, salimos. Si ya no está entre los 100 mejores en la clasificación momentum, salimos. Si el valor está por debajo de su media móvil de 100 días, salimos. Si ha tenido un gap de más del 15%, salimos.

El siguiente paso es comprobar si hoy es día de reequilibrio. Si es así, hay que calcular por cada posición el tamaño que debería tener y la diferencia con el que efectivamente tiene. Recuerda las reglas y cómo medimos las posiciones, que se explicaron en el capítulo 8. Vuelve a calcular la posición utilizando la misma fórmula y ajústala arriba o abajo según sea necesario. Para evitar operaciones pequeñas, puedes establecer un filtro para hacer el ajuste solamente si la diferencia es de más de un 5%.

Una vez vendidos los valores que ya no queremos y después de que hemos reequilibrado los que queremos conservar, ya sabemos de cuánto dinero disponemos. Entonces podemos empezar a comprar.

Empezamos desde lo alto de la lista de clasificación y vamos comprando en función de la misma medida de paridad de riesgo que antes, hasta que nos quedamos sin fondos. Si un valor está arriba en la lista y aún no lo tenemos, lo compramos.

Eso es todo.

¿He oído a alguien preguntar por el código fuente? Bueno, eso no es tan útil como pueda parecer. Es mejor que entiendas los pasos lógicos y que lo construyas por ti mismo. Mi código fuente está escrito en un lenguaje determinado para un entorno determinado y probablemente no sea por sí mismo demasiado útil para la mayoría de los lectores.

Si de verdad quieres entrar en el mundo de la simulación te queda un trabajo duro por delante. De verdad que te animo a hacerlo, pero vas a tener que levantar un peso pesado.

Con la lógica que he explicado aquí, junto a datos de calidad y un entorno de simulación apropiado, serás capaz de reproducir mis resultados y experimentar con tus propias mejoras. Esto no es para todo el mundo, pero con este capítulo he pretendido dar suficiente información para empezar a trabajar a cualquiera que esté interesado.

¡Te deseo la mejor fortuna y confío en ver a muchos nuevos inversores de éxito en momentum!

17
Bibliografía

Antonacci, G. (2014). *Dual Momentum Investing: An Innovative Strategy for Higher Returns with Lower Risk*. McGraw-Hill.

Clenow, A. F. (2013). *Following the Trend: Diversified Managed Futures Trading*. Wiley.

https://us.spindices.com/resource-center/thought-leadership/spiva/. (n.d.). Retrieved from S&P Dow Jones SPIVA Scorecards: https://us.spindices.com/resource-center/thought-leadership/spiva/

Jegadeesh, N., & Titman, S. (1993). *Return to Buying Winner and Selling Losers: Implications for Stock Market Efficiency*. Blackwell Publishing.

Kaminski, K. M., & Greyserman, A. (2014). *Trend Following with Managed Futures*. Wiley.

Levy, R. A. (1967). *Relative Strength as a Criterion for Investment Selection*. Journal of Finance.

Radge, N. (2012). *Unholy Grails: A New Road to Wealth*. Radge Publishing.

Wilcox, C., & Crittenden, E. (2005). *Does Trend Following Work on Stocks*. Longboard Asset Management.

Winton Capital Management. (2015). *The Global Monkey*.

www.ingramcontent.com/pod-product-compliance
Lightning Source LLC
Chambersburg PA
CBHW051855170526
45168CB00001B/120